生命叙事与心理传记学

Life Narrative and Psychobiography

岭南师范学院心理传记学与生命叙事研究所
台湾生命叙事与心理传记学会
主办

2013年广东省心理学专业综合改革试点建设项目资助（粤教高函〔2013〕113号）

2015
Vol.3

第三辑

郑剑虹
李文玫
丁兴祥
主编

中央编译出版社

图书在版编目（CIP）数据

生命叙事与心理传记学. 3 / 郑剑虹，李文玫，丁兴祥主编.
—北京：中央编译出版社，2016.10
ISBN 978-7-5117-3108-1

Ⅰ. ①生…
Ⅱ. ①郑… ②李… ③丁…
Ⅲ. ①心理学
Ⅳ. ①B84

中国版本图书馆 CIP 数据核字（2016）第 225647 号

生命叙事与心理传记学. 3

出 版 人：	葛海彦
出版统筹：	贾宇琰
责任编辑：	王　琳　朱瑞雪
责任印制：	尹　珺
出版发行：	中央编译出版社
地　　址：	北京西城区车公庄大街乙 5 号鸿儒大厦 B 座（100044）
电　　话：	（010）52612345（总编室）　（010）52612341（编辑室）
	（010）52612316（发行部）　（010）52612317（网络销售）
	（010）52612346（馆配部）　（010）55626985（读者服务部）
传　　真：	（010）66515838
经　　销：	全国新华书店
印　　刷：	山东鸿君杰文化发展有限公司
开　　本：	787 毫米 × 1092 毫米　1/16
字　　数：	248 千字
印　　张：	18.25
版　　次：	2016 年 10 月第 1 版第 1 次印刷
定　　价：	89.00 元

网　　址：	www.cctphome.com	邮　箱：	cctp@cctphome.com
新浪微博：	@中央编译出版社	微　信：	中央编译出版社（ID: cctphome）
淘宝店铺：	中央编译出版社直销店（http://shop108367160.taobao.com）　　（010）52612349

本社常年法律顾问：北京嘉润律师事务所律师　李敬伟　问小牛
凡有印装质量问题，本社负责调换，电话：（010）55626985

主办：岭南师范学院心理传记学与生命叙事研究所
　　　台湾生命叙事与心理传记学会

编审委员会

编审顾问：黄希庭（西南大学）
　　　　　　吴静吉（台湾政治大学）
主　　编：郑剑虹　李文玫　丁兴祥
编审委员（按姓氏笔画排列）：
　　丁兴祥（台湾辅仁大学）
　　丁道群（湖南师范大学）
　　王思峰（台湾辅仁大学）
　　王林发（岭南师范学院）
　　尹可丽（云南师范大学）
　　冯朝霖（台湾政治大学）
　　刘电芝（苏州大学）
　　宋文里（台湾辅仁大学）
　　李文玫（台湾龙华科技大学）
　　李劲松（云南师范大学）
　　吴继霞（苏州大学）
　　谷传华（华中师范大学）
　　陈祥美（台湾圣约翰科技大学）

陈顺森（闽南师范大学）

张慈宜（台湾辅仁大学）

张煜麟（台湾南台科技大学）

范兆雄（岭南师范学院）

郑剑虹（岭南师范学院）

郑荣双（岭南师范学院）

周　宁（云南师范大学）

洪瑞斌（台湾中国文化大学）

钟　年（武汉大学）

郭永玉（华中师范大学）

郭斯萍（广州大学）

胡志坚（聊城大学）

贾宇琰（中央编译出版社）

凌　辉（湖南师范大学）

翁开诚（台湾辅仁大学）

倪鸣香（台湾政治大学）

萧延中（华东师范大学）

舒跃育（西北师范大学）

傅安国（海南大学）

赖诚斌（台湾树德科技大学）

熊同鑫（台湾台东大学）

霍建国（台湾龙华科技大学）

燕良轼（湖南师范大学）

薛荣祥（台湾龙华科技大学）

英文编辑审校：刘克奇　何吴明

文字编辑校对：黄敏婵　林荣裕　黎芳芳　黄敏书　曾淑仪　翟燕清

目录

第四届海峡两岸"生命叙事与心理传记学"学术研讨会简况 / I
致第四届海峡两岸"生命叙事与心理传记学"学术研讨会的贺信 / I

研究方法

叙说方法论的再反思
宋文里 / 1
相遇与交融：研究者、研究方法与研究参与者互为主体性的开展性历程
李文玫 / 31

心理传记学

心理传记疗法：理论与实践
郑剑虹　何承林 / 71
当文学遇上心理传记学：一种文学性心理学的探究与认识
李振弘 / 101

生命叙事

隐性的声音——关于钟台妹叙事的女性主义观点
陈慧玲 / 129

创伤与救援：一个谘商师的工作叙说与反思

宁国兴 / 157

男同性恋者对其所受性文化压力的认知：一种探索性的叙事研究

刘 毅 肖胤佳 / 189

出走回家：多元文化下幼儿教师读写教学之叙说与反思

赖诚斌 陈俞君 / 213

生命历程观点的媒体迷叙述研究

张煜麟 / 247

《生命叙事与心理传记学》约稿启事 / 270

Narrative Research Method & Methodology

Rethinking of Narrative Methodology
Wen-Li Song / 1

A Dynamic Process of Encountering and Confusion: The Inter-subjectivity of the Researcher, Researching Methods and Participants
Wen-Mei Li / 31

Psychobiography

Psychobiographical Therapy: Theory and Practice
Zheng Jianhong He Chenglin / 71

When Literature Meets Psychobiography: Research and Understanding of Literary Psychology
Chen-Hong Li / 101

Life narrative

Hidden Sound—About the Feminist Perspective of Chung Tai-mei Narrative Story
Chen Hui Ling / 129

Trauma and Rescue: A Counselor's Job Narrative and Reflections

Kuo-Shing Ning / 157

Gays' Cognition of Sexual Culture Pressure: An Exploring Narrative Research

Yi Liu　Yinjia Xiao / 189

Returning to Root of Early Childhood: Reflection and Narrative on Preschool Teachers' Literacy Teaching in Multicultural Praxis

Cheng-Pin Lai　Yu-Jun Chen / 213

The Study of Media Fan Narrative from the Viewpoint of Life Course

Yu-Lin Chang / 247

Call for Papers / 270

第四届海峡两岸"生命叙事与心理传记学"学术研讨会简况

2015年6月30日至7月1日,第四届海峡两岸"生命叙事与心理传记学"学术研讨会在云南师范大学举行。本次会议主题为"迈向人文取向的心理学"。研讨会由台湾生命叙事与心理传记学会、岭南师范学院心理传记学与生命叙事研究所主办,云南师范大学教育科学与管理学院和云南省心理学会承办,台湾辅仁大学心理学系、台湾龙华科技大学通识教育中心和台湾圣约翰科技大学通识教育中心协办。

来自台湾辅仁大学、台湾政治大学、台湾中国文化大学、台湾"国防"大学、香港中文大学、苏州大学、华中科技大学、中国人民大学、华东师范大学等五十余所港台地区、大陆高校和机构的百余名专家学者参加了此次研讨会。云南师范大学教育科学与管理学院院长李劲松教授主持开幕式,原一川副校长出席会议并致欢迎辞,中国心理学会会士、西南大学资深教授黄希庭先生因身体原因不能出席会议,特别委托他的学生尹可丽教授宣读贺词。黄希庭教授在贺词中指出,心理学要将科学和人文研究有机结合,用"两条腿"走路,才能够真正成为点燃人类心灵的真善美、造福于整个人类社会的学问。台湾辅仁大学的丁兴祥教授代表台湾学者致辞,他对黄希庭教授的观点表示认同,并进一步指出,心理学的科学性和人文性二者同等重要,无所谓主流,两者应该相互对话交流。

开幕式结束后，台湾政治大学吴静吉教授、台湾辅仁大学丁兴祥教授、苏州大学刘电芝教授和台湾辅仁大学夏林清教授依次做了题为"生命故事的演作""历史转型时刻男性情感的困境与抉择：以五四时期的三位知识分子为例""流动儿童困境下的心理韧性成长与应对差异——兼谈扎根理论的质性研究方法""发展的节/结点：历史与社会交错处的行动者"的大会主题报告。云南省心理学会理事长陶云教授、岭南师范学院郑剑虹教授、台湾政治大学倪鸣香教授和湖南师范大学燕良轼教授分别主持了上述主题报告。

之后的两天时间里，与会的百余名海峡两岸的专家学者围绕"质性心理学""生命叙事与心理治疗""心理传记学""教育叙事与教育传记""叙事理论与生命叙事研究"5个主题在分会场进行了深入的探讨。本次会议共收到论文79篇，其中67篇论文在会议上做了交流，包括4篇大会主题报告、6篇分组重点报告和57篇分组口头报告。为了鼓励更多的青年学者和学生致力于人文取向心理学的研究，会议还对他们报告的论文进行评奖并颁发了奖金。

与会专家合影

本次会议之前，开设了三场质性研究方法工作坊，分别是台湾辅仁大学丁兴祥教授的"叙事分析：自我叙说中的重构与解构"、岭南师范学院郑剑虹教授的"生命故事访谈法与心理传记疗法"和台湾政治大学倪鸣香教授的"生命口述传记"。

"生命叙事与心理传记学"学术研讨会于 2012 年由丁兴祥教授、郑剑虹教授、李文玫博士等人组织发起，海峡两岸轮流主办，并创办了《生命叙说与心理传记学》期刊（台湾）和同名集刊（大陆）。从第五届开始将改为每两年举办一次，第五届海峡两岸"生命叙事与心理传记学暨首届质性心理学"学术研讨会将于 2017 年上半年在台湾举行。

致第四届海峡两岸"生命叙事与心理传记学"学术研讨会的贺信

尊敬的各位专家,大家上午好!

我因身体的原因,不能与会和各位专家进行面对面的交流,失去了此次学习的机会,我深感遗憾!

首先,以我个人的名义并代表我的学术团队向第四届海峡两岸"生命叙事与心理传记学"学术研讨会在云南师大召开表示热烈祝贺!

悠悠世界,人为万物之灵。心理学是一门研究人的心理和行为的学问。其研究十分广泛,从探讨个人内在的气质、人格特质、认知能力,对不同事物持有的态度、兴趣、情感以及个人的毕生心理发展和心理障碍,到研究不同类型的人际关系中人与人之间的相互影响、吸引力、影响力和满意度,到团体和组织之中的人际脉络、互动氛围和决策过程,甚至到社会文化、网络、舆论、风俗、时尚对人们心理及行为的影响。人类生活的各个领域都已被心理学所触及,从而形成了包罗万象的各种各样心理学分支学科。心理学起源于哲学家的思想,发展于大学校园的实验室里,最终将成为点燃人类心灵的真善美、造福于整个人类社会的一门学问。要达成这样的目标,需要我们采用各种研究方法,走出实验室,特别是采用比较人性化的质性研究方法来探讨人类的心理和行为。

毋庸置疑,当今世界的主流心理学是美国心理学。从1890年詹姆士出版

《心理学原理》开始至今,经过125年的不断努力,美国心理学家取得了卓越的成就:形成了科学心理学的知识体系模式和科学心理学的求知研究方法。它采用逻辑实证主义的、线性的、决定论的研究方法,即按照自然科学研究的原则和步骤,根据理论指导对某种心理现象或行为给出操作性定义,并透过客观测量将其量化为不同的变量,以检验它们之间的可能互动或因果关系,并以具体的数字为证据来佐证研究结论。这种对人类心理和行为的客观量化研究,追求的是普遍认同的"一般规律",完全抛弃了人性。在主流的美国心理学中我们已经看不见人性的复杂性及其丰富的展现形式了。我们从事对人的心理和行为研究,却抛弃了自己的人性,这既是不可能的,在道义上也是不可取的。我们应当用科学性和人文性统一的观点来研究人的心理和行为。在心理学中要用科学研究与人文研究这两条腿来走路,两者不可偏废。科学研究的任务是通过发现、思考、探索和创造,揭示心理和行为的客观(或一般)规律,并且是可以证实的和可以证伪的。人文研究的核心问题是探讨对人生意义的追求,即关注人的审美情操、道德理想、人格完美和终极关怀等文化价值。我们只有将科学研究与人文研究有机地结合起来,心理学才能够真正成为点燃人类心灵的真善美、造福于整个人类社会的学问。

我从事人格心理学研究已有三十多个年头,生命叙事和心理传记学这两个研究领域与人格心理学都有密切的关系。美国西北大学的麦克亚当斯(McAdams)教授将生命故事作为人格心理学研究的三个领域之一,心理传记学也有其人格心理学的传统。我曾在多个会议场合以及通过发表文章呼吁包括人格心理学在内的心理学研究,除了采用科学研究之外,还应当采用人文研究。为了唤起读者对人的心理和行为的科学研究与人文研究的结合,在今年刚付梓的《心理学导论》(第三版)中我还把质性研究放在心理学方法这一节之中加以阐述。我相信,通过大家的努力,对人类心理和行为的科学研究和人文研究相结合的研究取向是会开展起来的。我希望本次会议能成为凝聚海峡两岸人文心理学研究队伍、壮大质性心理学研究力量的一次盛会。

最后，预祝会议圆满成功；祝海峡两岸参会专家身体健康，万事顺意！

谢谢大家！

黄希庭　敬贺

2015 年 6 月 28 日

叙说方法论的再反思

宋文里*

（辅仁大学心理学系，台湾新北，24205）

/ 摘 要 /

以卡尔维诺的小说《如果在冬夜，一个旅人》为对象，我们可以作出许多可能的拟仿版本。由此，我们即可问："拟仿"在叙说方法论中有何意义？甚至在叙说或说故事之中，是否必须包含某种道理（可道之理）？这是叙事法本身最基本的问题，但在新兴的心理学叙说方法论中，却似乎成为某种经常为人视而不见的问题，于是，作者意图从这些基本的范畴，如"论述/话语""叙事/故事"等问题与"能不能说"的关系开始，展开一场重述。譬如讨论"好故事/烂故事"的区别；故事中出现的"诡异"是什么语言现象等，并在这场讨论和重述中采用信手拈来的材料，互相编织出某种叙事关联，强调叙事手艺才是真正的关键所在，而不在于材料的特殊性与异常性。

---

* 宋文里，教授/博士，E-mail: wlsoong@mx.nthu.edu.tw

既然我们要讨论的问题属于"叙事学",那么,叙事的根本元素,"事",究竟是什么?何谓"一事"?而我们在生事、起事、事发、事件之中的处境,不也是"事"本身吗?是故,人与事的动态关系就应称为"事事",而叙事法也取得方法论上的一个新位置,叫作"事事之法"。汉语的古代语言学中本有"象事""指事"的概念,这和现代心理学概念中的"意识"究竟有何关联?把"意识"的问题重新置入日常生活中,我们会发现:我们经常处于事态之中,却也常不知其为何事。有事而无名(无象、无指)的情况成为心理学必须面对的新问题。在挑起俗民语言、心理语言等问题之后,我们在意识上更有问题的应是"后设语言"。这问题可用现象学来开启讨论,但作者要利用现象学的一个旁支,即加芬克尔的"俗民方法论",来作为结合意识与叙事问题的新方法论,然后引接到加芬克尔同僚之一的哈维·萨克斯及其"谈话分析",虽然只取用这两者理论中的一点吉光片羽,但已经可造成心理学上的震撼:我们可曾意识到,这就是我们所谓的"叙事心理学"中早应讨论的问题,却不知为何经常溜出我们的问题意识之外?

/ 关键词 /

事,故事,叙事法,叙事学,叙说方法论

一、叙说方法论的再反思之一：如果在雨天一个客人

（一）如果在雨天一个客人……

> 你就要开始读伊塔罗·卡尔维诺（Italo Calvino, 1923—1985）的新小说《如果在冬夜，一个旅人》。放松心情，集中精神，什么都不要想，让周围的世界渐渐消失。最好去关门；隔壁总是在看电视……

是的，这是文学家卡尔维诺开始写小说的方式。我说他是文学家，而不说他是小说家，因为他还写了很动人的文学理论，譬如：《文学之用》（*The Uses of Literature*）（Calvino, 1980/1986），《为下一世代所作的六篇备忘》（*Six Memos for the Next Millennium*）（Calvino, 1988/1993）。写小说是讲故事，写理论是讲道理，故事的道理。"故事的道理"？在我们的场子上，换用我们的语言来说，这就该叫作"叙说的方法论"了。

人类讲了几万年的故事，所以，故事的道理和叙说的方法可多了。其中至少有一种方法叫作"拟仿"（parody），有时也可称为"戏仿"：一个方法，就至少含有两种道理，看你怎么用吧。

我在这里，是在学术研讨会上做"演讲"——这到底是在说故事呢，还是在讲道理？我们不必担心隔壁有人在看电视，我也知道你们当中，有的正在放松心情，有的则在集中精神——是的，一切正如所料，但这并没有解决我刚才自问的问题：**这到底是在说故事呢，还是在讲道理？** 喔，对了，我提到，至少有一种叫作"拟仿"或"戏仿"的道理。我们至少也可说它其实包含着一石两鸟的解决之道——我们一边来仿着说故事，一边来讲讲戏拟的道理，可

以吗？

　　我刚才没征得大会的同意，开讲前径自吹了一小段笛子。那是一首客家民谣，叫作"落水天"，也就是普通话"下雨天"的意思。客家悲情和闽南悲情有点相似，譬如"望春风"里的独夜孤灯，只是我得稍稍加点提示——那下雨天里的客家人也很孤独。故事是这样的：

　　一个客人（客家人），去朋友家里做人客（做客）。在别人家住久了，再怎么好客的朋友都可能会不耐烦了。于是，这位朋友决定提醒一下他的这位人客（客人）。他趁人客不在的时候，在客房的墙上贴了一张纸，上头写道："下雨天留客天留我不留"。

　　我相信这故事很多人都听过，后来的发展就变成这样一场文字游戏：

　　主人的意思是故意问他：

　　——下雨，天留客，天留我不留？

　　而这位另有隐情（其实是悲情），也一时无法离开的人客，就这么回答了：

　　——下雨天，留客天，留我不？留！

　　这只是用一段故事，拟仿着卡尔维诺的开场白，来作为我的开场白吧，事实上，这其中该讲的道理还真不少——然而这些道理，特别是其中包含的把戏，你们到底听没听过，我就不敢说了。

（二）论述/话语，叙事/故事，能不能说……

　　杰勒德·吉尼特（Gérard Genette，1988）说，叙事法是由三个因素组成：story, narrative, narrating。其第一、第三两者很容易懂，就是"讲成的故事"与"叙说的动作本身"之义，但第二者是什么？他的解释是："口头或书写的论述，用以讲述（那些故事）"["the discourse, oral or written, that narrates them (the stories)"]。

保罗·利科（Paul Ricoeur，1985）的论点则是用两分法：the utterance, the statement。两者间的关系造成一种 splitting（分别），就是：the splitting of narrative statements into descriptive statements and modal statements（**描述的**陈示与**样态的陈示**）。

这样说，我就确定了吉尼特和利科说法之间的关系：利科的 utterance 接近于吉尼特的 narrative，而利科用的 discourse 一词不是说**语言表现**（故事与叙说），而是一种倾向于**使语言出现的前语言状态**——就利科来说，这不是行事（doing），而是意图（做某事）[wanting（to do something）]，也就是一种有能力，也知道如何（being able to, and knowing how to）的那种倾向于语言叙说的状态。

我把这里的 utterance 译为"叙意"，而 statement 则译为通常使用的"叙述"或"陈示"。至于为什么 narrative 要译作"叙事法"呢？从吉尼特的区分就不难看出：他的 narrative 既不是故事，也不是叙说的动作，而是个第三义，本来我也可将它称为"叙意"，但它更像是一种"成竹在胸却仍无竹"的那种"能够说也正欲发言"的状态。正是台湾闽南语说的"有法度"是也。"有法、有度"就是指"法已在此、度已在此"，因此，下一瞬间，它就会了无障碍地说了出来。

"在此"其实是比"在心"更好的说法，但因为无字可表，所以暂把它叫作"意"，有点像是一种"心"，但那个"心"字真是**很异化（液化）的字眼**，如同别人在说我，或如同语言寄托于器官；可是在**言说者，通常只知道自己在不在语言之中**，而不会管它在心、在脑、在口、在手，或在任何可指的器官里。

我们必须先知道这种"**言说者在不在语言之中**"的说法。然后再来理解那些讨论 narrative 和 discourse 的欧洲精英们，到底是在讲些什么。

2003/2/12 记以下两书读后：

Gérard Genette（1988）*Narrative Discourse Revisited*, p. 13

Paul Ricoeur（1985）*Time and Narrative*（Vol. 2）, pp. 50 – 51

上述这一则教学笔记写于 2003 年 2 月 12 日，这就是说，我在研究所教学里谈叙事法的道理，早在 11 年前就已经是这种"水平"。但是，我得承认，我没有把这些笔记整理起来，写成一篇可观的文章发表。最多只在 2002 年《应用心理研究》上写了一篇响应夏林清教授的文章，其中谈过一点点有关文本的出现、诠释的立场以及文本更新之必要等几个简短的道理（宋文里，2002）。

但我要再提提我在另一种学术表现上的冲击。2001 年我翻译出版了杰罗姆·布鲁纳（Jerome Bruner）所写的一系列新兴文化心理学（cultural psychology）著作之中的一本，即《教育的文化》。该书中有两章谈叙事法的理论（Bruner，1996/2001）。我听到不少教育学界读者的反应，但从没听到心理学界有任何反应（除了听我课的研究生之外）。没想到 2010 年，我收到一则来自中央民族大学常永才教授的电子邮件，他说他们一直在搜寻有关文化心理学的汉语著作，后来发现我竟在九年之前已经翻译出版了一本这样的好书。他在兴奋之余，还邀请我就这本书写篇评论，好让广大的汉语读者能有机会管窥一下这本书。我后来答应了，也写了、刊登了这么一篇文章（宋文里，2010）。[①] 对于这本书，我自己最在意的就是关于叙事法理论的那两章。不过，书海浩瀚，布鲁纳自己也承认，他写的叙事法理论，其实都是早已在文史领域中累积发展了几个世纪的知识传承，至不济，在最近的一波"文化转向"或"第二次认知

[①] 本文实系《文化心理学的学科承诺：从布鲁纳的转变谈起》一文的减缩版。欲读全文，请向作者索取，e-mail: wlsoong@mx.nthu.edu.tw。

革命"之后①，许多当代作者所谈的叙事法理论都是他参考的来源——在其中，他承认自己并不算有什么贡献。譬如他花了不少篇幅介绍了历史哲学家海登·怀特（Hayden White）的理论。

我只要讲讲海登·怀特的一点点道理，然后，循着他的道理，我会再回到说故事的模态。

海登·怀特（White, 1980）说，19世纪有几位史学大师，譬如：托克维尔（Tocqueville）、伯克哈特（Burckhardt）、赫伊津哈（Huizinga）、布罗代尔（Braudel）等人。在他们的历史写作中，关于叙事法的问题，他们采取了这样的一种态度：

> 他们拒绝讲过去的故事，或毋宁说，他们没用标好开头、中腰、结尾的方式讲故事……他们当然讲出了他们所感知的现实，或认为他们感知如此，（而这些）都存在于他们检视过的证据之后、之内，但他们并未叙述出那些现实，也未曾将此现实以故事形式强加于其上……
>
> (They refused to tell a story about the past, or, rather, they did not tell a story with well-marked beginning, middle, and end phases…While they certainly narrated their accounts of the reality that they perceived, or thought they perceived, to exist within or behind the evidence they had examined, they did not narrativise that reality, did not impose upon it the form of a story…)

换句话说，海登·怀特看出当时的史学巨擘们对于叙事论述有两种截然不同的看法：其中一种（也就是这些巨擘们不采取的方法）是公开接受他们对于世界是有观点的，并且也把他们的所见所闻都报导了出来；而另一种（巨

---

① 这大抵是指20世纪80年代抵达北美的新学潮。要言简意赅（但不太准确）地来说，就是"后现代风潮"吧。

擎法门）则是要假装（feigns）他们在让世界自说自道，并且还能说成如同故事（as a story）一般。

（三）好故事、烂故事，有何区别？

台湾闽南语对于陈腔滥调的表演，有个成语式的说法，叫作"歹戏拖棚"。一个爷爷要说故事逗孙子们，说了十分钟，如果有个孙子打着哈欠说："真无聊！"那么，这位爷爷的孙子们很可能会一个一个去尿遁、困遁，或反正以任何借口离开，不听了。

当我们很习惯地把心理传记也好、生命叙说也好，都说是在说故事时，我们如果无法保障我们说的是好故事，甚至几乎只能保障它有个故事般的形式（但不能保证它不是滥/烂故事），那么，听故事的人凭什么非听下去不可？你不满意电视上天天播放的肥皂剧在打搅你阅读卡尔维诺的新小说《如果在冬夜，一个旅人》，你可以像卡尔维诺建议的那样，对隔壁看电视的人大叫："我在看书哪！不要打搅我！"或径自把门关上。但现在我正面临着一个爷爷所面临的挑战，并且深知这些孙儿们都已经不必使用尿遁法，而敢直接对我喊道："真无聊！"——是的，我要回到一个故事，让我的道理渗入其中，要保证故事好听，这，可该怎么办？

我原先说，我只是在拟仿或戏仿，但无论如何，还是要玩出点把戏，不然的话……不不，且听我说说我的故事：

怪①，就是怪。我最近接到行政院客委会打来的一次民调电话。我在回答时相当强调：我是个客家人，我会讲客家话，我从不反对这个"客

---

① 这里需要交代一下关于辅仁大学心理系几位教授被学生戏称为"怪咖"的问题，以及武汉大学的钟年教授为我们作的"解围"："怪"者，心字旁，有一圣也。这几位怪咖教授实为"圣"，或至少是"圣人之徒"。

家认同"。但是，这场电话民调，后来在一个怪问题上卡住了。并且几乎是不欢而散地终止了这次电话交谈。（这段开头，先暂卖关子，打住一下）

我在多年来的研究所教学中，不论是文化心理学课程，还是方法论课程，都一直强调要开发一种近似于生命叙说的新方法，叫作"自我俗民志"（auto-ethnography），至今已经教出不下十几本的博士、硕士论文写作。这方法可以简单说，就是把自传和俗民志结合起来，写自己的同时，也要写出你所代表（或认同）的那个"族群"——不论"族群"是怎么定义的——换言之，你个人的生命史和一个族群的社会/文化史是不可分离、不可裂解的同一回事。对于这段为时不短的教学过程，我暂不多说，有关自我俗民志的理论在那些学生们的论文里也都已有阐述；但看看我自己所有已经发表的作品，也可立刻看出：我自己并没写过这样的一本，或一篇"自我俗民志"。那么，我可以在这里多少弥补一下这个缺憾吗？现在就让我来讲一个客家人的自我俗民志？

听起来不太可能。我知道我剩下的时间可能不到十分钟了。什么生命史可以在这么短小的篇幅中说出什么东西来？这想法真怪，怪透了。不过，话说回来，你姑且听着：

我最近比较常做的休闲运动就是在住居附近骑脚踏车。这一带环境属于人口稀少的丘陵地，树林、草丛的生态保持得还不错，山光水色都很宜人，几条大小公路也铺得不错，所以确实很适合在这里骑脚踏车。比较怪的是，我不知何时开始发展出一种习惯，就是骑车时看见横过马路的小动物——我是说毛毛虫、蚯蚓、青蛙、蜗牛等，我会停下车来，在路边取根竹子、树枝或树叶，把它们带离路面，放回道路边的草丛，以免它们被快速通过的车辆辗死。毛毛虫会长成漂亮的蝴蝶，蚯蚓会帮忙松土，青蛙会帮忙吃掉一些蚊子，至于蜗牛嘛，那只是因为它那慢吞吞又不知死活的样子，怪可怜的。

有一天，我还干了一件让旁边经过的人都会觉得奇怪的事：我停下车来，用树枝把一条死蛇拨进草丛里。奇怪吗？不，我是这么想的：这条蛇其实长得蛮漂亮的，只是不幸在横过命运之途的当中，无情的汽车为它带来生命的终结。它横死在路上，算是客死异地，或客死他乡吧？而它的尸体还不知要继续被经过的车辆辗压多少回，这死无完尸的命运，真是天地良心所不忍也不容呀！所以，我至少得让它保持一点点尊严，不要死得那么难看。

"客死异地""客死他乡"，这是对于客家人而言，特别有意义的字眼吗？我可以用我的"客家认同"来解释我对于小动物的天地情怀吗？"死有重如泰山，有轻如鸿毛"，可以解释我在想着的天地情怀吗？我不知道这样的道理能不能说得通。但是，有一点我可以说的竟是，完全相反，我不能说通。这就把我的故事带回到那场电话民调了。

民调问到接近末尾的时候，电话里传来的下一个问题是：

"作为一个客家人，你认为自己光荣不光荣？"

——欸，等等："你问什么？你的问题是什么意思？"我登时就这么打断了"民调"的公认形式，而跳到问题之外了。

"没什么意思，"调查员说，"问卷上就这么写的，我只是念问卷而已。"

"你在问问卷，但我可是在和你讲话呀！我要知道你的意思，否则我要怎么回答？"

"可是，先生，这问题……不是很简单吗？"

"喔，不不不，你得回头问问你们设计问卷的人到底在想什么。对我来说，这问题不但不简单，还甚至是很诡异的——诡异，你懂吗？就说有鬼也好，反正我不知道该如何回答就是了。"

"那我就填'不知道'，可以吗？"

"不,我哪是回答'不知道',我明明是说:我不知道问这问题的用意何在!"

"那,我该怎么填呢……"这调查员被我弄迷糊了,她怯怯然犹豫起来。

"告诉你吧,小姐,你就填'拒绝回答',可以吗?"

"可是,问卷上没这个选项耶……"

"那总有个'其他'选项吧?就这么填好了。还有,我不打算答完这问卷。我已经完全倒胃口了。对不起,再见。"

(四)"诡异"的道理

我觉得"诡异"的道理何在?诸位看官,你们知道我当时在想什么吗?记得我先前说过语言有**样态的陈示**与**描述的陈示**,也就是有"**叙说**"与"**叙意**"的差别吗?那位调查员无法区别,但我可不是拿自己的讲话来闹着玩的——当然也不是别人可以拿来寻开心的。

"客家人"和"光荣"有什么关系?很多人都说:"有啊,有啊!"但我倒要问问你:"啊什么啊?有什么有!"——你知不知道"大盗出,有仁义;六亲不合,有孝慈"的道理?客家人从历史上就一直是外来客,不知这历史要算上八百年、一千年或是三四千年,但毕竟世界上从来没有一个民族或族群会自名为"客"的,只是时代洪流已经不允许你自问何以客名了,所以我就说,"我是'客人'"。但是,原乡与客居之别,在客家人之中不是特别有此意识的吗?原乡不在了,因此就以客居为家乡了。做客还常常要看别人留不留你呢!不留的话,怎么办?那就是台湾史上百余年中,发生过几百次闽粤械斗的历史所告诉我们的答案。就在台湾,就在我们现在居住的这个小岛上,还有另一批本地人/外来客的斗争史,开始发生于 20 世纪中叶,到今天还没斗完。只是,诸位,讲故事不一定要讲这些,不管你是知道或不知道,我要回答的就只有这么一个听起来很小,但就是诡异无比的问题:"客家人,光荣不光荣?"——斗争以求生,光荣不光荣?先前渡海之时,横死于黑水沟,光荣不光荣?回大陆梅州原乡"探亲",被问道:"这认祖归宗之旅,光荣不光荣?"——你要怎么回答呢?

我拒绝回答,因为相隔两百年后的亲族相见,到底宗门何在,已经根本不可考了。连当地的祖坟,后来都是我们台湾宋家族人出资去重新兴建的,所以,我的故事不能停在这里,就再岔回到在马路上营救一些毛虫、蚯蚓以及为死蛇安葬的离题方向去吧。

但是,不要以为我真是个会让孙子们觉得无聊的故事爷爷。我不是这样的人。我至少要让听故事的人知道:像虫蛇这种小东西的生死,其实就是个重如泰山或轻如鸿毛的问题哩,就看你怎么看这世界罢了。知道三代古史留给我们的遗产是什么吗?在中原,夏代的祖先叫作"禹",是一只虫,或是特大号的虫(叫作"龙");而在大约同时,南方的始祖神叫"女娲",大家都知道她有蛇身。虫蛇的死生,究竟是重如泰山还是轻如鸿毛呢?

我要结束这个故事了,只是免不了要再回到卡尔维诺——他对于**轻重**的问题很有看法(Calvino,1988/1993),但他是引用了诗人保罗·瓦勒里(Paul Valéry)的说法:"你要身轻如燕,不要轻如鸿毛。"① ——我们要谈**轻重**,至少要知道,前提是**生命**,而不是无关紧要的燕泥鸿爪。做客也好,流离失所也好,要紧的是落脚活下来。至于"光荣",那就留给那些满脑子法西斯意识的"族群"们,去做他们的文章吧!

---

① 瓦勒里的说法原本是这样的:"One should be light like a bird, and not like a feather."我的翻译当然是在不扭曲原意的状况下,用来接合此处的语境。

二、叙说方法论的再反思之二：叙事、意识与事事之法

我们倾向于把一个讲中国话的人当成在作非语言的叽里咕噜。若有人懂得中国话就会认出他听到的是**语言**。同样的，我经常无法分辨出一个人之中的**人性**。

（We tend to take the speech of a Chinese for inarticulate gurgling. Someone who understands Chinese will recognize *language* in what he hears. Similarly I often cannot discern the *humanity* in a man.）

维特根斯坦（Wittgenstein, 1914/1980）

一个新字就像一粒新鲜的种子，撒在讨论的园地中。（A new word is like a fresh seed sewn on the ground of discussion.）

维特根斯坦（Wittgenstein, 1929/1980）

夫唯病病，是以不病。

老子（公元前600—前470）

神农之世，卧则居居，起则于于。

庄子（公元前369—前286）

我想再续的前缘是去年本学会（生命叙事与心理传记学会）举行研讨会时所讲的一些问题，譬如讲故事与说道理之间的关系，以及信手拈来的故事是否可以说出些什么道理；然而就在反复思索前缘后续关系中的关系时，有位老友提醒我：十几年前，我和夏林清老师的一场对话可能更值得我做延伸发挥。

这些都是对的，但我还有另外的想法，就是想用"续篇"来盯住"叙事"（narrative, récit）这个主题，因为知道它早已经历长久的发展而**不能不带上**"叙事学"（narratology）这堂皇的冠冕。只是，在汉语中，我比较偏爱使用"叙事法"。我愈来愈觉得：我们在谈故事时，甚至连**"形成一个故事的基本单位"**到底是什么都不知道，都好像没有产生我们自己（**在叙事法中**）所需要的基本单位之定义。我是说，除了"何谓故事？"之外，我更关切的是"何谓一事？"的问题，也就是说，在许多用以表示故事单位的英语语词中，譬如：an instance, an occurrence, a happening, a state of affair, an event, an incidence, a case, an episode, a thing, 等等之中，汉语的"一事"究竟和以上那串英文中的哪个单位（单词）最为接近？

或者说，根本没有一个有可能"接近"的单词，因为我们各自在自行的语系中造字、造词，其间并没有先天的默契，可让我们享有不必伤脑筋的共同语境。**好在当我们为造词造字之法而感到山穷水尽之时，我们本身使用的汉语字词却可以回头来给我们的"何谓一事？"和"所为何事？"等问题照亮一条可能走对的道路。**（"汉语心理学"，此之谓也。）

叙事者所叙何事？何谓一事？从古代语言学中所谓的"指事"或"象事"之中，我们也许可以从可指、可象之字中，找出若干接近的暗示。

（一）"事事之法"出现的原委

"事事之法"这个令人费解的标题其实只是伴随着一个"用拇指和中指捻出嚓的一响"的小动作①而产生的念头。但若要说得稍玄一点，也可说：（1）它

---

① 有人向我提议说，这应该就是"弹指"吧？但请看"弹指"在辞书的解释如下："弹指（acchaṭā），是指捻弹手指发出声音，古印度习惯以拇指、中指压食指，以食指向外急弹，是一种习俗。"这显然不同于我们今天英文所指的"snap the fingers"，也就是说，这确是现代汉语里无词可对的小动作。

和汉字造字法的"六书"（或现代汉语的语言学说"二书""三书"）有关，其要点就在于上文提及的"指事"或"象事"之中；（2）它更和路德维希·维特根斯坦（Ludwig Wittgenstein）的哲学心理学，以及哈罗德·加芬克尔（Harold Garfinkel）、哈维·萨克斯（Harvey Sacks）的语境分析、谈话分析之法有关。这些充满玄机的想法，目前暂且按下不表，待我们的讲说对话达到一定的热度，它自然会冒出"自燃"的火花——或是像两片燧石对撞一样，冒出对话的火花。我说的"对话"有两面的意思，一方面就是这里你我当下的处境；另一方面就是我已提及的、和夏林清教授在《应用心理研究》这份期刊中出现的一次有关叙事法的对话。

（二）日常生活里的无事可说

别以为我们对于日常生活早已如此熟习以至于对它无事可说。即使这"拇指和中指一响"的动作叫作什么，以及用来干什么，我们也没个简单通用的方法来说它。于是像这样的一堆非言语的动作，和一些未必达意的言辞连在一起，常常就构成我们所做的一件事。最后，这些种种的事又以恒河沙之数而构成我们的日常生活。我们最最熟习的日常生活竟然是这样一条说不清的河流。

我和其他人一样在生活中演练，像这样的观察，年复一年，而结果并没有比不观察时多出什么好说法，你说奇也不奇？直到我开始读哈罗德·加芬克尔（1967）和哈维·萨克斯（1992）的著作，又发现他们的前辈，即剑桥的哲学家路德维希·维根斯坦，才总算把这难以言说的生活问题弄懂了一点点——开始的一点点——并且不太确定它究竟"开"了什么，"始"了什么——我很担心我们的汉语常有一语多义的联想，或料想不到的字源，会把我们弄得心惊肉跳。

(三) 日常语言"之后"的语言

我不相信像"叙事学"这么后设的学问可以假定其中有"一套"系统严明的方法论。除非是说：对于所有已然被做成一套套系统的方法，它自会有一种后设的收纳方式。我把唐纳德·波尔金霍恩（Donald Polkinghorne，1988）的《叙事知识与人文科学》（*Narrative Knowing and the Human Sciences*）看成这种收纳性的方法论著作之一例——它不过是一本有用的字词新解罢了。但是，我们一看就会知道，这本篇幅不大的书是供一定的使用者在一定的场合使用的。和普通著作的使用者所不同的是：后者可通用于日常生活的各个时空，而前者却只在日常生活"之后"，譬如在夜阑人静时，让一些挑灯夜战的研究者（并且也只有在他们书写这种评论时）使用。至少我想说的是：这可不是什么俗民语言、心理语言；不是文化和社会"之中"的语言，而只能说是"之后"的语言。

(四) 意识经验与前经验

假若我们朝另一方向跳到"之后"——譬如跳到语言"后面"的意识经验里——行不行？我们假定有个真正的东西在语言后面，同时假定语言只不过是这个"东西"的简单代号——"玫瑰玫瑰，换个名字，还不是一样芬芳？"在现代的日常生活经验里，我们也倾向于这种认识——换个品牌，还不就是个电饭锅，手机？但是，想过第二轮之后，我就再也无法同意此说了：一把椅子还不就是一把有脚有坐垫的椅子？但是这种"椅子"在唐代以前的汉语里是无法想象的。那时候的人只知"坐"的动作和"席"或一种鼓状的木块、石块相连。名字的存在已经把很多文化过程（譬如历史传播过程）都写入其中。

意识经验被**前经验**所决定，而名称是前经验最好的贮存方式，所以，意识经验实在不是什么真正的"东西"。这是极简版的现象学与诠释学——而我们在当今，都会假定许许多多的叙事研究者早已经随着学术的文化过程，而经历过（或总会经历到）像这样的意识重塑或意识更新。

但是，即令你能说什么"前经验"，那又怎样？……

（五）一场故事的前言

约莫十年前，有一次我走进新竹市南门街武圣庙前的三角公园，我的穿着没有任何惊人之处，坐在那里看看喝茶的老人，或站在那里看看卖草药的郎中，我真觉得我的处境像是巴塔伊（Bataille, 1989）说的一种动物性（animality）："如水在水"（like water in water）。但是一拉出我的相机，处境登时改变。老人抬头看我，郎中斜眼瞄我，一位年纪不轻但打扮入时的女人正要踏进我的相机镜头之内，却陡然拉住她的脚步。我变成水里化不开的一滴油。我像任何一位叙事作者一样，必须先假装我的观察是在执行一种神圣的学术任务，才可以不理会这些社会伙伴们（fellow-men，这当然包含伙伴男人和伙伴女人在内）对我的区隔。我的社会和他们的社会不同，这是回到夜阑人静的书桌前最可以安慰我自己的说法，但是，明天我若再回去三角公园时，我该如何忍受那些有思考的、怀疑的、不想让我参一咖的眼神？

（六）俗民方法论的加入

加芬克尔对于观察所设定的改变是：你必须回到**成员**（member）的处境，夺回你的成员身份（membership）。这不是说什么加入、渗入他者的皮肤底下，或进入别人的鞋子里（这两句话的典故 under your skin, into your shoe 其实都不是汉语),而是说,你要知道一个社会,唯一的方法是:**你就得是那个社会的成员**。对异文化好奇的刺探,以及剥削的预谋,在经历过许多"后殖民论述"的当代语境里,无论如何都已经无法获得人性的正当性。在生命叙事里出现的"族群",其实常只是异文化者的虚构,除此而何哉?生活之中的人本来都会讲话,也正在讲话,而别人为他们所做的代表性发言(或语言再现),一定言不及义。他们(特别是研究者)所说的,仅仅是为了他们有自说自话的"学院传统"之故。

(七)进一步的俗民方法论

那为什么加芬克尔说他的学问(即"俗民方法学,ethnomethodology")是"ethno-"(俗民、民族)什么的?我想他是说:那"俗民"其实就是人,我们,咱们。在日常生活这个"不朽的结构"(immortal structure)之中,我们各自使用种种手法来和我们的社会伙伴们打交道。虽然手法复杂万千,但路人皆知,只是常常说时迟那时快而已。这些手法被称为某某"方法论"(methodology)实在有点太那个——但在社会学里还有更做作的称呼,把它叫作"社会行动"(social action),因此也可以产生一种叫作"行动研究"的方法论来对付它。讲白一点,他们只是在从事他们的日常生活,把事情用社会关系给做出来而已——而那关系本身常常就是最主要的事情。他们常常知道他们在做什么事,或至少有办法边做边把那"事"给形成。即令他们说自己在"无所事事"时(就是卡通里的小孩克里斯托弗对小熊维尼说:好朋友在一起就是"没做什么"。而我的家人在 Line 上建起一个"亲友团",借此可以常聊天,也就是"没说什么"),很可能,他们和我们都已经做了一件几可与古代圣哲相互比拟的大事。圣哲的金言和普通人随口说的话,照加芬克尔的说法,乃是共享着同一个不朽的结构。

想到这里，我又用拇指和中指捻出"噗"的一响。

这回我想到，也想说的是：在那个三角公园里，我怎么可能这样说？

（八）那场故事的反思

甚且，我更该说的是：谁会想听你说？

你能说：他们听不懂，真可耻！——你能这样说吗？

当年在那个三角公园里，我不会笨到招人来听我这言不及义的言语。我不会对他们说。不说，是我的方法，而不听，则是他们的方法。我决定把数字相机收起，继续留在那里围观草药郎中的示范，甚至接下他递来让围观者喝一口的"样本"，一口紫色的不知什么水，且毫不犹豫地喝下去，那也是我"变回成员"的一种方法。

但接下来，我的难题就来了——这样我还能写什么？做民族志（或俗民志）的老手本来就会建议说：没混到很熟的地步，你就别写什么什么"志"了。而在经历这写与不写之间的磨难之后许久，我只想再加一句：如果你早知一定无法混到很熟的地步，那么，除了不写之外，你也许还须另辟他途。不然我能怎么"赚吃"（台湾闽南语，"挣钱吃饭"的意思）呢？

（九）再加入萨克斯的"谈话分析"

哈维·萨克斯（Harvey Sacks）的妙方是接在加芬克尔之后才发展出来的。他在加州大学洛杉矶校区（UCLA）以及加州大学尔湾校区（UC-Irvine）的八年（1964—1972）之间，上课时所用的"讲义"常只是一两句话，或一段不到两页的交谈对话记录，然后要他的学生和他一起"讨论"这些话究竟有何意义，也就是说，从这些话语中，我们究竟可发现"何事"？或对话是否能形成"故事"？萨克斯提供的一次典型的"可开始"讨论的事例（或"故事片例"）是这样的：

"The baby cried. The mommy picked it up."

他的意思是说：要形成一个可供讨论的"故事"至少需包含数个 utterances（字词发声）——这个"utterance"的单位甚至没出现在上文所列的那串单位中，其理由是，一个 utterance——我们称它为"一次发声"好了——甚至不一定可构成一句话，因此一定不足以"生事"或"成事"，也就是说，它**不足以为一事**。但在萨克斯接下来的讨论中，那两次发声**所构成的一事**，确实可以衍生出许多相关的事件脉络，或值得说的一串东西［a stuff（which has）a series of virtues to them］。譬如可说什么呢？娃娃哭了。妈咪抱它起来——**这个妈咪就是那娃娃的母亲**。但是，原来听到的两次发声（也可说是两句话）之中并没有说妈咪是"它的"（或他/她的）。所以，萨克斯（Sacks，1992）才会问道：

> 现在的情形不只是我听成如此……当我把它听成如此时，有意思的就在于，我也可十分自信地说：你们所有的人，至少是美国本地人，也听成如此。这难道是某种魔法吗？
>
> (Now it's not only the case that I hear it that way… When I hear it that way a kind of interesting thing is that I also feel pretty confident that all of you, at least the natives among you, hear that also. Is it some kind of magic?)

那两次发声并不只是一阵叽里咕噜，而是在说话，并且也构成了说故事的片段，而那没说的部分，是不需说，我们就都听到了。（在这里，我假定诸位在座的朋友们，虽然不一定是什么讲英语的美国人，但至少是听懂、看懂英语的，正如维根斯坦所假定的懂中文、懂汉语的人一样。）那么，这真是什么魔法吗？这难道不算是叙事学的一种基本门道吗？

（十）"一事"是为何事？

我还引了两句《老子》《庄子》。在谈"门道"的时候，我可不是想牵扯到什么道家，而只是举了汉语的片例，来说明"病病""居居""于于"或"事事"的语法规则而已。病其病、事其事，都是同一字，先当动词，后当名词。这就是为什么不懂汉语的人会觉得这听来简直像是鸡啼狗叫。我们就先原谅他们吧（既然他们不是讲普通话的本地人）。我们的门道现在进入汉字——常常不是一次发声，而仅是一个字，就足以如维根斯坦所说的："像在讨论的园地里撒下一棵新鲜的种子"——并也可能发芽长出个可道之事。

我要宣称的一个门道是这么说的：在汉语的心理学，以及要心理学能包含叙事法之时，我们常可凭借"一事"作为单位，而衍申为一段可说可道的故事。对此"一事"，我本可说，人必须在做事，或从事于某事，才可知道那是怎么回事。好了，我的"一事"，现在出现一个关于单位的计量词，叫作"回"——"一回"，要怎么翻译为英文呢？（这可让在座的诸位稍稍伤点脑筋）当然，现代汉语的使用者很可能会改说"一件事"。"一回事"就是"一件事"，但，当我们谈章回小说时，谈到"第几回"，你就不能把它说成"第几件"了。这还只是小事。不值再论了吧？

但你真的知道什么事大，什么事小吗？所以我才会特别使用"事事之法"来强调：人必须在事之中，从事其事，然后才可能晓得事的大小。这样说，就把我们带回了加芬克尔那套俗民志方法之中的"成员"论去了。

（十一）那场故事里出现的门道与后来的发展

我的道理已经讲得够多，我想我该回头接续我原先说的那个三角公园故事。但，我的"接续"是要接哪里？我在开始演讲之时就预告过，我要接续我和夏林清老师的对话。那是因为她谈她参与的那些性工作伙伴，而我就用个斗牛的隐喻把这问题半接半引到关于"语意革新"的问题上。也许，有些人会觉得我在对话中离题了。是或不是，没关系；但这回，我要接上老夏的话题。记得我在那三角公园里谈到：

> 一拉出我的相机，处境登时改变……一位年纪不轻但打扮入时的女人正要踏进我的相机镜头之内，却陡然拉住她的脚步。

诸位看官知道那个女人为何"陡然拉住她的脚步"吗？这里有些背景必须交代。那个三角公园早先曾经有很长一段历史，一段关于性工作者和她们的老恩客的故事。三角公园原先也常被称为"老人公园"，因为那里经常坐着的就是新竹市居民中的老人，来自四面八方，而不只是附近邻居。为什么？因为这里其实是许许多多阿伯们所向往的"喝茶乐园"——喝什么茶？就是当年称为"茶室"（绝非今日的"茶艺馆"）的那种茶。一群六旬到八旬的阿伯们围坐开讲，其中会有几位五十岁上下的"阿姨"们陪着。有一次，我在那里看见一位阿伯的腿上坐着一位阿姨。那位阿伯张开双腿，而阿姨就侧对着他，坐在他腿上。

这光景，假若我能用甲骨文时代的造字法来"指"、来"象"的话，那就会形成这样一个字：

为什么不干脆点就讲讲那里发生什么事就好了？绕弯去谈甲骨文干吗？

请别不耐烦。我们不就是在"讲古"吗？陈年往事的回忆，有时就会让人在想"与古为徒"之时，一下拉出好多不同层次的记忆。

我读小学五年级时，住在那三角公园附近，武圣庙所在的那条街。在那年纪，我已经被养成这样一个孩子：我从家里往武圣庙方向走时，在有骑楼的地方通过，但走到一家"茶室"门口，我会拐弯走出骑楼，待过了那家茶室之后才又拐回骑楼继续走。这个拐弯走避的动作，简单说，就是我怕脏。茶室门口很干净，但门边坐着一位等客人的女郎，我怕。

武圣庙旁有一条小巷，当地人都称之为"中巷"，那是新竹市著名的风化区之一，这些风情地貌在网络上可以查到很多信息，我就不必多说。要说的是：自从这个围绕着中巷、武圣庙、三角公园一带被市政府和一位有心人出钱出力地大"整顿"之后，早已变成了个文化园区。

小时候我连附近茶室都会怕，更别说那条著名的中巷，对我而言简直是个黑暗的魔窟，我根本不敢靠近——住了将近十年，我真的不曾走近那里一步。但当我开始在新竹的大学任教时，我已经是个三十几岁的壮汉，教过一些必须写民族志的研究生。所以有一年我就想：不入虎穴焉得虎子，勇敢地靠过去观察吧。那个年代，距离变成文化园区还有二十几年之遥。我之所以留下三角公园的一点点观察记录，就是那时发生的。发生的事，但还不叫故事。

故事应该是现在才要讲的。我记得我想造的那个字，是因为在和夏林清对话当时，我对于"性工作者"这样的名称也发表了我的一点意见。那意思不在于赞不赞成，而在于名称本身，或甚至名称后面，到底是什么用意，我觉得还值得用力反思。

你我皆知"性工作者"这样的字眼不太可能被收编在家常话里。我们仍然使用"娼""妓"，或俚语的"鸡"来称呼那些"工作者"。我在还没搞清和那些阿伯们一起围坐的中年女性到底是何身份、做何工作之前，也只说是些"阿姨"。但后来，当少女"援交"已经变成时尚之后，我很怀疑是不是也可将那些少女归入"性工作者"之流，或可为她们"去污名化"。

在其他的公园里，我们现在很容易看见年轻的男男女女坐在一起，其中定可包括一位少女坐在少男腿上的风景，但我们现在不会说那叫作"有伤风化"——半世纪前，在我的青少年时代，有一次在某风景区的角落，看见一男一女在那儿接吻，我吓得拦住我的伙伴们，叫他们别过去看。

现在，各位听出我的故事了吗？我说的事就是"我怕"。我的恐惧。我对于色情公开的恐惧。我对于色情可能污染的某种空间恐惧。但故事既然破题已毕，既然只是说个有事、一事的例子罢了，应该可以准备收尾了。不是吗？但这是什么烂故事呀？还没加上"从前从前"呢！

（十二）事事必有的后事：一点考据

我被邀请来这里开讲，其实我的任务并不是"讲故事"，而叫作"演讲"，那么，在叙事学里，这样的讲法该归入哪种"文类"（genre）呢？德希达（Derrida, 1981）对于这个叙事与文类的问题曾做过相当曲折的辩解，一如这位"德公"（德希达）的叙事风格，他总是九拐十八弯，才终于让我们知道他要谈布朗肖（Blanchot）这位重要作家之叙事（récit）难以归类。我在掷书长叹时，想换换胃口，就拿起一本《全后汉文》，翻到张衡所作的《思玄赋》，而在同时，我也参看了《钱钟书论学文选》里几篇谈论情色的文章，甚至参看了王国维的《宋元戏曲史》——是的，我得看这么多，才觉得足以和德公的一篇文章相抗衡。我看到了什么？

先看张衡——《思玄赋》，相当长，但其主旨，如张衡所言，就是他在思

"图身之事",并认为此事中"吉凶倚伏,幽微难明",所以才写了这篇长赋来"宣寄情志"。"图身之事"究竟是大事还是小事?我读完之后,头皮发麻,觉得我们在这个喜欢"小确幸"的时代氛围下,根本不可能想象把安身立命的情志用一篇"赋"体(不论他可以写多长)来写,也根本写不出来。但在引经据典,上穷碧落下黄泉地恣意挥洒中,他写到王母上台,并宣召诸玉女、宓妃上场作陪,当其时也,那些玉女们无不使劲展现她们的媚眼、朱唇、纤腰,但这位张哥竟觉得她们"虽色艳而赂美兮,志浩荡而不嘉",因此他要悲咏一首清歌(就是用来清洗那些心志不嘉的艳色吧?)在此一改其赋体而换档为诗体,歌曰:"天地烟煴,百卉含花,鸣鹤交颈,雎鸠相合。处子怀春,精魂回移。如何淑明①,忘我实多。"这样,他才能够以"乐而不淫"之志,甚至悲情,来达到他的清洗效应。

再看王国维——他说楚辞在汉代的注释者看来,就是"至于浴兰沐芳,华衣若英,衣服之丽也;缓节安歌,竽瑟浩倡,歌舞之盛也;乘风载云之词,生别新知之语,荒淫之意也"(王国维,1975:3),但总之,这些表演者寖假演化为各种优伶倡伎,而由此可以推至今天所谓"娼妓",以色情来表演着种种"荒淫之意"。

色情?性工作?"食色,性也"在孟子口中出现后,所有的经学都会将此解释为近于"恶恶臭、好好色"(《大学》)那样的语意。于是,"色"就是指美色,甚至只是"美颜"的意思。因此,"好好色"当然属于关雎之情、淑女之爱,肯定是"乐而不淫"的。但是,孟子真是那样的意思吗?拼命回头找我们对于指事、象事那种本事的传统中,回到古文字学里,看见对于"色"字的诸多当代诠释,其中果然有"色即颜气"之说,起于许慎的《说文解字》,但当代文字学家对于许慎早已有许许多多的批评纠正,因为我们确实有商周甲骨

---

① 原文中的"淑明"一语难解,但极可能是指像陆机《日出东南隅行》中所说的"淑貌曜皎日,惠心清且闲"那样的淑女吧?

文、金文的古老"色"字造型作为理解的基础（见图1），而不必用秦汉之后各种误讹的隶定来为传统定调。终于有像马叙伦、汤余惠这些文字学家敢做更多的讨论①：

（1）色，"从人从卪"，而"卪"是指跪坐的人，或指跪坐而显现的膝部，因此"色"就是一人被置于另一人膝上。马叙伦认为这样的说法"不得女色义也"；但有人认为"色"和"尼"的构字相似，而"尼"又是"昵"的古字，就可得"亲昵"之义，但解字者又把这"亲昵"说成母子关系去了。

（2）马叙伦提出，"色"字在甲文中还有两个异体（见图2），他认为很显然这两字都是指男女交媾之意。汤余惠则另外提出"色"的两个同义字，分别是"从尸从舌"与"从尸从之"的两字，也是指男女交媾。

简单地说，"食色，性也"之中的"色"确实是现代汉语里所说的"性"（sex），毫无疑义。"性工作"的意思也就是色（情）工作——但是，我们不是要用"性工作"一词来为这些工作者"去污名化"吗？正如千百年来，情欲之"淫"也都会被各种文学清洗成情欲之"乐"。无怪乎钱钟书（1990）在讨论过"男女""美女祸水""色衰爱弛"以及"云雨欢媾"的种种文献之后，发出"男女之事乃天地之大义"的浩

图2

图1

---

① 古文字诂林编纂委员会（编），《古文字诂林》，第八册，上海教育出版社1999年版，第118—120页。

叹，并且引了王充的《论衡》再来发一顿牢骚说："儒家说夫妇之道，取法于天地；知夫妇法天地，不知推夫妇之道，以论天地之**性**。"——当然，今天的我们都知道"男女"未必是"夫妇"，但我们的问题一直都还是**性**——情欲、情色是也。并且我们还都一直在怕脏、怕公开、怕污染——或说，就只是我这个末代儒生，还一直在担惊受怕？

后记

事事之法在于以事为事，而但凡叙事，必得先知有事。至于何事为事，还得在你能够事事之后，才得以开始。说来说去，我们的道理可能早已在我们所传承的文化中结晶为一个又一个字。而我想说的这些话，则是在我造出一个仿古的字之后才都回想起来的——这像不像捻手指弹出"噗"的一响？"弹指"——"打 Ber"？就这么一个手势、一个语词，为什么就会禁不住令我想起了那条充满欲望与恐惧的暗暗中巷……

参考文献

王充(1965). 论衡. 第三十卷. 台北:台湾商务印书馆.

王国维(1975). 宋元戏曲史. 台北:河洛文化事业有限公司.

宋文里(2002). 叙事与意识:另一个对话的位置. 应用心理研究(16),157—185.

宋文里(2010). 当代文化心理学的缘起及其教育意义——美国心理学会前主席布鲁纳《教育的文化》评述. 民族教育研究,21(6),23—29。

钱钟书著,舒展选编(1990). 钱钟书论学文选(第二卷). 广州市:花城出版社,245—286.

张衡(1999).《思玄赋》(约78—139年),载于清. 严可均辑《全后汉文》,下册。北京:商务印书馆。

Bruner, J. S. (1996/2001). 教育的文化(宋文里译). 台北:远流出版社(英文版1996年).

Calvino, I. (1993). 如果在冬夜,一个旅人(*If on a Winter's Night a Traveler*)(吴潜诚译). 台北:时报文化出版公司(英文版1988年).

Bataille, G. (1989). *Theory of Religion*. New York: Zone Books.

Calvino, I. (1980/1986). *The Uses of Literature*. New York: Harcourt Brace Jovanovich.

Calvino, I. (1988/1993). *Six Memos for the Next Millennium*. New York: Vintage International, p. 16.

Derrida, J. (1981). The Law of Genre, in W. J. T. Mitchell (Ed.) (1981). *On Narrative*. Chicago: The University of Chicago Press, pp. 51–77.

Garfinkel, H. (1967). *Studies in Ethnomethodology*. Los Angeles: University of California Press.

Genette, G. (1988). *Narrative Discourse Revisited*. Ithaca, N. Y.: Cornell University Press.

Polkinghorne, D. (1988). *Narrative Knowing and the Human Sciences*. Albany, NY: State University of New York Press.

Ricoeur, P. (1985). *Time and Narrative*, Vol. 2. Chicago: The University of Chicago

Press.

Sacks, H. (Jefferson, G. Ed.) (1992). *Lectures on Conversation* (Vol. 2). London: Blackwell. p. 236.

Wittgenstein, L. (von Wright, G. H. Ed.) (1929/1980). *Culture and Value*. Oxford: Basil Blackwell. p. 1e. p. 2e.

White, H. (1980) "The Value of Narrativity in the Representation of Reality," in W. J. T. Mitchell (Ed.) (p. 2) *On Narrative*. Chicago: The University of Chicago Press.

Rethinking of Narrative Methodology

Wen-Li Song

(Department of Psychology, Fu Jen Catholic University, Xinbei, 24205)

／ Abstract ／

In literary theory, the concept of parody is not anything new, but about: What its status in the recently developed and alleged "narrative psychology"? It is challenging to ask psychologists such a question, yet we as psychologists may not be well prepared to give a satisfying answer. Our methodology is still in a very crude state which is obviously not quite able to face the challenge coming from the tradition of literary study. But it's always not too late if psychologists are willing to start again from such initial categories as "discourse", "narration", and even "story". In Chinese language, there are already many different conceptual counterparts of the aforementioned categories, the problem in our academic community is, for example, a shocking negligence of differentiating what constitutes a good (or a bad) story, or a full enough discussion of a more sophisticated linguistic phenomenon of "paradox". We tend to keep our use of language in epistemological naiveté. The author thus shows a little bit of necessary craftsmanship in how to tell a simple story, and how not to avoid its possibility of getting into the very state of the art.

In narratology, the basic element is not just "narrative", but must go right down to more elementary units such as "an episode", "an occurrence", "an event", "an instance", "a thing" and the like. In Chinese language, there are also many words carrying such meaning of narrative units, such as "*shih*" (事). Interesting is that this unit can also be used as a verb, so that when we are talking about doing a thing, or engaging a thing, it becomes "*shih shih*" (to make a thing a thing) in Chinese. A methodology deriving from such conception of "*shih shih*" will be quite different from its English counterpart, "everything". First of all, every *shih must* be indicated or signified, and to indicate or to signify means there preexist a sign, a meaning which does not mean anything yet. This is a methodological reduction that the Chinese language users must relearn, especially from ancient Chinese words. Or call it a philology that is especially needed for Chinese narratology. This kind of reduction will necessarily meet ethnomethodology in headway or in the halfway. The consciousness of this meeting will further build up its meta-theoretical connection with conversation analysis. To be conscious of a thing is to be in the state of "*shih shih*", and also of doing the very thing. Narrative of a thing, doing the thing, and being conscious of the thing, become one thing. The conception of this unity can hardly be constructed outside Chinese language.

/ Keywords /

Shih (事), Story, Narrative, Narratology, Methodology of Narration

相遇与交融：研究者、研究方法与研究参与者互为主体性的开展性历程

李文玟*

（龙华科技大学观光休闲系，台湾桃园，33306）

/ 摘 要 /

质性研究中强调"研究者本身就是研究工具"，那是"研究者"与"研究方法""研究参与者"，以及"生命故事"彼此相遇与交融的历程。在这篇论文中，研究者以其博士论文书写历程来呈现出在研究方法上的养成与实践脉络，包括在学习历程中与研究方法的相遇，在研究实践场域中与研究参与者的相遇，以及在书写生命故事过程中与自身及他者的相遇。在整个相遇与交融的历程中，试图朝向一种互为主体性的样貌。

/ 关键词 /

研究方法，互为主体性，生命故事，相遇，交融

---

* 李文玟，助理教授/博士，E-mail: winniel@mail.lhu.edu.tw

一、学习历程中与研究方法的相遇和涵养

在"研究者本身就是研究工具"(Berg, 2001; Denzin & Lincoln, 2000; 范丽娟, 2004)的质性研究中,研究方法不只是一种名称,如深度访谈法、生命故事法、心理传记法、行动研究法、叙述访谈法等等而已,那是"研究者"与"研究方法""研究参与者",以及"生命故事"彼此相遇与交融的历程。这篇论文以我的博士论文书写历程(李文玫, 2010)来呈现研究者在研究方法上的养成与实践脉络,包括在学习历程中与研究方法的相遇、在研究实践场域中与客家女性的相遇,以及在书写生命故事过程中与自身及他者的相遇。

我一直相信"知识"若不能为个人所体验,那么它只是高高在上的知识而已,如果知识能够和人自身的生命经验有所相遇并交流,才是真实的。而当个人的生命状态处在不同样貌时,不同的知识或议题会与个人相互吸纳与相互涵养。

(一)"故事同理心"的开启

1997年我第一次接触翁开诚[①]的"故事同理心",当时着迷与震惊于生命故事的力量,而"故事同理心"像是一颗种子,埋在我的生命中。

1999年我到龙华科技大学的第二年,邀请翁开诚为我们开设"故事同理心工作坊",诉说并倾听着彼此的生命故事,犹记得在我讲完故事之后,翁开诚以迷惑的口吻说:"感觉你的故事圆不起来。"人的心理很奇妙,他一说"圆不起来",我就愈想探究是什么让我的生命圆不起来。我想要让它圆起来!这也是支撑着我书写客家女性生命故事的重要动力之一。

---

① 翁开诚教授为辅仁大学心理系教授,学生都称之为"老翁"。

2001年我一头热地栽进辅仁大学心理所，以为从此可以过着幸福快乐的日子。① 没想到却是痛苦面对自身的开始，不断经历着解构与建构的辩证历程。

（二）与泪水相遇：哭

对于"哭"的释放，以及"哭"连结了什么，是我在博士班学习历程中最大的体验。从小我就是个胆小又爱哭的人，但是我很会撑，不太敢哭出来。即便我曾经有被老师宠爱的经验，但是在国中、高中时期有好几次与老师之间的短暂对谈，谈及自己时，我都会有想哭的冲动，但是眼泪仅止于在眼眶中打转，没有掉下来，因为对我来说，哭总是不好的，显得懦弱吧！

上了大学，大二开始就担任起"义务张老师"的服务工作，即便在会心团体中常常分享生命经验的深处，但也只有讲到父亲过世时会哭，其他大部分时候我都会显得优雅而理性。在成为谘商员的训练过程中，以及后来十余年中在谘商室的工作经验里，我总是耐心地扮演着倾听者与支持者的角色，理性地同理与分析，当个温和又亲切的辅导老师，我从来不曾在谘商室中听着学生的问题而掉泪，毕竟哭对我而言，还是"弱者"的表现。

然而，"哭"作为一种生命情感的自由流动，以及与自身生命经验深刻的联结，是我在辅仁大学的课堂中所慢慢经验，并学着释放的，我真觉得敢"哭"是学习来的。在夏林清②的课堂中，有很多哭的经验，反正大家一起哭，有什么关系，原来哭是需要相伴的，即便各哭各的，不知道其他人在哭些什么，也没有关系；原来我不敢哭，是那么在意别人的眼光与评价。在翁开诚的课堂中

---

① 当初真的这么以为，我都会以惊讶的口吻告诉别人，辅仁大学心理所真的是一个很特别的地方，论文是走故事取向，只要写故事就可以了。现在回看，觉得自己的想法真的过于天真而素朴；然而，如果没有那样天真而又素朴的热情与冲动，我想我也不见得有勇气会来念这个所。

② 夏林清教授为辅仁大学心理系教授，学生称之为"老夏"。

哭更多，除了同学的相伴之外，真正让我释放的却是"老翁的一滴泪"。

真是说不上来那是一种怎样的经验，虽然当时我写了一篇很感性的研究笔记——与"老翁的泪"相遇：

与"老翁的泪"相遇

6月18日上午，在851教室，我诉说着自己这一年来与自己隔离的心情，诉说着自己从小与客家族群的隔离，诉说着总是要比别人高贵，诉说着要说出自己有鄙视之心是多么的难……哽咽着的我，觉得喉头好紧好紧，快要说不出话来了，告诉自己"你一定可以把它说完的"，泣不成声中，我尽量地依我自己当时的思绪说完自己的故事。

此时，坐在对面的老翁，听着听着，一滴泪就这么从眼眶中慢慢、慢慢滑落。

之后，驱车前往龙华的路途中，老翁这一滴泪滑落的景象，重复地、重复地在我眼前播放，而我的泪水，也随着一次一次的播放而决堤。此时，我的泪水依旧滑落，而这泪触动了什么？这哭，联系了什么？

在辅仁大学念书的这一年，深感辅仁大学是个有历史感的地方，让自己的历史，也在这个地方得以串联，渐渐，生命不再是分割的，不再是片段的。因为，就是活生生的、有历史的我，在这里读书，在这里体验我的真实而深刻的生命，在这里反思我的生命经验。

我知道，老翁的泪中，有我的对立与拉扯，有我的真实与真诚，有我深刻走过的生命故事。

2003.07.22 研究笔记

相遇与交融：研究者、研究方法与研究参与者互为主体性的开展性历程

我同时经验到一位带着"老师"与"谘商师"角色的老男人，坐在我对面听着我的故事，竟哭了！我知道当时的我很努力地要说出那份挣扎、那份鄙视与那份试图表现出的高贵，然而，我却不知道我的故事可以让一个称为"老师"又带有"谘商师"角色的男性感动到掉泪，真是太解构了。虽然我知道老翁爱哭，虽然我知道我会被爱哭的男性吸引，但是那也仅只于理性上的"知道"，这一次的经验很有力量，让我"敢"在谘商室中听着学生的故事而掉泪，更让我自在地在两年后遇见菊子①时，第一次听她的故事就"哭到不行"。

原来，哭是我生命的养分，同时也陪伴着我的学术脉络养成。看到成虹飞（2008/2010/2014）写的"呼唤一种从泪水交织中产生的知识"，真的是很有感觉，我引用其中一段：

> 麦搁ㄍㄧㄥ啊啦！
> 一起抱头痛哭吧。
> 让知识从泪水的交织中解放出来。
> 泪水是意义的结晶，种类如天上繁星。
> 她可以幻化为文字，为歌声，为图画，为舞姿，为沉静的省思，为坚忍的行动。
> 她可以是研究动机，可以是研究历程，可以是研究发现，更是研究伦理。
> 她可以在研究者、（所谓的）被研究者、读者之间，跳动穿梭。
> 论文口试的时候也一样。学术研讨会也一样。不管是谁，老师也好，

---

① 菊子是我博士论文的重要研究参与者，也是一位触动我客家经验、女性经验以及自卑经验的生命导师，遇见她是在2005年11月16日，而她的故事初稿完成是在2008年，她的故事刊登在《应用心理研究》期刊中，篇名为"剪断肚脐带，要做大人样：一位客家女性生命处境中的困与寻"（李文玫、丁兴祥，2008）。而在我的博士论文中的第四章"离散中的原乡情怀：菊子的生命力道与自我修炼"写的就是菊子的生命故事（李文玫，2010：153—194）。

学生也好，作者也好，读者也好，研究者也好，被研究者也好，没人规定不可以一起哭。

只要她不被ㄍㄧㄥ住。只要有人愿意倾听与诉说。

若你流泪独行，或许你可听见，一个戴墨镜的人，对街吹奏萨克斯风的声音。

（成虹飞，2014：7—8）

"让知识从泪水的交织中解放出来"，我很喜欢这句话，如果我的这篇论文是用泪水交织出来的，我想那是很真实的。虽然我对成虹飞老师没有太多直接的接触，但是这一段文字，尤其是最后一句"若你流泪独行，或许你可听见，一个戴墨镜的人，对街吹奏萨克斯风的声音"，我知道那是他的身影，有一种被理解的力量，即便独行也不孤单。

而倪鸣香（2010）也说："泪水是真实的写照。"很多时候我们不哭，是因为我们没有勇气面对生命的真实，就让它轻轻淡淡地飘过去，看似视而不见，却也只是让时间带着生命流动罢了！有时我们不哭，是因为没有一个可以涵纳你哭的空间与环境，如果生命中的"哭"，可以被自己与他人好好地温柔对待，那么要如实地/自由地对待自己与他人，就更有可能。

在书写菊子的漫长历程中，我不断地与"哭"相遇，而每次的泪水都幻化成生命视框的挪移与重新看见，更是关于生命真实的知识积累。我真觉得如果我没有温柔地与我自身的泪水相处，那么我也生产不出来这篇关于生命书写的论文来，也没有办法更如实地对待自己与他人。

（三）田野研究与行动研究的滋养

这两种不同取向的研究方法给我的是启发与滋养。我不敢说我自身与田野研究以及行动研究有所相遇，但是在课堂中这两种研究方法都让我有所学习并影响着我。其中田野研究中强调的"用生命来交换"，以及行动研究中强调的"协同前行的实践"与"反思"，是让我深刻记得的。

"用生命来交换"，是潘英海老师在田野研究一堂课中深刻影响我的一句话，也成为我的生命/研究信念，我一直觉得如果我用真诚而恳挚的生命与研究参与者相遇并相处，那就对了。然而，长期而深刻的生命交融并不是一件可以轻易负担的事，有时，真觉得这担子好重，甚至都怀疑自己有办法承受吗。有一次到士林去访谈先生因工作伤害而突然过世的客家女性，面对她的悲伤与长期的失眠，即便她很愿意畅谈她自身的生命故事，但我还是觉得"沉重"，无法将她的生命故事整理出来。

面对菊子的叙说与情绪，我有时也觉得无法承受。那包括自己在上班与照顾小孩之余，拿着听筒努力地听着对方的诉说，在体力上与心情上都有不小的负荷，当与菊子发展了长期而且贴近友谊的关系时，我有时很难拒绝她的电话，因为我知道她"想"跟我说说话，或者告诉我她如何重新整理了自己的生命，除非我真的忙不过来，或是累到不行，我才会告诉菊子"我再回电话给你"；然而，回电话也得要聚集了足够的能量，才有办法给她真诚的响应。

虽然我不是进行田野研究，但是在自传式俗民志[①]中，将"自我"视为一个田野场域，那么我所进行长期性的生命故事访谈，是不是也可以将"他者"视为一种"异文化"的田野场域？我想可以的！"一沙一世界"，从一个人的生命叙说，可以看出他所处的历史社会文化脉络来。在倾听与书写菊子生命故事的这两三年来，我真觉得自己真正用自身的生命进入了一个"异文化"的世界，在理解与诠释的过程中，自身的信念、价值与生命经验不断地被撞击，在自我与他者的交融中，经历着模糊、进出与看见。

而如何可以看见这样的被撞击，则是一种反思与回观的能力，那是我在

---

① 自传式俗民志 (auto-ethnography)，指的是以俗民志的方法进行自我探究与自我书写。

"行动研究"与"批判心理学"课堂中被开启的。虽然说在质性研究中非常强调反思性,诚如亨伍德和帕克(Henwood & Parker,1994)在他们所编辑的质性社会心理学专刊的导论中写道:质性社会心理学研究不仅要将主体性(subjectivity)视为一项资源,并将反思性(reflectivity)视为研究过程的一部分,更将个人和政治的能动性(agency)视为社会心理学研究的结果(Henwood & Parker,1994:219-223)。而丁兴祥、赖诚斌也认为:反思性是一个不断辩证开展的历程,是与他人(环境)互动的历程研究,本身也是一个不断蜕变生成的过程(丁兴祥,赖诚斌,2006:121)。在行动研究的课堂中,我培养了不断回观与反思的能力。

(四)沉醉在生命故事与生命叙说中

说是"沉醉"真的不为过。我觉得我不仅仅是与生命故事/叙说相遇,甚至投入很大的热情与执著,觉得写出一篇动人又动己的论文,是我的使命。在翁开诚(2002)的《觉解我的治疗理论与实践:通过故事来成人之美》一文中,我不仅陶醉于文中的自传,更沉醉于翁开诚说的"我相信,故事是开显主体性的道路;不只是开显主体性人格的治疗方法,也是开显主体性知识的研究方法",唉,多美、多吸引人的话语。如果人的主体性的开显要透过"故事",治疗方法要透过"故事",研究方法也要透过"故事",我不仅深信不疑,同时回到学校进行谘商时,我也开始请学生说自己的生命故事,一次又一次地沉浸在故事中;在研究方法上,也朝"故事"的方向走去。

"故事中就已经隐含着理论",丁兴祥[1]在课堂中慷慨激昂地说着,如果故事写得够好,故事所欲表达的观点已在其中。科尔斯(Coles,1989)在其所著《故事的呼唤》(*The Call of Stories*)一书中提到,他在医院中经历着不同的

---

[1] 丁兴祥教授为辅仁大学心理系教授,学生称之为"老丁"。

督导方式，逻辑而具理性的、倾听而温暖的，他回到生命过往与故事及小说交流的时刻，而选择将故事与诗带进医院中，在大学教书时用小说以及文学与学生交流。整本书欲传递着故事在生命本质中的重要性，以及生命自会从故事的呼唤中找到出路的信念，这样从实践中得到的信念与具说服性的观点，不就是一种理论的展现吗？

在这段时间，我也试着整理相关的知识信念，以及确认"生命故事研究"取径的可能，有两个重要的观点——"个人的生命镶嵌在历史社会文化脉络中"及"人就是叙说"，是我一直相信的：

个人的生命镶嵌在历史、社会文化脉络中，因此，生命故事不仅仅是个人的，也是社会文化的。个人透过叙说建构自身，在个人不断叙说与书写中，个人的生命故事展现出个体所经历的整个社会历程。邓津认为"研究者必须把个人问题或苦恼扣连到较大的社会与公共议题"（Denzin, 1989），而奥古斯丁诺斯和沃克也主张："所有的认同，所有的自我建构形式，都是社会的"（Augoustinos & Walker, 1995: 98–99）。

"社会的"是一多面向的词汇，包括历史、社会、文化等。关于在进行叙说研究时，须考虑历史、社会等因素，克兰迪宁和康纳利（Clandinin & Connelly, 2000）做了很好的说明，他们使用杜威的理论，提出"三度叙说探究空间"，强调在思考叙说探究（narrative inquiry）须同时兼顾三方面的理解：个人与社会的互动、过去现在未来的时间性，以及地点的情境性。也就是说，在进行生命叙说的研究时，互动性、时间性与情境性都是重要的向度。至于在文化向度上，个人的叙说是镶嵌在社会文化环境中的，因此生活中透过代间传承及与他人共享的态度、价值、信念及行为的文化因素更是不可忽略的（Bluner, 1987; Denzin, 1989; Minami, 2000; McAdams, 2006）。

赖诚斌、丁兴祥更清楚地指出：个人的主体性在历史及社会文化脉络中建构。他们反对心理学的研究立基于"机械论"的观点，极力论证从"脉络主义"的观点来研究人，认为自我是置身于历史、社会文化脉络中；他们更主张，对于个人主体性在历史文化脉络下如何复杂多层次的交互建构，心理传记与生命故事方法提供了切实且具发展性的研究取向（赖诚斌，丁兴祥，2002）。也就是说这样的研究取径，不仅重视个人的独特性，同时也兼顾社会文化脉络的整体性，这篇论文正是立基于这样的观点来进行。

另一个要说明的是"人就是叙说"的观点。心理学家萨宾（Sarbin，1986）特别提出"叙说作为心理学的根本隐喻"（the narrative as a root metaphor for psychology），而布鲁纳（Bruner，1987）也提出"生命宛若叙说"（life as narritive）的概念，这意味着"人就是叙说"，也就是说，人活在叙说中，人透过叙说建构自我，认识世界；人也透过叙说主动建构世界，我们就活在自己讲的故事和别人讲的故事里（Sarbin，1986；Bruner，1987；Polkinghorne，1988；Hatch & Wisniewski，1995；Murray，2003）。利布里奇等人（Lieblich, Tuval-Mashiach & Zilber，1998）更提出"故事即是个人之认同"（the story is one's identity）的看法，我们透过说故事发现并认识自己，并向他人揭露，在不断叙说中，故事会被重新修正、创造，而我们的生命视框也会有所挪移，在这整个历程中建构了个人的认同与生命的意义。

阿特金森（Aktinson，1998）认为我们每天都在说故事，而说故事是人类沟通的最基本形式，将事件、经验与感觉说出来的过程中，我们会发现生命中的深层意义。他提出"生命故事访谈"的研究取向，并将生命故事定义为："生命故事是个人对他/她过往的生命进行选择性的诉说，说得尽可能完整而诚实，说他/她所记得的，说他/她想让别人知道的，通常是由另外一个人进行引导式访谈所产生出来的"。在这样的定义中，有几点是重要的：生命故事是个人的故事；生命故事要透过叙说；是个人对过往生命进行选择性地诉说；要说得完整、诚实；说记得的、说想让别人知道的；透过引导式访谈而产生的。

而麦克亚当斯（McAdams，2006）认为生命的叙说研究是社会科学领域中跨学科的运动，旨在探索和解释人类生命及社会文化脉络下的叙说或故事，他主张人类的生命是文化文本（culture texts），可以被解释为故事（stories），因此，他采用生命故事访谈来说明并建构美国人所赖以维生的故事，那是强调受苦、救赎以及个人命运，而很多人会说，这就是"美国人"。我很喜欢麦克亚当斯所说的"人类的生命是文化文本，可以被解释为故事"，希望自己也可以找到并书写出客家女性的文化文本与故事。

面对这些论述，试着与这段时间所研究的生命故事进行对照，我将生命故事研究取径定义为：立基"个人的生命镶嵌在历史社会文化脉络中"及"人就是叙说"的观点，在一个轻松而自然的情境中，透过访谈的方式让叙说者可以尽情地诉说自身的故事，透过故事的叙说，说者得以重新看待自身的生命，并建构生命的意义；而研究者得以理解在历史社会文化脉络中的个人，如何可以在社会历程中活出自我的生命样貌。

在这段沉醉于生命故事取径的期间，我遇见菊子，并试着将菊子的生命故事书写出来。然而，我却遇见了一些困难：一是，我要如何在这样的研究取径中，把研究者与研究参与者的"互为主体性"说得更清楚，这个部分我试着与成虹飞所开展出来的"生产相遇的知识"以及"女性主义民族志"的论述进行相互的对话（详见本文最后一节）；二是，我如何可以对菊子的生命故事进行深入的诠释。

（五）生命故事的书写与诠释

> 任何阅读都免不了要进行诠释，即使在形成文本阶段，特别是进行生命故事访谈的对话行动时，沟通、了解与解释等外显和内隐的历程中，都免不了诠释的作用。
>
> （Lieblich etc., 1998: 226－227）

诚如利布里奇等人（Lieblich etc.，1998）所言，"诠释"会在研究的每个阶段发生，从寻找研究的场域、生命故事的访谈、文本的转译与阅读过程中，都隐含了研究者的诠释，而故事的书写本身就是诠释的表现。阿特金森认为故事与生命故事本身就隐含了解释，而个人的故事呈现出他的自我理解与世界观，因此，研究者的工作就是要找出叙说者隐含在故事中的意义和理解；而他也认为诠释的工作涉及理论的选取与研究者主观的解释（Atkinson，1998：62 - 71）。

很多的叙说研究者都提出分析与诠释的方法，莫里（Murray，2003）提出叙说分析分为两个阶段：描述与诠释。诠释的工作在于用可以解释故事的更广的理论文献把不同的叙说联结起来，研究者必须同时熟悉叙说以及相关的文献，这样才能进行联结的工作。

利布里奇等人（Lieblich etc.，1998）则以两个独立向度，整体与类别、内容与形式，而提出阅读、分析与诠释叙事的四个模式，分别是：整体—内容模式（系以一个人完整的生命故事所呈现的内容为焦点）、整体—形式模式（借由省视整个生命故事的剧情或结构，来发现其最为清晰的表达方式）、类别—内容模式（似内容分析，研究主题的类别已被明确定义，文本中分离的段落）、类别—形式模式（聚焦于每个独立叙事单位的叙事风格或语言学的特征）。虽然说，整体与类别、内容与形式是被区分的向度，然而，我认为无论采用何种模式，都必须在整体与类别之间、在内容与形式之间，重复地相互来回理解，就像所谓的"诠释学循环"一样，理解部分是为了更好地理解整体，而理解了整体，对部分也会更了解。而内容是说了什么，形式是如何说，两者的相互了解与分析，会有助于整体的分析与诠释。

而邓津（Denzin，1989）将诠释的程序分为：（1）取得互动的文本；（2）将一个文本视为一个单位，予以呈现；（3）在文本下再区分出几个主要的经验单位；（4）以语言学与诠释学的方式分析每个单位；（5）一系列地揭露与诠释该文本对参与者的意义；（6）持续地发展对文本的诠释；（7）交相检证研究假设与文本段落；（8）将文本视为一个整体；（9）呈现种种文本中出现的诠释。

克罗斯利（Crossley，2000/2004）认为数据分析的关键就是要去了解自传访谈情境中所产生的意义内容，以及意义的复杂性，要了解这些意义不是件轻而易举的事，必须仰赖"诠释"，以及研究者投入于和逐字稿之间的"诠释关系"，也就是说，研究者必须"持续不懈地和文本奋战，投入于诠释的历程"。他参考了麦克亚当斯对于个人叙事所提出的理论与方法，而研拟出分析的蓝图：第一步，阅读与熟悉，反复阅读并熟悉文本数据，对于逐渐显现出的重要主题，能掌握大致要义；第二步，找出待探寻的重要概念，包括叙事基调、表征意象以及主题；第三步，区辨出叙事基调（narrative tone），系透过故事的内容与形式来传递；第四步，区辨表征意象（imagery）和主题（themes），表征意象要从语言着手，它能提供线索以探寻对个人有意义的形象、符号或隐喻，表征意象和主题最好一起分析，因为特定的表征意象会带出特定的主题；第五步，交织成一篇脉络连贯的故事；第六步，撰写研究报告。

里斯曼（Riessman，1993）主张研究者无法直接进入另一个人的经验，我们所处理的是某种模糊性质的经验再现——包括谈话、文本、互动和解释，而他将研究过程中经验再现的五种层级分为：关注经验、诉说经验、转录经验、分析经验以及阅读经验。在分析经验部分，里斯曼提出三种不同的实作模式，一是以情节—故事区分的方式，探究生命故事整体轮廓；二是从对谈数据中联结故事与意义；三则是以吉（Gee）的诗意结构取向，来显现内嵌于个人叙说里诗的特性。而米什勒（Mishler，1986）提到在进行叙说分析时，须同时考虑访谈情境与访谈关系，因为在访谈者与受访者之间的不同权力结构，会有不同的叙说动力，因此访谈情境与过程的分析有助于文本的充分解释。

关于故事的书写与诠释，我自己的信念和利布里奇等人（1998）强调的"诠释一直都存在"以及阿特金森（1989）所言的"故事本身就隐含了解释"

极为接近，我一直相信在所有过程中，诠释无所不在，而不仅仅是故事的诠释阶段而已。对于菊子故事的重新书写与诠释，我参考邓津（Denzin，1989）以及克罗斯利（2000）的诠释方法来进行之，比较像是里斯曼（1993）所提的实作模式一，以情节—故事区分的方式，探究生命故事整体轮廓；以及利布里奇等人（1998）所提的整体—内容模式，但诚如前面所言，类别与形式的部分也是重要的参考依据。

在书写过程中，除了誊写逐字稿并且反复阅读之外，以"情节—故事"的方式将菊子生命历程中的重要情节建构出来，如此故事的章节以及生命的整体轮廓就可以出现。每一个故事情节的书写都必须仔细地贴着菊子的叙说状态，同时要能够放置在社会文化脉络中来看待；最后则是整体性地理解菊子的生命轴线与生命困境的面对力道。

二、与研究参与者的相遇

随着研究历程中一次又一次与台北客家女性的相遇，我一方面感谢与她们的生命故事相遇，一方面也看到自己在研究关系与研究位置上的转变。之前，读到安格罗西诺（Angrosino，2000）田野观察的文章中提到合作（Collaboration）一词，很受吸引，我希望自己可以在访谈中寻找并创造这样一个可以"共同合作"、共同探究、一起前行的伙伴，这是我理想中的访谈关系。

在访谈客家女性的经验中，每一次我的状态、和对方建立起来的关系都不同。我知道每一次的访谈关系都会牵涉诸多因素，包括研究者与研究参与者的价值信念、对人的预设、个人特质、自我状态、成长背景与年代、客家认同、生活中经验的客家以及生活经验等，而访谈情境，包括时间、地点等也是一大重要影响因素。

在这些访谈经验中，除了澄清我期待的访谈关系之外，在不断听故事的过程中，我也看到自己在研究位置上的挪动，那是：从"别人凭什么要接受我的访谈？"的慌张到"我很愿意彼此相伴"的真诚；从"我要做客家女性的研究"到"我想写客家女性的故事"；从"研究"到"生活"。

（一）就是为了与你相遇——与菊子的相遇

菊子，有一张我再熟悉不过的"脸"，这张脸深深刻着我儿时的客家意像。这张充满怨的"脸"，好穷、好苦、好可怜、好自卑，却也充满着强而有力的生命韧性，那是我从小深刻记忆的客家女性的"脸"。

和菊子的相遇不是偶然，也不是凭空掉下来的，那是生命中做了很多的准备及等待，在相遇的那一刹那，有一种"等待了五百年，就是为了与你相遇"的感觉。这等待与酝酿是经历了看客家戏、演客家戏以及不断听故事的历程。[①] 而她呢？十年来，妈妈读书会和心理成长班、欢喜扮戏团三十几场客家戏的巡回演出[②]，似乎也让她准备好可以再一次地回顾并整理自己的生命。

2005 年 11 月 8 日，因缘际会去参加一个朋友经营的直销会场，正准备要离开时，突然看见一个熟悉的面孔，记不得在哪儿见过，她也看见了我，我眼睛一亮，习惯地堆满了笑容并点个头，其实嘴中已经准备要呼叫对方了，只是真的不知道是谁呀。此时，在一旁的朋友马上接着说："啊，她就是菊子啦！""你就是菊子呀，我第一次看你的戏，就很想访问你……"这就是我和她的第一次相遇，因为戏剧的关系，因为客家的关系，觉得跟她的距离好近，会场中因为人多，彼此留了电话就没多说什么。离开前告诉她："我会再打电话给你！"

---

① 为了更了解台北客家女性的处境，因缘际会之下我参与了"欢喜扮戏团"第二出客家戏剧《春天来的时候》的演出，在一年的培训过程以及十几场全省巡回的演出中，我得以更靠近客家女性的样貌。

② 菊子为了不让自己受困在家庭中，积极参与小区的妈妈读书会、心理成长班，同时也参加了欢喜扮戏团第一出客家戏剧《我们在这里》的培训与全省三十几场的巡回演出。

2005年11月16日早上,我刚从市场回来。听到电话声,来不及接听,转到录音机,听到电话那头以很自然的声音呼喊:"文玫,我是菊子啦,我现在要从家里出发……"马上拿起听筒确定时间地点。一进家门,没有太多寒暄,菊子轻松而自在地坐在我们家的沙发上,就这么展开了生命故事之旅!

(二) 参与并贴近菊子的生活世界

我一直相信,如果要深入地了解一个人,而且可以书写对方的故事,一定要进入对方的生活世界中,那需要时间和生命情感的投入。对我来说,尽可能进入菊子日常生活的世界中,包括家庭生活、工作场合、休闲活动及人际圈等(见图1),是重要的,那是我得以真正理解的先备条件。

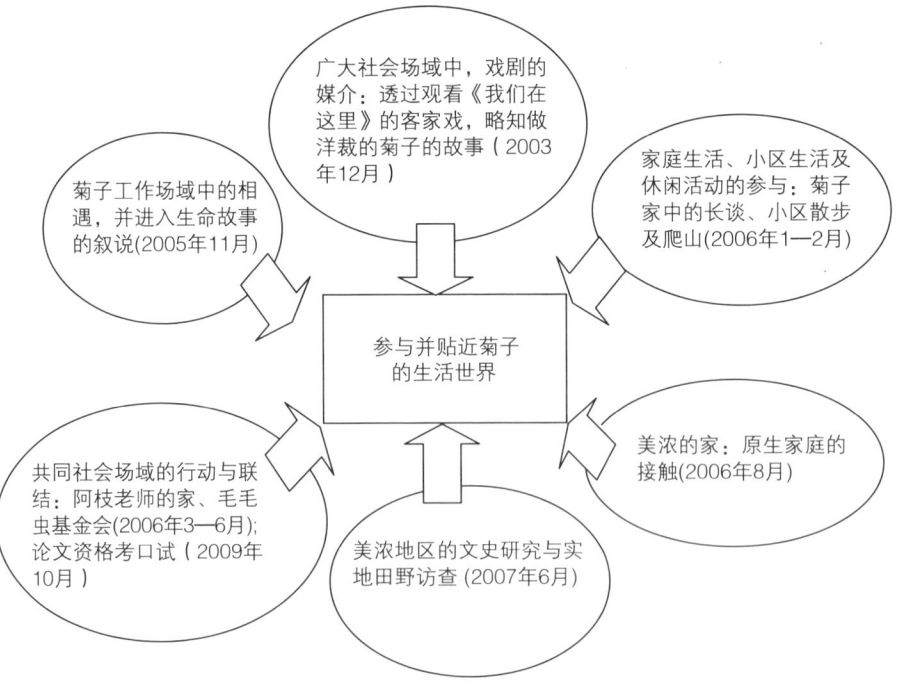

图1　参与并贴近菊子生活世界的历程

1.《我们在这里》① 现代客家戏的媒介

在这个媒介中,我是观众,而菊子是演员,把自己的故事搬上舞台,真实的演出,令我感动,更让我在脑海中印记下想要访问的念头。

2. 在工作场域中的相遇

菊子的工作是健康食品的直销,因为没有学历的限制,又可以让她走出家庭经营一份属于自己的事业。然而,这不是一份太容易经营的工作,如果理念不相同,或是不能接受传销的方式,是很容易被拒绝的。而我有幸是在菊子的工作场域中与她相遇,虽然我不经营这份事业,但是因为对这家公司、对所经营的产品有初步的认识,所以菊子可以共同和我分享她事业经营的种种。菊子说:"做我们这行的,走出去就是在工作"。而菊子也很乐意让我走入她的工作场域和人际圈中。

3. 家庭生活与小区生活的进入

菊子在刚开始的时候不好意思让我进入她的家,她说很乱又很小,因此,第一次的访谈是在我的家中进行。菊子愿意邀约我到她家,那是两个月后的事,我想菊子是准备好让我进入的。我们一起去爬山、逛小区,边逛边

---

① 《我们在这里》:是欢喜扮戏团于2000年推出的第一出的客家戏,也是"台湾告白"(六),该剧团是以一种更贴近演员的生命/生活的方式来呈现,即从团员的口述历史中寻找演出的材料,也就是说,其作品主要是以常民文化的参与及呈现为主。《我们在这里》就是邀请一群台北市的客家女性说自己的故事,并将自己的故事搬上舞台演出,大声说出作为弱势族群的客家人,生活在台北的故事。菊子参与了这出戏剧的演出,我作为一个观赏者。同时,我自己在2003年参加了"台湾告白"(十):《春天来的时候》的演出。

说小区的历史和自己活动的空间，让我更了解她。菊子说因为演戏之故，有几次的电视电台采访要在她家中进行，她都拒绝，只在小区的公共空间中。对于菊子愿意开放让我进到她的家庭生活中，我真的很感动，也很感谢。

4. 创造共同社会场域的参与

2006年3月，我报名参加了赖玉枝（阿枝）老师①的心理成长班，她是菊子生命中的重要贵人。上了两个月的成长课程，对于菊子在叙说和阿枝相处的种种时，我比较能深刻理解。

另外一个社会场域的共同参与，就是2006年4月共同参加"毛毛虫基金会"②的生命故事分享，我报告"菊子的故事"，邀请她一起参与，菊子二话不说，一口应允，并在当天与所有在场的老师、同学侃侃而谈自己的故事，那对答如流、清晰的叙说，让我佩服，而我更感动的是那份陪伴情。三年后（2009年10月），我邀请菊子一起参与我的资格考口试，菊子还亲手帮我做了萝卜糕，给在场的口试委员和同学们，在前往辅仁大学的车上，菊子说她脑海中浮现的是妈妈的声音："阿菊子乁，你样按沙鼻，爱参加人个博士个口试"（菊子啊，你怎么这么爱自我表现，要参加人家的博士口试），我知道菊子其实是鼓起勇气来参加的，可以进入"辅仁大学"这样的学术场域，是菊子从小的心愿，我感受到她的紧张与自卑，但是，当天我比她更焦虑紧张，所以也没能说些什么，就是相互陪伴！

---

① 赖玉枝老师，小区心理成长课程的老师，也是一位客家女性，自行出版两本自传式的书籍《三八阿枝》和《女战士之旅》，是一位很有女性自觉意识的老师。
② 毛毛虫基金会的生命故事分享是由辅仁大学丁兴祥老师以及政治大学倪鸣香老师共同举办，每个月一场的分享会，凡是对于生命叙说有兴趣的人士都可以自由参加。

5. 原生家庭的接触与共枕眠的缘分

菊子的老家在美浓，2006年暑假我们相约参加钟理和文教基金会暑假举办的"笠山文学营"①，并顺道回菊子的美浓老家。文学营的第二天，我们请假回菊子娘家，走访一趟着实让我更理解菊子的背景，只是一抵达时，还没和菊妈好好问候，他们母女俩就开始上演一出出真实的日常生活剧，菊子一点儿都没有把我当外人，尽是大声地和妈妈说话。我问菊子，怎么感觉你像是你妈妈的妈妈一样，一直念她，一直说她？她说，不用这样的方式，她说不出来。我知道，在这短短三四个小时的互动中，全都是母女俩之间的真实互动状况！

从看戏结的缘，一直到美浓老家的接触，整个过程都是透过"叙说"来贯穿的，菊子真实地叙说着她的生命，而我也用我的生命真实地听着。我感谢菊子认真而积极地带领我进入她的生活世界中，能够遇到这样的叙说者，与我共同前行，何其有幸！

6. 美浓地区的实地田野访查

对于客家文化的理解，仅限于我成长的苗栗客家庄与我的家庭，对于南部美浓地区特有的经济产业、历史文化变迁及人文样貌，我所知有限，为了对菊子所成长的、所爱恋的美浓有更深入的理解，我于2007年6月29日、30日邀请当地的文史工作者、人称"古伯伯"的古德福先生帮我进行美浓的文史导览。

---

① "笠山文学营"由钟理和文教基金会所主办，主要在介绍并且认识钟理和的文学作品以及让与会人员认识美浓这个客家庄。

这次走访，是试图增加自己对美浓地区历史变迁、产业经济，以及人文样貌的理解，以让自己在书写时能有更大的时空背景概念，而可以将菊子放置在"历史社会文化"的脉络与处境中来看待。

(三) 长期关系的发展与流变

在一般深度访谈或是生命故事访谈的文章中，所强调的是"关系的建立"与"访谈的内容与策略"（范丽娟，2004；Atkinson, R., 1998, 2007），却很少提及如何维持长期的关系，以及长期关系会有怎样的变化。会强调关系的发展、维系以及研究者的自我揭露，主要是在女性主义访谈与民族志研究的论述中（Oakley, 1981；Reinharz, 1992）。

我和菊子的关系随着时间的流变，而有不同的关系样貌。我将之命名为：一拍即合的蜜月期、关系紧密期与维系期、拉开距离的沉淀期，以及进入故事书写期（见图2）。以时间轴来看，"一拍即合的蜜月期"大约维持了三个月，从第一次的叙说到菊子觉得自己的"故事讲完了"，这段期间每个星期至少有一到两通的电话联系与叙说，而一整天的叙说访谈共进行了三次，这三整天的叙说访谈都有完整的逐字稿，分别是2005年11月16日、2006年1月26日，以及2006年2月16日三整天的叙说；至于密集的电话联系则作为故事理解的背景资料以及故事的相关内容。这是一段叙说者积极而有准备的叙说。无论是叙说的主题与时间，大部分都是由叙说者（菊子）主导，因为菊子曾经参加过心理成长团体，对自己的生命经验有初步的书写与整理，因此，再次的叙说，菊子是有其自主性的。

"关系维系期"有半年的时间（2006年2月16日至2006年8月），叙说的主题包括与原生家庭薄弱而淡的关系以及冲突而复杂的婚姻关系。对身为倾听者的我来说，这两个阶段我都完全沉浸于故事之中，为着故事的起伏而动容流泪。

接下来则进入"拉开距离的沉淀期"及"进入故事书写期",彼此间保持着偶尔的联系与叙说,对我来说,这是一段不断"进"与"出"的过程,克兰迪宁和康纳利说这是"陷入恋爱,离身冷静观察";而蔡敏玲(2004)则用爱城(地名)的蓝天和积雪来形容,她说"蓝天清朗却离地甚远,积雪黏糊但就在脚底——就像离境剖析数据与入境就地经历一样"。没有这段"出来"与"离开"的过程,我是写不出故事来的。

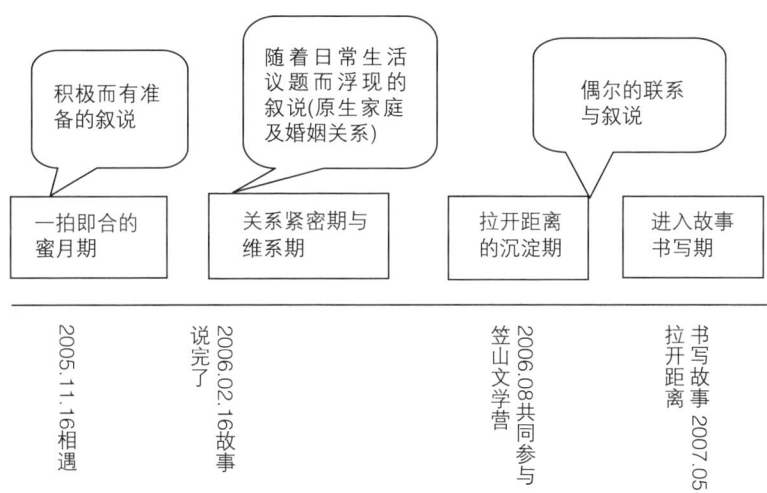

图2 随时间轴线而流变的叙说与关系状态

因此,对我来说,最困难的阶段在于"故事书写期"。我要将菊子的书写文本想办法定格,那样的定格就是克兰迪宁和康纳利(Clandinin & Connelly,2000)所说的:"叙说探究文本根本上是一种时间性的文本——关于过去曾经如何、现在如何,以及将成为如何。作者必须找出方法来写出那种**定置于某处**的文本,不是抽象的,而是定置的。而那个某处,同样的,也需要被看成是处于一种成为的状态。"在克兰迪宁和康纳利的说法中,定置于某处,同时也是一种成为的状态,透过定置我得以将菊子的生命故事暂时定格,而整个书写的过程，也是一种不断发生、不断成为的状态。

（四）关系中的权力与伦理议题：不断"协商"的过程

信任的关系并不是一次就建立起来的，是经过一次又一次的协商过程，这是一个伦理议题。当2006年8月16日我说要把她的部分书写内容放进文章中时，我整理了八个多月来的叙说内容，并详细说明几月几号她在电话中念了什么给我听时，菊子一听就说："这么恐怖，记得这么清楚，让我想到一部影片。"我知道她讲得那部影片就是《楚门的世界》，那是隐喻自己的一言一行都受到监控似的，菊子开玩笑地说："会不会被你卖掉呀？"此时，我内心的挣扎是，究竟这样的历程是协商，还是监控呀？我还在寻找一个让她舒服、让我心安的方式。

记得在第一次叙说的时候，菊子觉得很纳闷怎么在我面前可以这么开放地讲自己的故事，在"你应该不会害我啦"的大笑中，其实隐隐透露出她的担心，我想这是书写生命故事的一个重要的伦理议题，"写出来一定会给你看"，这是我仅能有的承诺，但是我知道，过程中我们都在冒险。

这样的担心不止一次地出现，包括第一次在讲婚姻关系时，菊子就希望不要录音，我完全尊重，马上切断录音，因为我知道，对彼此的尊重，绝对比数据的取得来得重要，而且我也相信，如果当她准备好了，这些生命的片段自然会出现。另外一次明显的担心，是在毛毛虫基金会分享结束后，菊子特地打电话告诉我说，夫家的故事不要写，我谨记在心，我知道那是有很多的顾虑与不安。作为一个书写者，我能做的就是在过程中不断地告知与协商，尤其故事文本要确定时，一定让菊子看过，确认内容书写的贴近性，并且讨论故事文本公开所可能带来的影响。希望透过这样不断协商的过程，让关系中可能出现的权力与伦理议题透明化。

三、在书写中，与自身及他者的深刻相遇

这个部分的书写我试着回观几篇研究日志，来看我如何与他者深刻相遇，一路走来，是"泪水"如实地相伴着。现今回看起来，"哭"除了抒发情感之外，这些被碰触的点，都是我生命中重要的议题，也都和这篇论文的书写有关。对我来说，透过这样的访谈、书写历程，我也一直在整理回观自己的生命，而让自己有所不同。后来发现，原先死命坚持的东西，其实是生命过不去的地方，当放下了，很多事都逐渐释然，生命的视野也开阔些。即便一路走来，很慢。

（一）第一次的访谈，就哭到不行

那时候的"哭"，只能用无法控制与过瘾来形容，现在回看，还真觉得自己好笑。难怪周遭的人总是会问："那哭是什么？"我也总是难以回答，总觉得哭就是哭，还沉浸在哭的情绪状态中，还纠结在某种生命样貌中，我如何可以清晰地回答？或者说，还享受在那种生命不得不的苦楚中，不想看清楚。

然而，菊子这么诚实地面对生命，让我也无所遁逃。首先是关于女性的"离家与迁移"，当菊子用"很痛"来形容自身在50岁时，才开始学当大人，真正与娘家切断肚脐带，其实我心中很大的疑问是"为什么要切断"，不能一直黏着就好吗？难道没有一种不切断与娘家肚脐带关系，又能发展出独立自主的样貌吗？虽然在理性上我知道这是很浪漫的想法，但是在情感上，我也觉得这样的切断"很痛"，包括有几次想起结婚当天，拜别妈妈的场景，还是忍不住掉泪。

第二个很重要的议题是"客家情感"的梳理，原先我并不知道我对"客家"会有这深厚又纠结的情感，只觉得它淡淡的，是挂在我身上的一种族群认同而已，没想到这样的一碰触，却一发不可收。也难怪别人问我"为

什么要做客家女性"时,我总是有种莫名的坚持,觉得如果只是做一般女性,那就没有一种我想要的味道与意义了。在书写菊子的过程中,自己所被深刻碰触的客家情感,是那样自卑,而又镶嵌在生命的底层。

(二) 书写中,与自身的客家情感碰触

> **"其实,身为客家人,我好自卑"**
>
> 菊子在2005年11月30日(三)下午的电话中说自卑感,不完全是来自自己,有些是背负原生家庭。那样的背负有两个层次,一是兄弟姐妹的不成材,让自己觉得很丢脸,是家丑不可外扬的感觉吧!另一则是很想为家人挑一些什么,可是却做不来,只好一边怨叹,鞭打自己,一边自责,怪自己的无能为力。
>
> 那样自卑的感觉,我把它放在脑中来想那是什么!我理性上理解,也懂;但和我的情感没有连上。
>
> 2006年4月27日(四)上午开车去龙华的时候,想到哥哥姊姊,因为姊姊打电话问我要不要去西湖度假村。想到他们,有一种很深刻的、熟悉的感觉在我体内慢慢地散开,我知道那样的熟悉是来自深处,一时之间,我无法为它命名,但我有嗅到可怜、土、穷,不能被人家看不起的感觉,这让我连上菊子说的背负原生家庭的自卑感。
>
> 我是老师的小孩,但是更确切地说,我是农人的小孩,我的曾祖父在苗栗的丘陵地上有好大一片土地,算得上大地主,分给阿公的有一甲地,爸爸是单传,所以从小我们兄弟姐妹就靠着这一甲地滋养我们,记忆中山上、田里、昆虫、树木都有我们欢乐的回忆,

但那是伴随着苦、脏、穷的感觉。除了爸爸的薪水外，我们家是靠劳动、靠土地为生，上小学之前的记忆……写到这里，居然哭到写不下去，原来是在这么穷、这么苦的环境中长大，我一直没有看见，也不愿意承认。我问我自己，我在难过什么？一直想到妈妈说的，在李家的村子里，我们家小孩是最漂亮、最干净的，现在想到这句话，我好难过，我看到妈妈撑着那个苦，要我们站在那个"苦"上努力念书，不要像她那么苦，用劳力做那么多农事，却做不到来吃。而我们也承接到那"苦"、那"穷"的感觉，我无法在"模糊而又优美"的自身上看见，却从我哥哥姐姐的面貌和身影中映照出来，我才得以看见，其实，我好自卑。

　　回到上学期王行老师问我的，身为客家人，我有被压迫的感觉吗？现在的我，有！在山里面的我们，靠山、靠田、靠天为生，爸妈似乎再怎么努力，如果不搬出去都无法让我们脱离穷、苦。那种想象外面世界的美好，对照于山里面的穷苦，会让我有"客家"＝"穷"＝"苦"＝"可怜"的联结，虽然我不知道外面世界有什么人，但一定有别于客家、别于穷、别于苦的人，不然爸妈怎么会在李家村中率先搬出去呢？所以，那种压迫感并不是来自于有形的欺负，而是从我阿公阿婆、我爸爸妈妈身上一脉相传下来的，原来被压迫感，原来自卑也是可以传承的呀。

　　这不就是集体记忆！原来，1976年，那年我9岁，我们全家从山里面搬出来，搬到镇上，是件具有社会脉络及家族意义的事呀！

2006.05.03 研究日志

这是我第一次看见并愿意承认"身为客家人，我好自卑"，以及看见"客家"＝"穷"＝"苦"＝"可怜"的意象。不然，之前在写童年的客家经验时，都是轻描淡写的快乐回忆，看不见生命经验中镶嵌着这样集体性、代代传承下来的自卑经验。而这样"自卑"情感的沉溺，一直延荡到我2009年10月19日论文资格考的口试会场中，在当时，我还是觉得自己身为客家人是很可怜而自卑的，同是客家女性的口委钟秀梅老师，试图用客家人的骄傲以及劳动时的欢娱，来再次解构我的"客家＝自卑"信念，试图让客家的多元性进入我的生命中，这样的解构在这段时间中慢慢发酵。

（三）生命姿态的碰撞：当"模糊而优美"遇到"真实而深刻"

我觉得这是我在书写过程中，最痛的一部分。"优美"一直是我的生活信念，要快乐就要过得简单，要简单就凡事模糊化，因为看得清楚反而痛苦，我常笑自己是"哪里有痛苦就绝不往那里去"，这样才能快乐。可是，菊子却活得真实而深刻，每每在听她说故事时，我是被深深吸引的，那生命的画面是这般清晰，这是我很少有过的。两种截然不同的生活信念相遇，可以想象我在书写时会有的冲击。

其实，我一直都没有认真地去看见我和菊子之间存在着阶级差异。因为，我觉得那不重要，也不会影响我和菊子之间的关系。第一次突然看见自己带着中产阶级的眼光，来看待我和菊子之间的不同，是在陪菊子回美浓娘家之后所写出的文本。2006年8月2日当天从菊子的美浓老家回笠山文学营上课时，菊子就写下了"请假回家看妈妈的心情"，并跟我分享，看完后，真是打从心底佩服菊子的书写能力，真是快手快笔呀！

> **请假回家看妈妈的心情**
>
> 孤孤惜惜，望子转
>
> 入屋言坐，喊脚痛
>
> 人老身老，心无望
>
> 有时莫等，没了时
>
> 有心没力，叹自己
>
> 祝福阿媒，出病源
>
> 心开病走，不知寻
>
> 修身修心，自然消
>
> 菊子 2006.08.02

我说，那我也要把心情写下来，隔天我写了《菊子妈妈的眼睛》，写到一半，我突然停笔回看自己书写的位置与状态，我问我自己："为什么要呈现菊子妈妈的美？"我看到自己逃避痛苦的生命姿态，我明明知道菊子回美浓老家的情感纠葛与矛盾冲突，可是在第一时间内，我却避免去面对与看见，期待自己生活中凡事都"优美"，期待自己凡事都以正向的角度来看，可是这却拉远了我和菊子的距离，我突然读到，优美与正向的背后有浓厚的中产阶级意味，那意味着生活要过得好，是可以远离痛苦的，对于人世间真真实实的苦楚，有时候为了让自己好过些，我会视而不见。因此，我问自己，如果我和菊子之间有阶级的差异存在，那我要如何跨越这个阶级的沟？

> **菊子妈妈的眼睛**
>
> 　　我喜欢看菊子妈妈那会笑的眼睛，那么温柔而慈祥，那时我说，我系来看你乀，她笑得好开心，配上有点儿微圆的脸，挺美的。菊子妈妈的话不多，仅是简单的几句，大多绕着儿孙的话题，但我发现菊子妈妈的眼睛会透露很多讯息。挂在墙上那张和孙女结婚时的合照，笑得眼睛都眯了，让我忍不住要多看几眼，好希望在短短的几个小时的陪伴中，菊子妈妈可以多出现一些笑的眼睛。
>
> 　　可是，菊子一回到家却显得坐不住，一直想走。不是能够完全懂那样的心情，为什么大老远地回来一趟，却又急着想走？我知道，相较于只是想单纯陪伴的我而言，这个充满回忆的空间，在时空不断交错的记忆长廊中，菊子和妈妈之间有好多的情感流动，流动中是纠葛，是深情，是担心；幻化成外在的行为，却是愤怒、不安与大声说话。
>
> 　　　　　　　　　　　　　　　　　2006.08.03 研究日志

　　这让我想到，当我看见我和自己的妈妈间存有阶级的差异时，我是痛楚而无法接受的。我想要接近妈妈的劳动，却发现自己带着鄙视之心，因为我透过读书得以往上攀升，攀升过程中一直往上看，希望自己过得更好，不要像妈妈一样靠劳动过生活。在"过得更好"的价值信念中，就有了阶级之分，读书是好的、高人一等的，而劳动是不好的、低下的。我一直抱持着这样的信念过生活，也真的过得不错，然而，当我要回过头来试着看见母亲的时候，才经历到撕裂般的痛楚与矛盾。

四、相遇与交融：一种互为主体性的追寻

作为生命主体的研究者带着自身的生命经验，有些清晰的，有些模糊的，自觉或不自觉地影响着整个研究历程。首先是与研究方法的相遇，那是一种生命信念的选择，你选择了哪一种方式，呈现的是你对这个世界与对人的信念观点（本体论）、人如何认识这个世界以及人与知识建构的关系（知识论），以及方法背后的哲学立论（方法论）。

当我进入辅仁大学心理所时，其实，就是进入一种不同于实证典范的研究取径，当我带着过往实证取向的社会学背景与心理谘商实务经验进来时，势必经历冲击与解构的过程，在过程中，我接触了田野研究、行动研究、叙说取向而产生不同程度的冲击与不知如何前进的状态；而在选择生命故事研究取径之后，却又面临分析与诠释的难题，就是因为这样的冲击与难题，让我一次又一次用我自身的体验与知识，来与研究方法进行对话，作为一个生命主体，研究方法为我所选择，却也同时在整个历程中，反过来映照我自身的某种状态，就在这样来回的相互映照中，整个研究也在发生着。

研究参与者是整个研究网络中极为重要的一环，研究参与者带着其丰富的生命经验，透过叙说的方式，思考着如何重新组织、整理、叙说自身的生命经验，叙说的语言承载着整个生命主体，在每一次的叙说与专注的倾听中，生命主体的经验得以被看重，得以在重新梳洗中产生新的看待框架与生命意义。"菊子"作为整个研究中重要的研究参与者，我的生命如何与之相遇，如何进入彼此的生命经验中，以及长期关系的发展样貌为何，我试着描述这样的发生经验。

当研究参与者透过语言将自身的生命经验"说出"，当声音飘荡在空气中时，生命故事的主体性俨然成形；当透过录音档、一字一句地转录成白纸黑字

的逐字稿文本，它已经脱离叙说者而成为一个独立的文本，当然这样的口述文本和当时的访谈情境与访谈脉络以及叙说者的背景息息相关，然而，当成为文字再现的口述文本或是生命故事文本时，它已经有自身的独立性与完整性。书写，作为一种理解与诠释的路径，而我作为一位生命故事的书写者，在书写过程中，我与书写本身、我与故事文本的相遇，也会形成一种相互影响、相互映照的过程（如图3）。

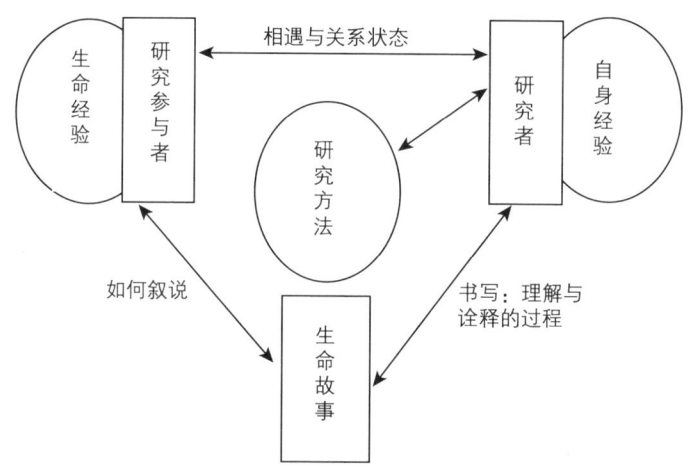

图3　研究者、研究参与者与生命故事的相遇与交融

其实，一直不知道该如何为自己的研究方法与研究历程命名①，从与菊子的相遇、访谈的进行、逐字稿的誊写以及故事的书写完成，我曾经以"生命故事研究取径"称之。然而，在阅读成虹飞（2010/2014）的《生产相遇的知识》一文中援引法国现象学者勒维纳斯（Levinas）的反思论述，而提出"与异己'相遇'的知识观"时，我觉得和我的信念与实践历程是相互呼应的，我一直觉得我是用自身的生命与菊子相遇，在真诚相遇中我们彼此相互碰撞，

---

① 或者说，我觉得整个研究历程并不是单一研究法可以命名的，命名有时反而成为一种框限，当然命名也是一种对话的可能。

而激荡出不同的生命经验。成虹飞这么诠释着"相遇"（encounter）：

> 我与你带着彼此的生命史与身份位置，以及各自所处的物质条件与精神条件（与限制），在历史的某个时刻，在地球上的某处，于社会脉络的交会点上，面对相处的一段境遇。我们的生命与社会文明，在每次相遇中积累演化成形（2010：54；2014：5）。

成虹飞（2010）更进一步提问：究竟我们在相遇中应如何对待彼此、了解彼此？是否可以从相遇中学习，生出力量与知识，带来更多的学习与更好的相遇，甚至带来自己的转变、关系的转变与世界的转变？是的，在相遇中，我们彼此有了什么不同？

菊子在回看自己生命的时候，喜欢用"生命河流"这个词。这让我想到邹川雄（2003）整理狄尔泰（Wilhelm Delthey）的诠释学观点时这么描述着："生命之流从过去经现在到未来，生生不息。生命经验不断汇入，是动态的；人们可以通过'回忆'借由现在追溯过去，追溯生命之流。狄尔泰认为，我们要认识别人或认识自己，其实都是一个体验生命的过程，也是生命之流交汇的过程"（2003：22）。我觉得我和菊子之间就是这样生命之流交汇的过程，我的出现注入了她的生命河流，菊子也汇入了我的生命河流中，彼此产生了动态的改变。

在这整个研究的过程中，我不确定我是不是在追寻一种浪漫而又素朴的相遇与交融：互为主体性（inter-subjectivity）。但是我努力去做。"什么是互为主体性？"翁开诚（2002）在《主体性的探究与实践》一文中写道：

> 主体性（subjectivity），以我目前的理解，简而言之，就是对追求自由（或解放）的觉悟与努力。要觉悟，因为事实上我们常不自觉自己的

不自由、逃避自由或需要自由。要努力，因为要在真实生活脉络中实践出来，而且这实践常是辛苦的、分裂冲突的、曲折的、反复的。……这样的主体性又蕴含着互为主体性，既然肯定并追求自由，这自由就不是我的专利。我当然不能为了我的自由而不让别人自由，我也不会以为只有某些人才有能力追求自由。

想到当初要进博士班时的进修计划书，第一句话写的就是"我想要过'如实'的生活"，"如实"就是自由的追寻，只是这追寻的过程就如翁开诚所言，是个"辛苦的、分裂冲突的、曲折的、反复的"历程。我觉得这正是我这几年来所经历的。不论是主体性或是互为主体性的追寻，都不是在真空中、去脉络化的状况下发生的，一定是在社会情境中与自我、与他者的相遇互动中，透过不断地觉察与反思，而形成的一种主体性知识。

"主体性"一词在我2002年进入辅仁大学心理所博士班就读时，就已经是大家朗朗上口的名词，人具有主体性与能动性，同时人也在自身处境中不断地追寻主体性的发展。吴丰维（2007）采用"国家图书馆"的网站数据查询博硕士论文，发现在20世纪90年代后期在学术界以及民间开始大量使用"主体性"一词，一方面是因为后结构主义、后现代主义、女性主义以及文化研究在台湾开启了大量的论述，一方面则是因为台湾本土意识的盛行。

在主体性多元而分歧的定义中，尤其从西方实践哲学的角度来看，康德与黑格尔可说是建构主体性概念的先驱，而在当代的主体性论述中，主体性被视为是一种价值——达成自由与实践正义（吴丰维，2007）。吴丰维在整理了西方实践哲学思潮之后，提出下列看法：

强调自由价值的主体论述，基本上采取内在的方式探讨主体性的意义，因此，他们从"我"或"我群"的角度探讨主体性的内涵（我是谁？

我们是谁?)与构成条件(我如何成为我?我们如何成为我们?)。相对地强调正义价值的主体论述,则比较倾向于以外在的方式探讨主体性,因此更重视相互主体性、他者的重要性;……而是去思考我与他者如何共容,我如何公平对待他者之类的问题。(吴丰维,2007:76)

无论是追寻自由还是实践正义,两者势必相互关联;而人活在这个世界上并不是一种单独的存有,是一种"关系"的存有。当代著名的犹太思想家,亦是存在主义思潮的鼻祖马丁·布柏(Martin Buber)以其名著《我和你》提出一种"相遇"哲学的概念。他认为人具有二重性,一为"我—它"主客对立的经验世界,一为"我—你"相遇的关系世界,关系是相互的;同时他也认为,"凡真实的人生皆是相遇":

> "你"与我相遇,我步入与"你"的直接关系里。所以,关系既是被择者又是选择者,既是施动者又是受动者。……欲使人生汇融(concentration)于此存有,绝不能依靠我但又绝不可脱离我。我实现"我"因相系着"你";在实现"我"的过程中我讲出了"你"。

回到我与研究方法的相遇、与研究参与者——菊子的相遇以及与自身的深刻相遇,都是在关系中产生的,同时我实现"我",因相系着生命处境中的所有"你",而在实现"我"的过程中,我讲出了生命处境中所有相遇的"你"。在这样的研究历程中,我与研究参与者的确真真实实地经历了这样的过程。

最后,作为一个女性书写者,在书写客家女性的过程中,无可避免地我要在此与女性主义民族志学者所谈论的互为主体性进行对话,她们非常强调互为主体性,或是研究者与参与者主体性之间的长期关系与互动(Glesne, 1999/2006;Oakley, 1981;Reinharz, 1992;Stacey, 1988)。

对行动研究、女性主义以及批判研究有高度兴趣的民族志研究者格莱斯纳（Glesne，1999/2006）这么定义着："相互主体性是透过不同形式所建立的一种觉知，因为两个人或更多人不断互动所建立起来的新意义。"由此定义来看，互为主体性之所以可能来自于两个人以上的互动，而这互动需要彼此的觉知能力（也可以说是一种觉察与反思的能力），进而对彼此产生新的意义，虽然格莱斯纳并没有特别强调自由与解放的追寻，但是女性主义者本身所关注的就是在父权体制中，觉解女性所受到的压迫，以及追寻自由的可能性。

总结来说，我作为一个具有生命主体性的研究者，在生命处境中与菊子"相遇"，带着我们高度的觉知与相互映照能力，在相遇的关系中，透过不断叙说与书写的过程，建构出我们不同的生命样貌，那是在不断地互动与相互陪伴中，所创发出一种辛苦的、朝向自由与解放的追寻历程。

参考文献

李文玫（2010）．离散、回乡与诞生：三位客家女性的相遇与构连．博士学位论文，辅仁大学心理所，新北．

蔡敏玲（2004）．我看教育质性研究创塑意义的问题与难题：经历、剖析与再脉络化．国立台北师范学院学报，17（1），493—518．

成虹飞（2008）．叙事行动研究的方法探究．第二届生命叙说与关怀学术研讨会，桃园．

成虹飞（2010）．生产相遇的知识．生命探究与专业发展研讨会论文，高雄．

成虹飞（2014）．行动/叙说探究与相遇的知识．课程与教学季刊，4（17），1—24．

丁兴祥，赖诚斌（2006）．回观心理"科学"：从反思性到善美社会之人文科学心理学．应用心理研究，(31)，113—132．

范丽娟（2004）．深度访谈．见谢卧龙主编．质性研究．台北：心理出版社．

赖诚斌，丁兴祥（2002）．历史及社会文化脉络中个人主体性之建构：以沈从文的坚持为例．应用心理研究，(16)，173—214．

倪鸣香（2010）．故事中的传记性经验与体悟．生命探究与专业发展研讨会论文，高雄．

翁开诚（2002）．觉解我的治疗理论与实践：通过故事来成人之美．应用心理研究，(16)，23—69．

翁开诚（2002）．主体性的探究与实践．应用心理研究，(16)，19—21．

吴丰维（2007）．何谓主体性：一个实践哲学的考察．思想，(4)，63—78．

邹川雄（2003）．生活世界与默会知识：诠释学观点的质性研究．见齐力，林本炫主编．质性研究方法与资料分析．嘉义县：南华大学教育社会所．

Buber, M.（1991）．我与你（陈维刚译）．台北：久大，桂冠联合出版（英文版1937年）．

Crossley, M. L.（2004）．叙事心理与研究：自我、创伤与意义的建构（朱仪羚译）．嘉义：涛石文化事业有限公司（英文版2000年）．

Coles, R. (2001). 故事的呼唤（吴慧真译）. 台北：远流出版社（英文版1989年）.

Clandinin, D. J. & Connelly, F. M. (2003). 叙说探究：质性研究中的经验与故事（蔡敏玲, 余晓雯译）. 台北：心理出版社（英文版2000年）.

Denzin, N. K. (2000). 解释性互动论（张君玫译）. 台北：弘智文化事业有限公司.

Flick, U. (2007). 质性研究导论（李政贤等译）. 台北：五南图书出版公司（英文版2000年）.

Glesne, C. (2006). 质性研究导论（庄明贞等译）. 台北：高等教育文化事业有限公司（英文版1999年）.

Lieblich, A. (2008). 叙事研究——阅读、分析与诠释（吴芝仪译）. 嘉义市：涛石文化事业有限公司（英文版1998年）.

Runyan, W. M. (2002). 生命史与心理传记学（丁兴祥等译）. 台北：远流出版社（英文版1982年）.

Riessman, C. K. (2003). 叙说分析（王勇智, 邓明宇译）. 台北：五南图书出版公司（英文版1993年）.

Smith, J. A. (2006). 质性心理学：研究方法的实务指南（丁兴祥等译）. 台北：远流出版社（英文版2003年）.

Angrosino (2000). Rethinking Observation: from Method to Context. In Denzin, N. K. & Lincoln, Y. S. (eds.), *Handbook of Qualitative Research* (second edition). Thousand Oaks and London and New Delhi: Sage Publications, Inc. 673 – 702.

Atkinson, R. (1998). *The Life Story Interview*. Thousand Oaks, Calif.: Sage Publications, Inc.

Atkinson, R. (2007). The Life Story Interview as a Bridge in Narrative Inquiry. In Clandinin, D. J. (eds.). *Handbook of Narrative Inquiry: Mapping a Methodology*. Thousand Oaks: Sage Publications., 224 – 245.

Augoustinos, M. & Walker, I. (1995). *Social Cognition: An Intergrated Introduction*. London: Sage Publications Inc.

Bauer, M. W. & Gaskell, (2000). *Qualitative Researching with Text, Image and Sound: A*

Practical Handbook. London and Thousand Oaks and Calif.：Sage Publications Inc.

Berg, B. L. (2001. *Qualitative Research Method for the Social Sciences*. Boston：Allya and Bacon.

Bluner, J. (1987). Life as Narrative. *Social Research*, Vol. 54, No. 1, 11 – 32.

Denzin, N. K. (1988). *Interpretive Biography*. Newbury park and London and New Delhi：Sage Publications, Inc.

Denzin, N. K. & Lincoln, Y. S. (2000). *Handbook of Qualitative Research* (second edition). Thousand Oaks and London and New Delhi：Sage Publications, Inc.

Elms, A. (1994). *Uncovering Life：The Uneasy Alliance of Biography and Psychology*. New York：Oxford University Press.

Hatch, A. J. H. & Wisniewski, R. (1995). *Life Story and Narrative*. London：Falmer Press.

Henwood, K. & Parker, I. (1994). Special Issues：Qualitative Social Psychology. *Journal of Community & Applied Social Psychology*. Vol 4, No 4. 219 – 223.

Lieblich, A., Tuval-Mashiach, R. & Zilber, T. (1998). *Narrative Research：Reading, Analysis and Interpretation*. Thousand Oaks and London and New Delhi：Sage Publications, Inc.

McAdams, D. P. (2006). *The Redemptive Self：Stories Americans Live By*. New York：Oxford University Press.

Minami, M. (2000). The Relationship between Narrative Identity and Culture. *Narrative Inquiry*, 10 (1), 75 – 80.

Mishler, E. G. (1986). The Analysis of Interview-Narratives. In Sarbin, T. R. (eds.)：*Narrative Psychology：The Storied Nature of Human Conduct*. New York：Praeger.

Murry, M. (2003). Narrative Psychology. In Smith, J. A. (eds.) *Qualitative Psychology*. Thousand Oaks and London and New Delhi：Sage Publications, Inc.

Oakley, A. (1981). Interviewing Woman：A Contradiction in Terms. In Roberts, H. (eds.) *Doing Feminist Research*. N. Y.：Routledge and Kegan Paul Inc.

Polkinghorne, D. E. (1988). *Narrative Knowing and the Human Sciences*. Albany, NY：State University of New York Press.

Reinharz, S. (1992) *Feminist Method in Social Research.* New York and Oxford: Oxford University Press.

Riessman, C. K. (1993). *Narrative Analysis: Qualitative Research Method.* Newbury park and London and New Delhi: Sage Publications, Inc.

Sarbin, T. R. (1986). *Narrative Psychology: The Storied Nature of Human Conduct.* New York: Praeger.

Stacey, J. (1988). Can There be a feminist Ethnography? *Woman Studies International Forum*, 11 (1): 21-27.

A Dynamic Process of Encountering and Confusion: The Inter-subjectivity of the Researcher, Researching Methods and Participants

Wen-Mei Li

(Department of Tourism and Leisure, Lunghwa University of Science and Technology. Taiwan Taoyuan, 33306)

/ Abstract /

Qualitative research emphasizes that the researcher would take himself as a researching tool. That is, a research is always an experience of integrating "the researcher", "the researching methods", "the participants", and "the life stories". In this essay, the writer's own doctoral dissertation writing experience was adopted to reflect the composition of researching approaches and contexts of this essay, which includes methodology learning, participants interviewing in field work, and the collision between myself and others in collecting the life stories. All the researcher encountered proceeds to inter-subjectivity.

/ Keywords /

Research methods, Inter-subjectivity, Life stories, Encounter, Confusion

心理传记疗法：理论与实践

郑剑虹[*1] 何承林[2]

([1]岭南师范学院心理学系暨心理传记学与生命叙事研究所，湛江，524048)

([2]广东海洋大学寸金学院心理咨询中心，湛江，524094)

/ 摘 要 /

心理传记学已有一百多年的研究历史，在理论和案例研究方面已积累了较丰富的成果，但至今罕见应用领域的研究。作为一门初步形成的学科，探讨其实践或应用领域的问题，是该学科进一步发展的动力所在，也是学科发展的客观要求。心理传记疗法是心理传记学的研究成果在心理咨询领域的应用和实践。取名心理传记疗法只是一种基于习惯的称谓。文章首先比较了心理传记疗法与叙事疗法的区别与联系。其次，阐述了该疗法的理论基础、基本步骤与方法技术。最后，通过具体的咨询案例来说明该疗法的实施过程和效果评估。心理传记疗法的过程和目标，是通过了解来访者完整的生命故事，寻找其原型场景，进而

---

* 郑剑虹，教授/博士，E-mail: zjhong@sina.com

了解来访者的心理问题，通过帮助来访者不断地自我叙说、倾听和书写自身的生命故事以及阅读与自身类似的杰出人物或偶像人物的生命故事，将来访者有故障的生命故事转化为一个新的好的生命故事。

/ 关键词 /

心理传记疗法，原型场景，生命故事

一、心理传记疗法与叙事疗法

（一）什么是心理传记疗法

心理传记学作为一门与人格心理学、精神分析学和历史学具有密切关系的交叉学科或研究领域，其发展历史始于20世纪初对历史人物的案例研究，百年来的心理传记学研究，无论是在理论探索方面，还是案例研究方面都积累了较丰富的成果。在理论研究方面，关于传主资料的筛选与处理方法，提出了凸显性识别指标（Alexander，1988/1990）、认同的生命故事模型（McAdams，1996/2001）、原型场景理论（Schultz，2002/2005）和成长性关键因素（郑剑虹，2014）；在解释模型或研究模式上，克罗斯比等人（Crosby，1981）概括了两种解释模型——因果式解释模型和连贯整体式解释模型，鲁尼恩（Runyan，1988）提出了八成分过程模型，丁兴祥（2013）提出了互为主体的研究模式，郑剑虹（2013）提出了质量结合的研究模式；在案例研究方面，已形成了政治家的心理传记学研究、艺术家的心理传记学研究和心理学家的心理传记学研究三个较稳定的研究领域，并逐渐出现了比较心理传记学研究的新领域（郑剑虹，2013，2014）。

心理传记学虽有百年的发展历史，但仍然是一门处于逐步形成中的学科，探讨其实践或应用领域的问题，是该学科进一步发展的动力所在，也是学科发展的客观要求。但除了一些政治人物的案例研究，服务于选举或对外政策的需要外，鲜见从学科的角度来探讨心理传记学在心理咨询、教育训练和人才培养等领域的应用问题。因此，我们提出心理传记疗法的概念，试图对心理传记学在心理咨询领域的应用做一初步的探索。

心理传记疗法是心理传记学的研究成果在心理咨询领域的应用和实践，取名心理传记疗法只是一种基于习惯的称谓。心理传记疗法是以心理传记学的相关概念和理论为基础，在辅导者的帮助下，来访者通过叙说、倾听和书写自己完整的生命故事，以及阅读杰出人物或偶像人物的传记故事，以使来访者的自我发生积极变化，将其有故障的生命故事转化为一个好的生命故事的过程。

（二）心理传记疗法与叙事疗法的异同

1. 心理传记疗法与叙事疗法的共同点

从宏观层面来看，心理传记疗法和叙事疗法的共同点是：（1）两者的哲学基础和方法论基础相同，都是基于后现代主义、建构主义、现象学、诠释学等哲学流派或方法论背景；（2）两者都是以"故事"作为主线的治疗方法，属于疗法的同一家族系列。

从微观层面来看，两者的共同点包括：（1）两者都强调来访者的自我探索，通过自我的力量来改变自己，解决自己的心理问题；（2）两者都十分强调语言在治疗过程中的作用。语言是个体在生命中理解经验、不断建构新的自我的基本方法。语言在自我建构和发展的过程中发挥着重要作用；（3）

两者都强调在治疗过程中基于辅导者和来访者平等地位和合作关系的人际互动的重要性；（4）两者都通过重新编排和诠释自己的生命故事，最终实现改变。

2. 心理传记疗法与叙事疗法的差异

心理传记疗法和叙事疗法在理论基础、方法技术，以及来访者心理问题的认识上有许多不同之处：（1）心理传记疗法不强调提问技术，治疗过程中的提问少；而叙事治疗将提问作为核心内容来看待，叙事治疗大部分是由治疗师的提问所引发的对话构成的，来访者的特殊意义事件或支线故事往往通过提问来引发；（2）心理传记疗法特别强调来访者对自身生命故事叙说的完整性和连续性，它要求来访者完整讲述其从小到大的生命故事，即避免来访者聚焦于自身心理问题的叙说或零碎叙说；叙事治疗则一开始就聚焦于来访者的心理问题，将来访者最初叙说的故事看成是"问题故事"，并要求为叙说的问题故事进行命名，采用"问题外化"的技术将问题和来访者个人区隔开来。（3）心理传记疗法认为辅导者获得的来访者的传记故事越完整、越详细，其心理问题就越容易发现，即来访者的心理问题隐藏在其完整的生命故事中；每个人的生命故事中都有一个原型场景（Prototypical Scene），找到了原型场景就找到了心理问题的根源；叙事治疗则不特别关注来访者心理问题的根源，而是通过提问引发来访者的支线故事，认为支线故事才是健康故事，要用支线故事中蕴含的力量来解决问题故事。（4）心理传记疗法主要以心理传记学的概念和理论，如原型场景理论、生命故事认同理论、成长性关键因素等为基础，而叙事治疗的理论与叙事心理学的研究成果联系并不紧密，其理论来源比较广泛。

二、构建心理传记疗法的理论基础

(一) 心理传记疗法的基本理论和假设

1. 原型场景理论

"原型场景"理论是心理传记学家舒尔茨(Schultz,2002,2005)提出的,他认为原型场景是分析传主的基本单元,蕴含着丰富而浓缩的信息,它将散乱的信息整合在某个统一的主题下,为传主的人格和自我提供了一个快速且有效的概括。他提出了识别"原型场景"的五个关键指标。(1) 清晰、具体、情感强度(vividness, specificity, emotional intensity):这种场景有着非常清晰和强烈的情感体验,以及忠实而又详尽的对白描写。(2) 贯通(渗透)(interpenetration):这种场景总是弥漫或渗透在不同的语境、活动或创造性的作品中。(3) 发展性危机(developmental crisis):这种场景涉及个人发展中出现的某种特定的心理危机。(4) 家庭冲突(family conflict):这种场景主要牵涉家庭内部的冲突,例如,父女、兄弟或者母子间的冲突。(5) 拒绝接受现状(thrownness):出现出人意料或异常的事情,这种场景使传主的情感失调,并拒绝接受发生的事实或现状。舒尔茨认为并非所有的原型场景都包含上述五个方面,亦即上述每个指标都有可能反映着某个原型场景。他认为,每个生命都会存在一个原型场景,甚至是唯一的原型场景。虽然原型场景概括了个体生命中的种种冲突,但它既可以产生悲伤,也可以产生欢快。

我们认为原型场景是来访者产生心理问题的根源,每个人的生命故事中都有其原型场景,这种原型场景可能发生在童年期,也可能发生在青少年期,甚至成年期,但更多地发生在童年期,来访者会在不同的生命时段以不同的形式和状态呈现早前的原型场景。心理传记治疗的目标之一就是找到来访者的原型场景。

2. 认同的生命故事模型

麦克亚当斯（McAdams, 1996, 2001, 2005）提出了认同的生命故事模型（life story model of identity），他认为生命故事（life story）是一种个体内在和演变的自我叙说，这种叙说将重构的过去、感知的现在和预期的未来连在一起。认同作为成人世界中一种自我的整合性组态（结构），它涉及的是一种人们对自我理解（self-understandings）的特定质量。麦克亚当斯认为可以按照以下几个方面来解释、分析、理解成人的生命故事。（1）叙说的基调（narrative tone）。基调涉及的是一个故事中情绪的总体性质，例如，叙说的故事是以积极情绪为主要情感基调（如乐观），还是负面情绪为主要情感基调（如悲观）。（2）主题（theme）。有两类：个人行为主题（agency）和集体主题（communion）或能力主题（power）与爱主题（love）。前者与成就、权力一类的东西有关，后者与爱、友情、团体一类的东西有关。（3）思想背景（ideological setting）。指的是个体的宗教、政治、伦理方面的信仰和价值观。（4）核心情节（nuclear episodes）。在个体生命故事中以某种醒目印记突显出来的特定情节。（5）意象（imago）。指一种理想化的、由文化塑造的自我人格。个体的生命故事可能不止一种意象，每个意象都表明了它自身的价值观、信念、目标和作用，可分别在生命故事的不同部分起主导作用。（6）叙说的复杂度（narrative complexity）。与简单的生命故事相比，复杂的生命故事包含了更多的情节和角色，并且有更多明显的特色。

麦克亚当斯认为生命故事的认同开始于青少年后期和成年初期，因此，心理传记学家应更多地关注所研究对象的青少年后期和成年期的生活。他认为好的生命故事应该符合六条标准。(1) 连贯性。指的是特定的故事在其内在关系中有意义的程度,包括事件之间是否存在因果联系,不同部分是否有矛盾等。(2) 开放性。对改变的开放性和对模糊状况的容忍性。(3) 可信性。基本事实是真实的。(4) 区分性。非常丰富的性格描述、情节和主题,呈现的侧面会越来越多。(5) 协调性。寻求故事中矛盾力量的协调和多重自我的和谐。(6) 生成的整合。讲述的生命故事体现了一个有生成能力,对社会、对整个人类的生存和进步有贡献,能很好地承担各种角色的人(马一波、钟华,2006)。

从自我认同的角度,我们提出了美好生命故事的四个指标。(1) 自我接纳。表现为对过去自我、现实自我、身体自我、关系自我等所有时空、关系维度上自我的认可和接纳。(2) 自我连续性。强调自我的时间和空间之维,表现为过去自我、现在自我和未来自我是联系在一起的,以及多重自我的和谐;生命故事清晰而协调,没有矛盾或很少出现自我矛盾和冲突。(3) 自我意义。即生命故事富有价值感和意义感,具体表现为对个人、家庭、集体和社会的责任感和贡献。(4) 自他关系和谐。强调自我的关系之维,表现为自我与他人之间的关系是和谐而融洽的,与他人没有对立和冲突。

我们认为来访者因其存在的心理问题或症状,而使其生命故事通常呈现出一种消极、否定、矛盾和混乱的状态。心理传记治疗的目标就是通过帮助来访者不断地自我叙说、倾听和书写自身的生命故事以及阅读与自身类似的杰出人物或偶像人物的生命故事,将来访者有故障的生命故事转化为一个新的好的生命故事。产生新的生命故事是治疗有效的主要评估标准。

3. 成长性关键因素

个体生命故事的演变和成长有几个关键的影响因素。(1) 早期经历。主要指个体早期的亲子关系、家庭环境和早期教育。这里的早期经历的时间指的是 11、12 岁之前。绝大部分心理学家都认同早期经历对成人的人格与行为会产生重要影响的观点。（2）身体自我（body self）。个体进入青春期之后，对高矮、胖瘦、美丑、强弱等有关自身的外表和身体状况极为关注，对自己身体的认识及与别人身体比较的认识会对个体的心理和行为产生很大的影响。（3）角色楷模（role model）。传主在人生的不同阶段可能存在一些角色楷模。这些角色楷模从影响的程度上来看，包括重要他人、崇拜的偶像或英雄（英雄崇拜）和自居的对象（郑剑虹，2012，2013）。

我们认为，亲子关系、身体自我和重要他人是来访者原型场景产生的三个主要来源，来访者的发展性危机、家庭冲突、强烈的情绪体验、拒绝接受现状等事件和场景绝大多数都源于上述三个因素。因此，来访者生命故事中的原型场景可从上述三个关键因素或生命事件中寻求。

上述三种理论在心理传记疗法中存在这样一种逻辑关系：原型场景是心理传记疗法的关键内容，而成长性关键因素则是发现和识别原型场景的主要来源，认同的生命故事模型则为分析、理解和转变来访者的生命故事提供了理论思考的框架和效果评价的参考。总之，这三种理论向我们展示了心理传记疗法的过程和最终目标，亦即，通过了解来访者完整的生命故事，特别是其中的成长性关键因素来寻找原型场景，进而了解来访者的心理问题，最后通过治疗使来访者产生好的生命故事。

（二）心理传记疗法的基本步骤

心理传记疗法的基本步骤是通过来访者说故事、听故事、读故事和写故事等过程来达到其对自身生命故事的重新诠释、积极理解和自我认同的改变。

1. 说故事

说故事是第一步，即来访者在辅导者的引导下，完整讲述自己的生命故事。注意避免来访者零碎的叙述或集中于自身心理问题或某个事件的叙说。技术上主要采用生命故事访谈法（life story interview），包括主述和补问两个阶段。辅导者扮演着听众的角色，他不打扰来访者的叙述，透过来访者不被打扰的情况下使其完整叙述自己的生命故事。在征求来访者同意的前提下，进行全程录音。

2. 听故事

听故事是第二步，即来访者认真倾听辅导者复述自己的生命故事。来访者在听自己生命故事的过程中，与辅导者一起重新编排、补充和诠释自己的生命故事。在辅导者的帮助下，将来访者生命故事中的原型场景与其心理问题联系起来，并进行诠释是该阶段重要的内容。

3. 读故事

读故事是第三步。辅导者可推荐或与来访者一起确定一个与来访者有相似性或来访者感兴趣的杰出人物或偶像人物的传记作品，作为阅读作业。与传记人物的情感共鸣、认同和领悟是重要的内容。在此阶段可让来访者在阅读的过程中注意或归纳这些杰出人物是如何调节自己的情绪，克服困难，实现目标的。

4. 写故事

写故事即自传写作是第四步，通过审视和反思自己的故事，使自己的生命故事进一步清晰化，获得对自己新的认识和人生感悟，以呈现出一个与先前不一样的、新的、美好的生命故事。对于一些无法进行自传写作或不愿意写作的来访者，可通过让其再次讲述自己的生命故事来代替。在自我书写阶段，可要求来访者重点书写自己对未来的计划、思考和目标。好的生命故事往往有未来向度，来访者有朝向未来的叙述，而有故障的生命故事，则没有这种朝向。

最后是评估与反馈阶段，辅导者可通过对来访者第一阶段所讲的故事和最后阶段所写的故事的分析，对咨询或治疗效果做一个初步的评估，并反馈给来访者，以使来访者进一步明晰自己生命故事中的动机和情感结构。

对于问题比较严重的来访者，上述四个步骤可反复进行，直到来访者最后所写的故事能呈现出一个改变得不同于原先的新生命故事。

（三）心理传记疗法的技术与方法

1. 生命故事访谈技术

在参考前人相关研究技术的基础上（McAdams，1996，2001；倪鸣香，2004），我们提出了生命故事访谈法（life story interview）。该方法技术主要应用于心理传记治疗的"说故事"这一步骤。生命故事访谈技术包括两个阶段：主述阶段和补问阶段。在主述阶段咨询师或辅导者只对来访者提一个问题：**请您谈谈您从小到现在的人生经历，越详细越好**。此后，辅导者再不提问和打扰，只是以温暖、真诚的目光和表情鼓励来访者完整说出自己的生命故事。咨询前，辅导者可告知来访者对自己的生命故事可事先做一个梳理。在补问阶段，除了提问来访者略过或没有讲清楚的生命经历外，重点提问与来访者成长性关键因素有关的生命经历、核心情节（nuclear episodes）内容、人生评价以及未来的计划和目标。

实施生命故事访谈技术需要遵循以下几个原则。（1）只听不说。特别是在主述阶段。这就要求辅导者要有极大的耐性来倾听来访者的生命叙说，要克服传统咨询和访谈一问一答的习惯，并接受来访者所谈的任何内容，哪怕是细小而琐碎之事。来访者所谈的任何内容都是有用的。（2）以倾听促多说。强调非言语技术的运用，特别是要以真诚、共情和积极关注的目光和表情来让来访者感受您的温暖，而愿意敞开心扉。要做到用你的不说来鼓励对方说得更多。（3）来访者不说为止。有时来访者在叙说的过程中会中断、停下来，辅导者需静静地等待，直到确证来访者不说了才停止。此外，如在补问阶段发现来访者的叙述内容与主述阶段有重复，也不可打断。

2. 提问内容

心理传记疗法区别于其他疗法的最大之处是心理传记疗法较少提问，且所提问题基本上是固定的，操作程序明晰，初学者容易掌握。因此，这里的标题不写"提问技术"，而是用"提问内容"。辅导者通过提问来引导来访者聚焦于自身生命故事的完整叙说，这些提问加起来有 12 个。包括主述阶段的 1 个问题和补问阶段的 11 个问题。在补问阶段，主要提问四个方面的内容。一是成长性关键因素。包括亲子关系（例如，您与母亲或父亲的关系怎样？或您与家庭成员之间的关系怎样？）、身体自我（您是如何看待自己的外表和身体状况的？）和角色楷模（在您的生命中有哪些人对您影响很大？）。二是核心情节内容（McAdams，1996，2001）。包括：（1）生命高峰点问题（例如，请您详细谈谈您生命中最快乐、幸福的事情);(2)生命低谷点问题(例如,请您详细谈谈您生命中最痛苦、悲伤的事情);(3)生命转折点问题(例如,您认为哪些事情使您的人生发生了重大改变);(4)最早的记忆;(5)最深刻记忆。三是未来脚本(例如:请您详细谈谈未来的计划、想法和打算)。四是人生评价(例如,您如何看待自己的人生经历)。

3. 复述故事

辅导者首先将来访者所讲述的生命故事的录音誊写为逐字稿,并反复阅读逐字稿,直至了然于胸。在阅读逐字稿的过程中找出来访者的原型场景,并将其与来访者的心理问题联系起来。在咨询的第二步中,辅导者以第三人称的形式向来访者完整复述其生命故事。此时辅导者复述的生命故事,已经过了重新编排和整理,并蕴含着诠释或解释的内容。包括按照来访者生命故事的时间顺序编排,注意生命故事的连续性、逻辑性和完整性,以及注意梳理来访者生命故事中其与各重要他人的关系。以第三人称的方式复述之目的,是让来访者在听的过程中尽量能以第三者的角度来思考和分析自己的生命故事。复述完成,可以询问来访者还有哪些需要补充的内容,以及要求来访者给所听的生命故事进行分章或分节,并给各章节写上标题。在复述的过程中,诠释或解释来访者的原型场景与其心理问题的关系是关键的内容。

4. 原型场景的识别

原型场景的发现与识别除了需要一定量的个案咨询实践经验累积外,从方法与技术上看,可从以下几个方面着手:一是重点关注来访者的成长性关键因素,从中寻找原型场景;二是有意识地关注某一事件和场景是否在来访者生命故事的各个阶段反复呈现；三是要多听多读几遍来访者的生命故事，在反复的读听中，原型场景就会呈现出来；四是要以一些非凡人物的传记作品作为平时的训练内容，去寻找传主的原型场景。

随着实践个案的累积和咨询实践经验的丰富，咨询师在听完来访者的生命故事叙说后，可能就会很快发现来访者的原型场景所在，识别出来访者的心理问题。不需要像初学者那样要反复听录音或录音转录稿后才能识别原型场景。有文献表明，要至少做到500—700小时的个案，咨询师才会有足够的经验累积来辨识个案的状况并理解什么需要做改变（吴熙娟，2013），但从我们的个案实践经验来看，心理传记疗法从原型场景概念入手来了解来访者的心理问题，在个案咨询数量或咨询时间的累积和训练上相对比其他疗法节省。

三、心理传记疗法的实践案例分析与效果评估初探

本部分将结合心理传记疗法的实施步骤，对两个咨询案例进行分析与效果评估，包括好的生命故事评估、基调分析、主题分析和内容分析。这些分析与评估是基于咨询第一阶段的说故事环节（将录音转录为逐字稿）和最后阶段的写故事环节所获得来访者完整生命故事之资料的基础上进行的，以此呈现咨询的大致过程和治疗效果。

案例简介：

来访者A：女，大一学生。出生于农村，从小家境贫寒，由于当地重男轻女的思想较重，其出生不久即被爸爸抛弃。她5岁以前跟妹妹、妈妈居住在外婆家，度过一段快乐的时光。自5岁开始，迫于生计，她跟最小的妹妹被送到奶奶家抚养，之后，爷爷奶奶对她们的压迫、打骂持续了5年。因为母爱和父爱缺失，生活中又缺少安全感，成绩也不出色，所以来访者A变得非常自卑、害羞，不敢与别人交往。念高二时，她与一位城里的同桌发生矛盾，受到她们

小团队的敌对和语言攻击，讲她忘恩负义、不懂回报，总之不停地说她坏话，这一情况一直持续到高三。上了大学之后，她马上又与宿舍的同学出现人际关系问题，感觉舍友都不与她交往，当她为"空气"。后来，来访者 A 慢慢地变得非常害怕与舍友讲话，只要一回到宿舍就感觉自己心跳加快，说话不敢看她们，会发抖，手心冒汗。这是一个存在人际交往障碍（社交恐惧）的来访者。

来访者 B：男，大一学生。他与常人相比具有一个典型的生理特征：左手多一个大拇指。他来到咨询室时可能因为紧张或掩饰，有意无意地频繁玩弄那个手指。因为多一个手指，小时候很多小朋友看到都会怕，他也就从小养成了不喜欢说话的性格。上了大学其所认识的人也是屈指可数，但是来访的前一段时间，因为挂科补考，在复习的时候认识一个女孩子，那个女孩子性格活泼开朗，善于言谈，尤其是复习那段时间与来访者 B 来往密切，很快来访者 B 就喜欢上这个女生。不过在来访者 B 表白之后，那个女生拒绝了他，并开始躲避他，像怕鬼一样躲着他，且声明连朋友都不想做。来访者 B 心境一下子跌落到低谷，难以接受这样一个事实，在来咨询前已经连续失眠了几天。他觉得那个女孩子在外貌上不算漂亮，身材也不高，但就是心里对她有感情。他看到她有了新男朋友，还故意在他面前很亲密，他很难受。他以前睡眠质量都很好，现在有时候在半夜三四点就醒来，有时候到凌晨一两点还睡不着，有时候整夜睡不着，翻来翻去，做噩梦。现在那个女孩子一见到他就躲着，看到他就怕。他想解决自己的失恋问题及学会如何说话。

（一）好的生命故事评估

如前所述，好的生命故事主要是根据以下四条标准来评价的：

1. 自我接纳

自我接纳一般指确认和悦纳自己身体、能力和性格等方面的客观存在，它是心理健康的一个重要指标。

来访者 B 在咨询第一阶段的叙述生命故事环节，存在较多有关自我身体缺陷的不接纳记忆。其开始叙述的第一段话就出现这方面的内容：

> 因为，因为多一个手指嘛，所以小时候很多小朋友都，都，看到都会怕，所以我一般都很少去靠近他们，因为看到我的手就说，**说妖怪啊什么的**，是吧。所以我一般都是一个人待着的。

在上述来访者 B 的叙述中，虽然没有表述自己对身体缺陷不接纳的字眼，但是他在与小伙伴相处中选择了不靠近、回避他们，意味着来访者 B 非常在意自己多一个手指的身体缺陷。在二年级的时候还发生一件相关的事情：

> 就是二年级的时候，就，那时候还，还是很多。就是，就是很小，很多人都不懂啊。有时候，有时候我一般就跟他们一起，我就把这个手藏起来。然后，他们发现了，就，不知道小时候去玩啊什么，他们就说，**那家伙很奇怪，怪物来的**。有些，有些人，有些人就很怕（重音）。他们就说怎么会多一个手指？就很怪的。有，好像有，有一次有一个女生就笑我嘛，笑我很多次，后来，后来笑，笑，有一次好像她笑我嘛，我就去推、推了她一下，我就去推她，她笑我嘛！我说我又没得罪你，为什么这样？是不是。

在这件事情当中，来访者 B 受到别人嘲笑之后的过激行为也体现其对自己多一个手指的不接纳。来访者 B 不认同另一位同学同样因身体缺陷受到他人嘲笑时自己也笑的做法，也说明身体缺陷使来访者 B 受到相当大的困扰。

当时，当时跟我一样笑的还有一个人，就是他耳朵是缩起来的，他，他也是经常笑他，被人家笑。不过（停顿 4 秒），不过他，他被人笑他，他，他也，不说的话有时候生气一下。有时候，有时候被人笑他也笑的（停顿 3 秒）。我就觉得我做不到他那样，被人家笑还这样，我，我做不到。可能我，我自己的思想，自己的思想，就受不了！觉得为什么要笑我？我跟你不一样吗？是不是？还不一样是人，是不是？

上述身体自我接纳不良的场景即是"原型场景"，这一场景在他当前的失恋问题中再现：

就是（停顿 3 秒），五一之前呢，好像看到一次（她），母亲节的时候看到一次，就是。呃，那次她就，当时就，看到就，然后她，避开我。然后就，我走上去嘛，然后她就出来，又说了很多，她，她，她，她跟她朋友，她说，她说是在开导我，怕我想不开，啊。我，我就，我就说我没有，我想了很，我，我说我想的很简单，就，就是，就是不想看到她见到我就怕了，避开嘛。她说朋友都不能做，就是陌生人也不能这样嘛，是不是？她肯定有什么，就是，就，就，就是，就是两个人，就是朋友不能做，两个人。她从那边看到我，或，或突然，在一个转角就看到捂着，**然后就走开了，跟见到鬼一样的**。我就觉得，我觉得，不，不是这样，没那么简单的，就是说她居然说朋友都不能做，为什么，没，没必要这样，我觉得是没必要。

经过咨询，来访者 B 在最后的写故事环节（该来访者不愿意写故事，以再次讲述自己的生命故事来代替）对身体自我的接纳程度有很大的提高，来访者 B 直接谈到自己对身体缺陷的认识的时候，认为自己内心已经接纳了这样一个事实：

> 就是手指的问题，其实也不是很什么，我，这个，我以前小时候，人家这样说，也，也不是，是有点难受，不过也不理会啦，最多就是一个人待着而已，也没什么。

2. 自我连续性

自我连续性是指个体生命故事的清晰程度和自我的协调程度，表现为叙说的时间连续性和叙说内容的逻辑性，多重自我的和谐，没有或很少出现自我矛盾和冲突等。心理不健康的个体一般自我连续性比较差，比如来访者 A 在咨询第一阶段所叙述的童年阶段的生命故事基本上是片段性的，存在时间上的颠倒和跳跃：

> "有时候，有时候我妈过年也会回来看我们的"、"呃，就是在我年龄小的时候，有一次来了一个小孩"、"我，我最小那个妹妹她，我奶奶还曾经谋划着把我最，最小那个妹妹送到那个很山很山的地方"、"哦，对了。我们那里穷啊，所以一日三餐都喝粥的，吃番薯啊这些之类的"、"哦，我知道，那个男孩不是死了嘛。然后我就问他们，为什么他会死"、"有，有几年抓计划生育抓的特别严，然后，我，我们俩（两）姐妹都是没有户口的那种"、"呃，那时候，我记得有一年，就是夏天的时候"、"呃，我还记得，就是我小时候，有一次"。

来访者 A 对心理自我的认识也是模糊和矛盾的：

> 我还是感觉自己负面的东西比较多，正面的东西比较少。有时候像那些什么应聘会啊什么，呃，就是要介绍自己的时候，我都不知道怎么说自己，到底是外向型还是内向型。有时候我真的好模棱两可啊（停顿5秒）。可是感觉自己有时候又玩得很开呀，可以开心地玩呐。只要遇到自己真的可以放得开的场合，还有人、事物的时候，我就会放得很开，就是把自己变得，就是很，那些很疯的很开朗的人没什么区别。可是一旦遇到伤心的事情，我就又会变成另一个人。好像我感觉在我身，身体里有两个人，一个是消极的，一个是积极的两个人。

经过咨询后，来访者 A 的童年生命故事的时间连续性还是比较差，没有太大的改善。而对自己心理自我的认识虽然还存有矛盾之处，但比先前的认识清晰、具体而明确：

> 好像我感觉自己有两个自己。有一个是比较害羞，就是不敢和别人接近啊，就是很胆小的那种。有一个是比较大胆，比较活泼开朗、很开心的那种。见到生人呢，我就会变得很害羞的那一个。如果见到熟悉的人呢，就是和自己玩得比较好的那种，我又变得很开朗，就是玩得很疯。别人就根本不知道我原来也是一个那么胆小的那种，也可以成为那么胆小的人，别人真的看不出来（停顿10秒）。

3. 自我意义

自我的整体意义指来访者所讲述的生命故事体现了一个有生成能力的个

体,即来访者故事中的自己是一个有价值、有意义的个体,能很好地承担各种角色。存在心理问题的来访者,通常对自我的体验是无价值、无意义的,例如,来访者 A 在这一点上就体现得比较明显:

> 经常会这样想的太多,然后,有时候又会想到自己好像没什么用处啊,什么优点又,又很少。又不会做什么东西,感觉好像没什么用。又帮不了父母,母亲什么,又帮不了家里什么。而且还经常气妈妈又不听妈妈的话。

经过咨询,来访者 A 的心理问题有所改善,其咨询后再次叙说的故事体现出了一种对亲人的存在意义和价值:

> 真的,那时候感觉就是我妈走的时候,就是有时候,我们又闲、空闲的时候,我就把自己当成妈妈那样照顾妹妹。其实给妹妹,她感受不到的爱,我就经常抱她,背她到处走,哄她睡觉那种。就是学别人的那些母亲给自己孩子,该给的那些东西。

4. 自我与他人的关系

自他关系和谐强调的是自我的关系之维,表现为自我与他人之间的关系是和谐而融洽的,与他人没有对立和冲突。某些来访者可能存在自我与他人关系的不和谐,与他人有许多矛盾、对立和冲突。

来访者 A 在其咨询第一阶段所说的生命故事中常常可以看到这种人际对立的描述:

> 我，我感觉就是**我奶奶她是很泼辣、狠毒**，然后又很封建，又很迷信，又很吝啬！反正好多好多不好的品质她都拥有啦。（叙说童年时与奶奶的关系）
>
> 她们（同桌及其朋友）又大胆，在课堂上和班主任对骂起来了，超疯了，一个女生，噢，我都不知道她们怎么会这样，**又泼辣又狠毒，说的那些话又毒**，哦（停顿3秒）。成绩又不好，又没有什么本事，为什么要那么冲。（叙说高中时与同班同学的关系）

来访者 A 在叙说奶奶和高中同学时，采用的是共同的描述词，即"狠毒、泼辣"等。来访者 A 童年与奶奶的对立关系是一种原型场景，这种原型场景在她高中阶段和大学阶段与同学发生人际冲突时再次呈现，是其社交恐惧的根源。

经过咨询后，来访者 A 在最后叙述自己的生命故事中对高中同学没有出现上述相关的描述，对奶奶的描述也出现用词程度的变化，即用"好凶，比较凶"替代了原来的"泼辣、狠毒"：

> 我奶奶好凶哦，她很容易跟别人起矛盾的，我好像记忆中好像见过她和别人对骂好多次（停顿5秒）。
>
> 我感觉在我记忆中奶奶的印象就是比较凶的那一种，更多不好的印象，比，比爷爷多（停顿5秒）。爷爷没有奶奶凶，虽然爷爷也有骂过我打过我。

（二）主题分析

心理传记疗法的效果还可以通过故事中某些主题的变化进行评估。主题指的是个体生命中的重要目标或倾向，体现了个体的动机，是个体长期以来想要的或逃避的一切。对于主题的寻找和确认要求分析者熟读来访者的生命故事，不带偏见地形成印象，提炼主题。麦克亚当斯认为能力和爱（或亲密）是人们生命故事中两个最重要的主题。亲密主题会反映在亲人、恋人及朋友之间，而男女之间的爱与被爱，或关心与被关心的体验应是亲密主题的一种重要表现。来访者 B 在咨询前和咨询后亲密的主题有所变化。咨询前来访者 B 的生命故事中出现女友通过语言和行动拒绝来访者求爱的叙述：

> 然后，然后她就找人扮她男朋友嘛！还故意在我面前，就是，就很亲密的样子，她，她意思就是告诉我，不可能啊！（停顿3秒），不要，不，不要去找她（停顿3秒）。我，我很难受（低音），就是一直以来就是失眠啊！

咨询后，来访者 B 的生命故事没有出现上述片段，反而叙述了一个可以很好反映男女亲密主题的事例，这说明经过咨询，来访者 B 的问题得到改善。

> 就初中的时候就有一个同学嘛，他教我打篮球啊、打乒乓球，后来又认识两个女孩子，她，她叫我哥，因为我，她叫我哥，嗯，当时，当时不是有几个人呐，一起比较玩得来，然后就按年龄来算的，所以我年龄大，我就是大哥，所以他们都，她就是我妹嘛，然后就一起都聊得更开心啦，然后就……现在她都结婚了，我妹都结婚了，就是都、都有，都挺好的。

（三）内容分析和基调分析

对来访者的生命故事进行定量分析——内容分析，即依据咨询前后的生命故事的数据对比分析,来了解来访者的改变情况,这也是评估咨询效果的一种方法。内容分析的单位可大可小,较小的单位一般是一个字、词,较大的单位可以是句子。以词和句子(部分句子转化为词汇)作为分析单位,频数作为点算体系,对上述来访者 A 咨询前后所述生命故事进行内容分析,其结果见表1。

表1 对来访者 A 咨询前后所述生命故事的内容分析结果

分析单元	咨询前	咨询后
词语	自卑（19次） 无能（4次） 害羞（3次） 孤僻（0次） 害怕（7次） 孤独（4次） 孤单（4次）	自卑（1次） 无能（4次） 害羞（7次） 孤僻（5次） 害怕（26次） 孤独（3次） 孤单（1次）

从表1可以看出,来访者 A 在叙述自己生命故事时用的都是消极词汇,几乎见不到积极词汇的描述。从咨询前后两次生命故事的叙说(或书写)所用的词汇来看,涉及的基本上是人际关系的词汇;从频数来看,在咨询前后并未发生积极变化,甚至咨询后某些人际关系词汇的频数更高。虽然在自我词（如自卑）的频数上有明显降低,但总体上来看,来访者 A 的人际关系问题（社交恐惧）并未得到改善。下列的基调分析也可以反映出来。

在来访者的生命故事叙述中,经常会存在一种叙述态度,也就是基调,它处于从极度的悲观到极度的乐观之间。整个生命故事中可能都是积极的或都是消极的,但更多的是两者之间的混合,且某一种基调占据主导地位。通过心理传记治疗就是希望看到来访者的生命故事由咨询前的消极、悲观的基调为主转变为咨询后的积极、乐观的基调为主,这时也就意味着来访者发生了积极改变。

来访者 A 咨询前后的生命故事都弥漫着消极、悲观为主的基调。例如咨询前：

> 呃，可能由于，就是每次我妈回来的时候，她又离开我们，我我总是跑着过去，不让她走（流泪）（递纸巾给她）。谢谢。可是她不得已啊，她为了养活我们，她还是走了（停顿14秒）。一直很没有安全感，特别是被伤害的那时候，特别没有安全感，反正感觉这个世界上自己真的好孤独好孤独。好像（停顿3秒），突然感觉自己什么朋友都没有（伤感流泪）（停顿15秒）。就算连自己是，连自己最好的朋友我也不敢跟她们说自己的真心话，就是不愿意跟别人说。很多东西宁愿埋在自己心里也不跟，也不愿意跟别人说（流泪）（停顿23秒）。

在来访者A最后一次叙说自己的生命故事时，消极、悲观的基调更加明显，她完全忘我地沉浸在自己的生命记忆中，下面选录的只是其中少数的两个片段：

> 那时候她离开了，自己又跑上去追她，不让她走，可是她还是走。那时候都是，我我，我跑上去抓着我妈，拉着我妈，抱着我妈的大腿，不让她走。然后我被别人拉着走，不让我上去抱呗，然后就叫我妈去。然后她也哭，我也哭，大家一起哭。然后，然后把我拖回家之后他们就把我关在家里啦，就不让我出去。然后我在那里哭哭哭，就把我关进房间里嘛。然后哭着哭着又累了，然后就睡着了。然后半夜醒了就爬上床又睡，睡，睡醒，又不知道是不是做梦，又哭醒（停顿6秒）。那时候就这样，然后后来因为我和我妹睡在一起嘛，然后我哭醒吵醒她，她又问我干吗？我说我想妈了，然后我说妈走了什么时候再能见到她啊。然后我又哭，然后我妹又哭，然后我们两姐妹又抱着一起哭（停顿6秒）。刚开始的时候见到妈

> 本来是很开心的，不愿她离走，离开，可是后来她还是走了（哭，停顿40秒）。当时真的感觉唯一亲近的就是（哭泣，停顿20秒），就是自己的妈妈。那时候感觉真的身边，没有谁疼自己了（哭泣，停顿14秒）。
>
> 反正她就说了好多好多，然后我就哭了（哭泣，停顿13秒）。她说（哭泣，停顿26秒），她说，都怪妈不好，把你们扔下，让你们在这里受苦，可是妈没能力带你们，所以只有把你们放在这里（哭泣，停顿6秒）。虽然我那时候才七八岁，可是我挺懂事的，然后我知道妈妈那样，然后我们母女三人就抱在一起，然后就哭（哭泣，停顿18秒）。哭累之后我们就睡了，真的好怕，睡醒之后（哭泣，停顿17秒）。睡醒之后看不到妈妈了，所以那时候经常发噩梦，总是半夜起来，总是哭着醒过来，总是在（哭泣，停顿7秒），总是在不停地叫妈妈。

不同于来访者 A，来访者 B 在生命故事的基调上，咨询前和咨询后差别很大，咨询前的基调以消极、悲观为主：

> 我，我很难受（低音），就是一直以来就是失眠啊！有时候根本睡不着。这个真的，真的，真的很，很不一样，因为我，因为我，我，我，我很容易睡着的，就是人家怎么吵我我都不会醒，我会睡很久的。这一段，这，这一段就是，有时候真的睡不着，有时候三四点就醒来，有时候晚上一两点、两、两点多都睡不着。翻来翻去，然后就又做噩梦啊什么的（停顿7秒）。我，我，我觉得我，为什么（停顿4秒），我觉得我，我，我，我，跟她说了，我说，我真的没，没说过假话，都，都是真的。其实我很，很用心，啊，但，但是她，她不，她不信。可能我，没其他人那么会说话啊，啊，说她逗她笑啊什么的（停顿3秒）。我就是，就是不会说。

经过咨询后，来访者 B 认为自己已经放下了失恋的痛苦，比之前变得开心愉快了：

> 后来就是跟她同学啊宿舍的都好，找我谈话，都说，说完那些话其实我都知道的，我也都懂，因为就是，那时候还是不能放下，啊。不过现在好了，我基本上都想通了，我回来了，还是原来那个，我现在，嗯，都挺好的啦，就是，就是也，也认识了挺多朋友的，然后就打篮球啊，有时候就是宿舍一起去玩啊，认识了很多朋友，就比较开心，我觉得我自己都变了（笑）。

四、总结

心理传记疗法作为一种超短程咨询（3—4 次），从上述案例的分析与评估总体上可以反映出具有较好的效果。

来访者 A 的心理问题是社交恐惧。通过我们的咨询及上述分析，可以看出来访者 A 的咨询有一些效果，但是核心问题没有得到解决。具体而言来访者 A 的自我意义逐渐生成，由原来的认为自己什么都做不了，到体会到对于妹妹而言自己的存在价值；对自我的认识有所改善，咨询前对自己的性格认识不清、认为自己是矛盾的，咨询后认识到人的性格复杂性是客观存在，对心理自我的认识逐渐清晰与明确；自我与他人的关系也由强烈的对抗到逐渐缓和。但其叙说的消极、悲观基调以及缺乏能力与亲密的主题并未发生变化。

来访者 B 主要是失恋带来的心理问题，同时也希望通过咨询学会与他人交往。通过咨询和分析，可以看出来访者 B 的问题基本得到解决。具体而言，来访者 B 的自我接纳程度提高，由咨询前提及的回避、不靠近人群到咨询后对自己的完全接纳，其自我意义、亲密主题在咨询前后的生命故事中都有较大变化。来访者 B 的咨询效果比较直接地体现在生命故事的基调上，咨询前的基调以消极、悲观为主，经过咨询后，来访者 B 坦言自己已经放下了失恋的痛苦，比之前变得开心愉快了。

在这两个咨询案例中，各自生命故事都明显存在一个产生心理问题的原型场景。来访者 A 的原型场景是其童年与奶奶的对立人际关系，这种原型场景是其产生社交恐惧的根源，并且在后来与人的交往中（如高中阶段与同班同学的关系，大学阶段与舍友的关系）多次呈现。来访者 B 的原型场景是童年身体缺陷（多一个拇指）被人（特别是女生）嘲笑和疏远。这种原型场景造成了他与人说话和交往的困难，特别是在大学追求一个女生遭拒失恋时再次呈现。

心理传记疗法同其他心理咨询技术一样，仅仅通过一个周期（3—4 次）的心理咨询或治疗，其效果是有限的，特别是对于中、重度的心理问题，例如来访者 A 的社交恐惧问题，这类问题需要进行更长时间的咨询。

心理传记疗法诞生的时间短，实践案例积累较少，无论是其理论还是技术都需要在将来的思考和实践中给予进一步的丰富和完善。首先，对于不同性质和程度之心理问题的解决和效用需要更多的实践和案例来支持，特别对于心理疾病（神经官能症）的解决除了更长时间的咨询外，可能需要在技术和程序上有所发展。其次，在方法与技术上，复述故事既是咨询的重点，也是一个难点，其受咨询师的实践经验、叙说或语言组织能力的影响较大，如何将心理问题的诠释和复述较好地结合在一起，还需要进一步进行可操作化的阐述。再次，推荐传记作品给来访者阅读，需要咨询师阅读、储备相当多的传记。此外，生命故事访谈技术的运用，如何能做到耐心地倾听，克服传统咨询技术中一问一答的情况，对初学者也是一个考验。

参考文献

马一波,钟华(2006).叙事心理学.上海:上海教育出版社.

倪鸣香(2004).叙述访谈与传记研究。教育研究月刊,118,26—31.

吴熙娟(2013).熙娟叙语:一个咨询师的成长历程.北京:中国轻工业出版社.

张继元,丁兴祥(2012/2013).弗洛伊德百年之后:"辅仁心理传记学"的继往开来.见郑剑虹,李文玫,丁兴祥(主编),生命叙事与心理传记学(第一辑).北京:中央编译出版社,1—40.

郑剑虹(2012/2013).中国大陆的心理传记学研究及其质量结合模式.见郑剑虹,李文玫,丁兴祥(主编),生命叙事与心理传记学(第一辑).北京:中央编译出版社,41—61.

郑剑虹,黄希庭(2013).国际心理传记学研究述评.心理科学,36(6),1491—1497.

郑剑虹(2014).心理传记学的概念、研究内容与学科体系.心理科学,37(4),776—782.

Scultz, W. T. (2011). 心理传记学手册(郑剑虹等译).广州:暨南大学出版社(英文版2005年).

Alexander, I. E. (1988). Personality, Psychological Assessment, and Psychobiography. In McAdams & Alexander, I. E. (1990). *Personology: Method and Content in Personality Assessment and Psychobiography*. Durham and London: Duke University Press.

Crosby, F., & Crosby, T. L. (1981). Psychobiography and Psychohistory. In S. L. Long (Ed.), *The Handbook of Political Behavior* (pp. 195–254). New York: Plenum.

McAdams, D. P. (1996). Personality, Modernity, and the Storied Self: A Contemporary Framework for Studying Persons. *Psychological Inquiry*, 7 (4), 295–321.

McAdams, D. P. (2001). *The Person: An Integrated Introduction to Personality Psychology* (3rd ed.). New York: Harcourt Inc.

McAdams, D. P., Josselson, R. & Lieblich, A. (2001). *Turns in the Road: Narrative Studies of Lives in Transition*. Washington, DC: American Psychological Association Press.

McAdams, D. P. (2001). The Psychology of Life Stories. *Review of General Psychology*, 5 (2), 100 – 122.

McAdams, D. P. (2005). What Psychobiographers Might Learn from Personality Psychology. In Schultz, W. D. (Ed.), *Handbook of Psychobiography*. New York: Oxford University Press.

Ochberg (Eds.), *Psychobiography and Life Narratives*. Durham and London: Duke University Press, 265 – 294.

Runyan, W. M. (1988). Progress in Psychobiography. In McAdams & Ochberg (Eds.), *Psychobiography and Life Narratives*. Durham and London: Duke University Press, 295 – 326.

Scultz, W. T. (2002). The Prototypical Scene: A Method for Generating Psychobiographical Hypotheses. In McAdams, D. P., Josselson, R. & Lieblich, A. (Eds.), *Up Close and Personal: Teaching and Learning Narrative Research*. Washington, DC: American Psychological Association Press.

Psychobiographical Therapy: Theory and Practice

Zheng Jianhong[1]   He Chenglin[2]

([1] Department of Psychology & Institute of Psychobiography and Life Narrative, Lingnan Normal University, Zhanjiang, 524048)

([2] Psychological Counseling Center of Cunjin College of Guangdong Ocean University, Zhanjiang, 524094)

/ Abstract /

The history of psychobiography research has spanned more than one hundred years and proved fruitful in terms of theories and particularly case studies. However, the application of psychobiography is rarely studied. Psychobiographical therapy is the application and practice of psychobiography in the field of psychological counselling. First, this paper introduces the linkage and distinction between psychobiographical therapy and narrative therapy. Second, it illustrates the theoretical foundations, standard steps, and techniques of psychobiographical therapy. Finally, it demonstrates these implementation processes in specific cases and provides four methods evaluating effectiveness of the treatment (the good life story evaluation, thematic analysis, tone analysis and the lexical content analysis).

The normal processes and objective of psychobiographical therapy: Seeking prototypical scene through life story telling by clients, and reaching a deep understanding of client's problem through psychobiographical counselling. And with the help of counselor, client restructures his/her distorted life story into a positive one by continuous self-narrative, listening and writing of their own life stories, and reading the life stories of outstanding figures or idols who share some similarities with them.

/ Keywords /

Psychobiographical therapy, Prototypical scene, Life story

当文学遇上心理传记学：一种文学性心理学的探究与认识

李振弘*

（辅仁大学心理学系，台湾新北，24205）

/ 摘 要 /

本文作者具有助人实务工作者、研究者以及文学创作者等身份，其试图带着对心理学的私想象以及自身的写作实践经验，与个人所阅读的知识进行参照、比对与对话，并欲从论述角度尝试勾勒出文学性心理学的面貌。此一尝试性探究，历经了四个阶段，从中，作者体认文学性心理学可以援引心理传记学作为一种实质内涵，而此内涵又可从两种路径来表述：一是取径西方的心理传记学，二则是取径中国哲学。由此，心理传记学不仅是西方的，也可以是中国的，以及文学的。而人在此更被肯定为一部动人的、有意义、有历史社会性的文学作品，亦是一个不断在

---

* 李振弘，博士研究生，E-mail：chenhong.g@gmail.com

创作中的艺术品。

/ 关键词 /

文学性心理学，心理传记学，李泽厚，文学创作

一、对心理学的私想象

2010年，我考上辅仁大学心理系博士班。当时，我便向指导教授翁开诚老师表示，希望博士论文能以小说方式进行撰写及呈现，就如同我的硕士论文。① 翁老师听了，回答得毫不犹豫，他说："那有什么问题。"然而我知道，以小说形式进行论文书写，在学术领域仍注定是失格，往后也套不进学术领域的发表、评鉴、升等，等等标准化生产路径，更遑论被视为一种"知识"或者"论述"。

其实，多年以来，作为一个心理助人工作者与写作者②，**一再**使我觉察，将故事、文学作品作为一种描述与探究人性的文本时，一个好的故事、优秀的文学作品，是具有深刻的同理性、情感性、批判性，甚至能为书写者与阅读者带来实践性的。

另一方面，我也发现，当我们阅读或书写故事、文学作品时，在进入想象与修辞的过程当中，人得以回到属于人的心，同时也照见自己的心，而那样的

---

① 笔者硕士论文《沙程》为自传体小说，是以小说创作为法进行撰写，其内容叙说自我心理的历史积淀及如何透过生命实践体现与提升自我人性，亦是台湾第一本以文学创作为形式的硕士学位毕业论文，并曾获台湾文学奖之肯定，且于2003年出版为长篇小说《肉身寒单》，此书可视为笔者最初的文学性心理学的实践成果。亦是此时，在以实证科学为主流取向的心理学领域，笔者在心理助人工作、个人生命实践、文学创作三者经验的交流中，开始有着"心理学也可以是文学性的，也能够用文学形式来进行表述"的私想象与感受。

② 笔者从事心理助人工作有十年资历，曾任大专院校心理师及小区大学写作课讲师，生命故事叙说与书写为主要助人取向。同时亦有15年写作经验，作品主要以自传体小说、散文为主，著有长篇小说《肉身寒单》（振鸿，2003）及《欺海的人》（振鸿，2011）。

心，是细致、独特、复杂、在历史中积淀也经社会文化与政治的冲刷、具情感性、有想象力、无法被一个概念一个通则所简化的一颗属于人的心。事实上，我认为这颗活泼泼的人心，就是文学的心、艺术的心、美学的心，他不会是科学的心。而找回这颗心、感受这颗心、觉解这颗心、诠释这颗心、感动于这颗心，便是心理学的工作。

所以，于我，"心理学"与"文学"从不是相对立或区隔的两个领域，而这些体悟，也使我对心理学有着个人的私想象，我以为"心理学也可以是文学性的"。然而我却一直无法将这么清晰与强烈的直觉表达清楚，最终，也就沦为我个人的私感受与对心理学的"偏见"，但我知道，这里头反映的，是对心理学不同的典范想象。

二、写作实践中的体悟

从写作角度观之，多年写作所累积的实践经验，亦是我对心理学得以有文学性想象的来源之一。

自1998年就读硕士班时因生命困顿而重拾断裂的文学创作开始算起，我已有15年写作经验，在这漫长的写作实践当中，我从借写作爬梳生命经验，到将写作发展成一种助人工作形式，渐渐，也在其间反复积淀、成形了一些体悟，它们维系与推动着我个人的写作路径与谘商风格，而其中，对"同理心""人性"的体悟便是我觉得重要，亦是我以为，能衔接在文学与心理学之间使两者交流互动的路口。在此，我陈述如下：

（一）写作过程即是同理的历程，而同理就是如真的想象

2002年，我在以自传体小说形式所发表的硕士论文中，即已将书写生命

故事视为一种同理心的历程（李振弘，2002）。此后亦是沿着此概念，发展出"生命书写"的个人旨趣与写作风格，而我的文学创作也主要以自身或他者的生命经验为素材，故而都带有浓厚的自传性色彩。

对我而言，不论是书写自身还是他者的生命故事，写作面对的对象都不是客体，而是具有主体性的个体，且这个体又具有复杂却零散、不完整、片段的生命经验，而写作这件事，正是写作者透过同理（empathy）来体贴靠近、感动、觉察、解释、疏通、统整、意义化这些生命经验，继而使用文字修辞、故事性的方式将其表现出来，成为一个有生命力的文学作品。

所以于我，写作、创作需要仰赖的，是同理的能力。

在这里，关于同理心的描述，翁开诚（1997，2002）曾将其表述为：以"我是"去感通、参赞出"你是"的一个互为主体性的故事性思考历程。我以为这便是最符合我在写作实践中对同理心的认识。对此，翁开诚曾细致地描述如下：

> ……这样的互为主体性在关系中的展现就是以"我是"去感通、参赞出"你是"，也就是同理心的问题了……然而当我们面对的是片断、零碎、庞大、复杂而又难懂，甚至令人悲痛、无力或嫌恶的生命情感经验时，这往往才是挑战我们同理心的时候。当遇到这样的情况时，是否我们还能坚持相信这些令人搞不懂的生命片断必有其道理，而且不但不放弃，反而在充满未知、困惑情况下，仍然兴趣勃勃，不放过每个细节，细细地体味，相信这些零碎，片断必有其相联系的脉络，只是我们暂时还未发现；看到这些难懂，甚至是令人嫌恶的经验，仍然相信，生命必有其目的，意义之追求，终究其间蕴藏着"美"与"好"，只是我们尚未能体悟。看到这些生命现象，不会抽离、客观，用某些理论去简化这些现象；而会贴近、投入，带着情感去体会，因为相信每个生命都有着属于其自己

独特的情感。(翁开诚,2002,42—43)

然而,对于同理心的看法,站在写作者的立场,我觉得可以再进一步延伸。

对写作者而言,同理其实正是一种想象,是贴着书写对象的生命经验进行书写时所产生的一种如真的想象,它跳过了(或没有直接牵涉)视网膜信号处理过程,是一个想象的影像,而写作者便是用自己的方式、手段在这样的想象中去重现、贯通、体会对象的生命经验。所以,同理与想象,在写作的过程中,我认为是一体的。

(二) 人性不是扬弃时间后类别化的集合,而是一个在时间河中既独特又复杂的整体

在一次又一次的写作经验中,我逐步累迭了上述对写作与同理两者关联的认识与实践,而这,也渐使我对人性有了不同看法。

对我而言,人性是不可能,也不能扬弃时间并将其抽取出来化约成教科书上的客观教条,然后被罗列成某个粗类别、粗范畴,继而再循环似的以这样的类别、范畴所提供的标准来粗略定义人性、理解人性,甚至进行一种判定的。最后,如同社会认同理论所述,当人能被镶嵌进这样的类别与范畴时才能产生自尊、认同感与安全感,而未能符合,便可能被问题化或者边缘化。

事实上,我认为人性必然是一个"复杂的整体",且具有"时间性",也就是历史性。在时间的流变中,它并没有一个固定不变的、客观上的形状,也因此人的人格是会变动的,态度是会变动的,意义是会变动的,而这些都并非如现今认知取向的心理学所说的:是个存在于个体内在的、不变的基模。

所以,如果我们要真正了解人性,了解这么独特又复杂的一个整体时,所能做的不是切割它,将它拆解成一个又一个的类别,而是纵身进入时间河中,

将其放入脉络中竭尽所能去"揭示",去"贴近",描绘出它在时间流变当中那个整体又复杂的面貌。事实上,写作、创作进行的正是这件事,而最能表述人性的方式,或许也正是文学以及文学创作。

三、寻访文学性心理学

2010年,我便是带着上述对心理学的私想象以及多年写作的实践经验,进入辅仁大学心理系博士班就读,并在之后的四年里,陆续修读了翁开诚老师与丁兴祥老师所开设的课程,其中,有几门课对我在探究文学性心理学的学习路途上有着深远影响,包括翁老师的"叙说与实践""谘商与心理治疗理论专题""传释学",以及丁老师的"质性研究""心理传记学""心理学方法论"。在这几门课的学习过程中,我经常被唤起参照的经验,除了助人工作的实务经验,更多是在文学创作上的经验。也因此,我开始试着将"写作实践经验中的感知"以及"课堂里所阅读的知识"两者间的相互参照、比对、对话作为一种探究方法(且有意识地集中在认识论与方法论的探究上),企图从中去勾勒出属于"我的"对文学性心理学的认识,并试着予以深化和呈现。

这样一条寻访路径,若按博蓝尼(Polanyi, 1974/1984)的说法,便是从默会、内敛中洞察出个人知识(personal knowledge)的路径,亦即,面对这么一个模糊、未可言明但在感受与想象上却无比清晰的焦点意识(文学性心理学)时,我借由回返个人独特的支持意识(生命经验、写作实践经验)进行整理,并依此为风向球,指涉出能与我相呼应的论述,与之交流互动以及对话,进而整合出我对文学性心理学的"个人知识"。

四、文学性心理学的认识阶段

于是,随着写作实践经验和课程学习的相互映照,这尝试摸索文学性心理学的过程,便历经了四个阶段的发展。如今当我回身反映,将这过程以连贯性的方式看待时,我深刻以为,与"心理传记学"的相遇与呼应,是我在探究此一议题时的关键。

在此,我简明地将四阶段表述如下:

(一) 第一阶段(萌发)

第一阶段,约略在博士班入学后的第一年至第二年,这期间,我试图先拉出一条心理学与文学的共有思维,即两者都是"对人性深刻的描述与理解",并以此作为出发的基点,对文学性心理学进行勾勒。

从自身的写作经验来看,这样的思维其实再自然不过。然而,若从心理学的角度端倪,却有其脉络发展。关于这点,我认为可从"人(人性)作为心理学的研究对象"这件事开始说起,然而,这却又必须从心理学典范的移动开始说起,从中,将可更清楚心理学为何能与文学、与我的写作实践经验产生共鸣。

1. 从物性到人性的心理学典范

在早期,心理学家为了将心理学和哲学分野,便沿袭19世纪初自然科学的典范,使用牛顿—笛卡尔式的定律作为心理学的开路工具,然而,伴随传统物理学典范而来的化约论、决定论、机械论、原子论,却被不适用地套在"人学"的研究上,人遂被视为被动的、仅是客体的存在,更甚者,屈就物理典范,人降为了动物、机械的低层次,而人的行为只不过是一连串物理、化学的反应现象,是可观察、可衡量的客体。此时,不难想象,在实证科学的典范底下,心理学所研究的"人性"变成了"物性",人类独有的主体性完全被漠视了。

更可惜的，这样的心理学研究取向渐成了主要方向，而在思想上受西方影响甚巨的台湾，其心理学界的主流论述，也从一开始便依循了美国心理学会学术指标与生态的实证逻辑科学典范，并依此作为心理学研究的主要标准（张继元，丁兴祥，2012），一直延续至今。

这其实是矛盾的，因为心理学研究的对象是人，但人却被视为了"物"，视为了"机器人"，我们对人性的体认是越来越远离了。

一直要到心理学第三思潮，也就是人本心理学的兴起，部分心理学者才开始反思以实证主义作为研究人的一种方式究竟是否妥当。其实，这些学者并非反对进行动物研究或者科学实验，但更强调不可忽略人性的一面（李安德，1992），亦即，人是有意向目标、计划和理想的，不仅具有动物性及生理性的需要，还有更高层次的需要，最重要的，人本心理学者注重人类的整体经验，视人为主体加上客体的存在，研究个体是因为每个人都是独一无二的，不是统计数字上的常模。

2. 以马斯洛（Maslow）的反思为例

就以人本心理学者马斯洛为例，我们来看看他当时是如何对实证科学取向的主流心理学进行反思的。

在19世纪，这个还原论与原子论还十分盛行的年代，马斯洛（1966/1988）就清楚指出，将人切割化、局部化的实证科学，是不足以回答人类异于动物所具有的高等质量，也就是人性的问题的。他认为，人性的知识需要放回人"真实的心理"来了解，而不是拿外在的、科学的、化约的通则来了解，换言之，增加对自我的认识，去真实地面对自己，其实就是了解人性的一个方式，也才能从中获得真正的关于人性的知识。

对于这种知识，马斯洛将其标定为"体验性知识"，它相当不同于实证科学的抽象化知识。这种体验性知识不仅肯定了经验的优先性，也表明经验本身自有其意义与真理，且必须以整体视之，也正因此，所谓人性的知识，对马斯洛而言便是"对一个人真正且真实的认识"。更是因此，在探究人性的方法上，马斯洛是非常"不科学"的，他不是使用分析，也不是使用逻辑的归纳，而是"去认识"。

然而，什么是"去认识"？

我认为马斯洛是这么说的，"认识"就是以静静地承受与包容的姿态，融入到对象的经验中去同理体验，甚且，不只是体验，你还要跟对象形成一种关系，能爱他，欣赏他，通过"爱"，然后在他的世界去理解他，感受他，对他的人性才能有真正的认识。

这就是马斯洛的"认识"，而认识就是静静的爱，爱则通往人性的知识。

3. 文学性心理学的基点

从上述心理学典范从物性到人性的转折以及马斯洛对心理学的反思中，我们可以了解"人性"才是心理学货真价实的研究对象，亦即我们可将心理学定义为"探究人性的一门学问"，而对人性的认识与了解，则应该宛如一个逐步靠近心与灵魂的过程，它是内向的、反躬自身的、强调体验的、无为的、以心去感通的、重人性价值的、相互参赞的，如此，便能对人性做出深刻的描述与理解。

所以在这个向度上，我深觉一个心理学家其实并无异于一个以生命经验为书写对象的写作者，两者都在试图探究人性，并对人性做出深刻的描述与理解，而这样深刻的描述与理解并非仰赖科学的原理原则，而是如同写作者在写作时对书写对象的生命经验采取无为、贴近、投入以及体会的态度。而这，也是在勾勒文学性心理学的面貌时，我认为可以作为萌发的一个基点。

（二）第二阶段（取径）

踩在第一阶段的基点上，在 2012 年，我接触了"心理传记学"。作为一门心理学的"新"领域（虽然它的开端起于弗洛伊德的案例研究），其对人性的看法、态度甚且是研究方法，一再使我感到更贴近于我对文学性心理学的想象。在此阶段，我遂兴奋地尝试以心理传记学作为我的文学性心理学的实质内涵来进行探讨［尤其援引舒尔茨对心理传记的看法］，一方面接续第一阶段，表述出"心理传记学亦是对人性做深刻的描述与理解"；另一方面，则试图从研究方法的角度，整理埃尔姆斯（Elms）、鲁尼恩和舒尔茨这三位心理传记学领航者对研究方法的讨论，去辨明、去印证心理传记学的研究方法也可以是一种文学创作方法。在此阶段，我欲论述澄明的是："心理学作为一门探究人性的学问，是具有文学性的，而心理传记学可作为这种文学性心理学的一种实质内涵，它主要在对人性做深刻的描述与理解，并可以使用文学创作作为表述人性经验的一种方法。"

在此，我将此阶段的反思与探究叙述如下。

1. 对文学性心理学更贴切的表述：心理传记学亦是对人性做深刻的描述与理解

在心理传记学的学习中，对我影响最大、令我最有感觉的，应属舒尔茨对心理传记学的看法，这或许和其论述特别令人感受到对直觉、艺术性与创造性的重视有关。在阐述其看法之前，我想先从鲁尼恩（1982/2002）撰写的《生命史与心理传记学》、舒尔茨（2005/2011）主编的《心理传记学手册》以及埃里克森（Erikson, 1970/2010）的《甘地的真理》这几本重要专书的阅读与整理中，来谈谈心理传记学。

简言之，心理传记学是对实证科学典范下的心理学的一种反思以及回返，它不仅指出人的历史性（人就是历史），也指出要了解人就必须将人放回所处的位置当中去理解，而非以一种抽取的方式，将人从社会、文化、历史中抽取出来，简化成一种扁平概念或者普遍原则，或言"平均人"，然后又以这样不存在的"平均人"去预测独一无二的"真实人"。因此，心理传记学追求的价值并不在于普遍性，而在差异性与独特性。

心理传记学的学术发展，有其逐步演进的历程，从早期以精神分析理论诠释非凡人物生命故事的"精神分析的心理传记理论阶段"，到开始将心理传记学视为一种研究方法，而提出一系列系统性的看法，包括数据（资料）的筛选、诠释模式，以及解释理论的选择等。在这里，我想特别指出舒尔茨对心理传记学的看法，也是我个人较认同的定义，舒尔茨认为：

> 对于大多数心理传记作者来说，他们将目光聚焦于一个生命的侧面，一个独特而神秘的问题……心理传记首要方法是通过心理学的方法和视角，去集中透视某些单一的生命历程……因此，一般传记作者的首要任务是描述，而心理传记作者需要做更多的说明和解释。一般传记作者关注的是"是什么"的问题，而心理传记作者关注的则是"为什么"的问题，是有关动机的问题。（引自《甘地的真理》萧延中所撰之总序，2010：6）

然而，针对舒尔茨上述定义，我认为仍可加以扩充。舒尔茨将心理传记的范畴聚焦在个体漫长生命的某个侧面，或者对传主的悬念性问题进行发问，但我认为，心理传记学亦可将范畴聚焦在一个人的生命史，亦即个体完整的生命历程，譬如，去了解一个人究竟是如何发展成现在的样子，了解其中的跌宕起伏与独特（这或是更大的悬念性问题）。对我而言，生命史以及心理传记应该是能够放在同个位置上看待。若依文学创作的类别来看，我会说生命史的心理传记属于长篇小说，而悬念性问题发展而来的心理传记属于短篇小说。

在此，我们不妨更言简意赅地说，心理传记学的目的在于"理解人"，且是在历史中探究个体生命最深层、最微妙、最特殊之处，并在最能"融入"传主生命的位置上，去"融出"对传主最同理的阐释。

那面对人，心理传记学者想理解的究竟有什么？

事实上，当心理传记不再仅以精神分析作为理解人的一种取向后，对于这部分，心理传记学已走向更开放多元的理解，不再只是一种"病理的""医学的""童年经验决定论的""创伤起源论的"对人的偏颇理解。这种"多元"理解肯定人的复杂性与独特性，而在这个走向之下，心理传记学也必然朝向"多重诠释"的观点，以及"理解而非预测"的路径，并且与科学脱钩，与艺术靠近。

对现今的心理传记学者而言，心理传记学是多角度地去了解所欲探究的传主生命，包括了传主在历史中的必然性与偶然性、传主与他者共经历的现实条件（共相）以及个人主体性的展现（殊相）、影响传主的微观（如个人心理）与巨观（如所处文化、社会结构），以及传主生命中真正的关心（追求的意义与价值），等等。

这些，在心理学传记学中也都逐渐有了概念化的论点，比方出版第一部心理传记理论性著作的鲁尼恩就曾提出"生命历程的互动取向"，作为理解人时的一种参考，他认为，在理解一个人的生命时要同步考虑情境与个人，包括认知、情感、生理、社会、文化、历史等。借用科学性的语言即是，当我们在了解一个人的生命时，要考虑到各种变项，而非消除各变项间的影响，又或者单单只是厘清某个特定单一变项的确定性关系。

又比方，将心理传记学与叙事理论做结合的学者麦克亚当斯，亦从人格心理学取径，认为心理传记学者可以从"气质性特质""特征性适应"

"统整的生命故事"三个层次来了解一个人的生命，展开对人性更丰富的理解。

不难想象，从"理解人"这个目的来看，在知识被过度专业化而彼此区隔的现代，心理传记学显然是无法成为一个独立的、专业的学科。在探究人的学问上，它必会是一门含跨许多领域的学科。这样的位置虽难以被定位，但或许这也才是知识原初的样子，而心理传记学象征了知识形态的"回归"，以及知识的"自然化"。

从上述心理传记学的概念观之，我们可以说，如果心理学是一门探究人性的学问，那么心理传记学所在做的，正是对人性最深刻的描述与理解。

但不仅如此，舒尔茨还特别指出不可忽视心理传记在书写过程中的超科学性，亦即对艺术性的追求，而这也正是心理传记学的风格所在。舒尔茨是这么叙述的：

> 在心理传记作品中，作者是在讲述传主的生命故事……在写心理传记的过程中，你不是一个科学家，而是一个具有高度创造性的艺术家（实际做的时候就是这样）。叙述是不可少的内容，寻求最好的形式不是一开始就有，需要详细论述、仔细制定和灵活处理细节内容。当你沉迷于作品微妙之处时，你就不会在做的过程中表现得过于简单化或概括化。在你的解释下，读者一定会感到心中那种激动人心的紧张感得到释放，如同一扇门突然打开，彻底明朗。那种心中的谜团伴随着最后呈现的几句话而得到解答。如果将理解人的生命比作解读诗句，我们就不能拒绝心理传记写作过程的艺术性。就像其他领域的工匠一样，只有当我们不断锤炼这种技巧，而不是忽视或回避它时，才能使自己的心理传记作品更好。（Schultz, 2005/2011, 15 - 16）

从舒尔茨这段话，我们可知心理传记的书写过程，仿如一个艺术创作的过程（像在书写小说或是散文），而心理传记作品可说是一部有艺术性且能启迪人心的生命故事，或者说就是一本好的文学作品，因此，每个心理传记学者都需要努力去锻炼写作的艺术技巧。关于这点，从埃里克森的心理传记名著《甘地的真理》获得美国普立策奖，是可见一斑的。

综上所述，我们或可更清楚地将心理传记学定义为"对传主的人性经验进行深刻的描述与理解，并连贯成一部具有艺术性与启发性的生命故事、文学作品"。事实上，对我而言，这亦是文学创作在进行的事，换言之，心理传记学的理论概念确可与文学相互呼应。或许我们更可以大胆地说："心理学就是心理传记学，而心理传记学可以是有文学性的"，而这，便是我寻访的文学性心理学的一种实质内涵。

2. 心理传记学的研究方法也可以是一种文学创作方法

底下，接续上述讨论，我想再从"心理传记学的研究方法"的角度，更深入进行方法论的探究，尝试说明心理传记学的研究方法也可以是一种文学创作的方式，而这也正是文学性心理学在表述人性经验的方式。

从心理传记学的发展来看，其实心理传记学本身就是作为一种研究方法而得到发展的，它起源于心理学家运用精神分析理论对文艺家与政治家所进行的传记研究。但直到1980年后，心理传记学才开始被当作一门学科看待，有理论与方法的探讨。

在心理传记学的研究方法上，埃尔姆斯于1994年便提出了具体步骤，而鲁尼恩更早在1988年结合生命史提出了一个八步骤的研究架构——准法庭程序（丁兴祥，赖诚斌，2001）。然而，老实说，这个心理传记学的研究架构，对"检测"与"评估"的仔细强调，仍让我感到一丝丝其概念未脱"实证典范"以及"努力于客观"的味道。这或许也正是我偏向认同舒尔茨理论的关系，舒尔茨重视直觉、主观与艺术性，其研究报告的字里行间也充满着文学韵味。

虽然，在心理传记研究方法的探究上，舒尔茨似乎仅在传记数据处理的选择上提出了"原型场景理论"，但在其所发表的论文《如何从传记资料中获得心理学的发现》中，仍可隐约看出舒尔茨对心理传记学的研究方式其实有其进行的步骤（Schultz，2005/2011，55-56）。

所以在这里，我想整理埃尔姆斯、鲁尼恩与舒尔茨三者对心理传记学研究方式的看法，提出一个我觉得较适切的心理传记的研究方法，但若要让这样的研究方法能具有诗意、文学性，如同我前所指称的"心理学就是心理传记学，而心理传记学可以是有文学性的"，以及更清楚呈现舒尔茨所说的心理传记作品的艺术性，我会更细致加入文学的态度，及文学形式、结构、技巧的运用，亦即纳入美学的考虑，透过文学去揭露对传主更真实、更深刻的描述与理解。因此，我会将心理传记的研究方法作如下表述：

（1）选定一位对其生命历程感兴趣的传主或者对传主的悬念性问题；

（2）收集传主资料；

（3）仰赖直觉或理论，选择具有意义的情节与事件，划定数据（资料）的范围；

（4）在选定的数据（资料）间反复编织与咀嚼，并且去同理、贴近传主的生命经验，体会出能贯穿传主生命的情感、理解与解释；

（5）考虑文学修辞、形式、结构、技巧的运用，将传主生命经验撰写成具有艺术性与启发性的生命故事或文学作品。

将上述心理传记学的研究步骤对照文学创作方法，尤其是我多年来的文学创作方法，几乎是可以共通的。在我多数的文学作品当中，都具有传记性质，有书写整个个体生命的跌宕起伏，也有书写个体生命中的某个重要片段、场景，或者对某个体生命的行为或状态感到好奇、感动而去书写，而在书写过程中都经过上述步骤。这样的共通性不仅说明文学创作方法亦可被视为一种研究方法，更说明了心理传记学/生命史的研究方法也可以是一种文学创作方法，亦能援引为"我的"文学性心理学的研究方法。

此外，在研究方法的讨论上，我还想特别提出舒尔茨的原型场景理论，这几乎也可视为文学创作时必要的一个选择数据进而编织故事的方法。在创作时，写作者要有能耐去捕捉住一个聚集很多感觉且饱和着众多意义或思维的画面/场景，而这通常会成为一篇作品力道的来源，若将其挑出进行书写，那通常也能为笔下主角的生命做出深刻的批注。我相信，这样一个画面/场景，也是罗兰·巴特（Roland，1980/1997）在论摄影时所言的"刺点"，当我们被一个刺点所刺痛时，我们就像启开了摄影机的开关，开始想夜以继日针对这个刺点去处理、描述、理解。

事实上，如舒尔茨所言，人的一生有着许多原型场景，而我以为，每个原型场景也都彰显出个体在不同生命阶段的状态，最核心最核心的那一个会如同墓志铭，足以贯穿此人一生。我亦曾以原型场景概念进行文学创作①，作为自己在文学性心理学的一种尝试。此部分，日后可再深入讨论。

（三）第三阶段（反身扣问）

历经第二阶段的学习，取径心理传记学通往对文学性心理学的认识，并援引其为文学性心理学的一种实质内涵时，虽给了我的私想象一个可安置的位置，但却仍令我感到"味道"不足，若有所失。

直到2013年，陆续在翁开诚老师与丁兴祥老师的课程中接触中、西哲学后，我开始意识到，要开展出自己对文学性心理学的认识，必须要回到我个人

---

① 如散文《饺子》（刊于台湾《自由时报》副刊，2012）、《旅行的K》（刊于台湾《人间福报》副刊，2012）、《茹素之家》（获全球华人文学星云奖，刊于台湾《人间福报》副刊，2014）。

长年的旨趣——"生命书写"这件事上来叙说，才能更清楚地揭示我何以会有文学性心理学的想象，进而亲近相关论述，如心理传记学，它并非无中生有，也非毫无理由，换言之，在摸索文学性心理学的面貌时，我不仅得往外追求客体的论述**建构**，也该往内与自己的生命对话，从中梳理生命自身所带给我的对文学性心理学的认识。而这段反躬叩问的探究过程，也正是将心理学与自身生命结合，并宛如诗般进行创造与转化，是走着一条实践智慧的进路，寻求/恢复自己"生命的学问"（张继元，丁兴祥，2014）。

于是，我便着手整理自己的写作实践历史、生命经验、助人实务经验，试图从中清楚阐明个人生命史与认识论的关系，好承接第二阶段，接续起"个人生命史"—"认识论"—"心理传记学"三部分，完整表达出文学性心理学的个人知识，且这样的知识不是"客体"的知识，而是一种有温度、与我的生命息息相关的知识。

关于此阶段的探究，我已另文撰述与发表（李振弘，2015），不再详述。但我想特别在这里指出，正是这一个反身扣问的过程，我找到了若以心理传记学作为文学性心理学的实质内涵，能更丰盈它的"味道"。

（四）第四阶段（本土化）

在第三阶段自我叙说的梳理中，我渐渐发现，我整个生命实践与写作历程的发生与开展便是自身人性的体现与开显，而这"发生与开展"又是朝向美的、情的追求，但这追求又并非外求，而是回到自身的生命情境中，伦常日用当中，去面对、实践，以及在其间反复的辩证、拿捏、磨炼、体现，于焉，是这样一个内求的历程，让我对心理学有了文学性的认识。

这个体悟，在论述上，不仅接轨了中国哲学的心学，也整合在李泽厚的"情本体""度""以美启真，以美显（储）善"的哲思当中，简单地说，若文学性心理学是一门对人性探究的学问，我们大可无须向外取经，因为中国哲学就提供了我们探究人性的宝贵知识。

于是，在这个阶段，我便试图将这中国味的体悟导引至对文学性心理学的认识中，并从中国哲学、"以美启真，以美显（储）善"的角度来论述文学性心理学是关于人性提升、人性恢复的一门学问。但更重要的，我觉得这个体悟彰显了一个可能性，它指涉出，中国哲学和心理传记学都是站在同一个基点，都在对人性做出深刻的描述与理解，那么，从我们自身的文化传统出发，或也可开展出属于我们的，更多元、更本土化的心理传记学。

我同样将此阶段的反思与探究叙述如下。

1. 中国哲学的登场

关于我与中国哲学的接触，是必须提及李泽厚的。早在 15 年前，我就读辅仁大学心理系硕士班时，就曾接触李泽厚的新儒家思想，那时读来并未有太大感受，有时甚觉难以进入，几本李泽厚的著作就如新的搁在书架上。

直至我重回辅仁大学心理系就读博士班，才再次与李泽厚的思想相遇，而这次，我不仅兴致勃勃，甚且每每读起总感到心底被触动什么似的，眼眶湿热，心情激动不已。究竟，是什么让我对李泽厚的哲学思想如此感动？我想，是因为李泽厚的思想中总一再流露对伦理文化、对生、对情感、对实践、对和谐、对美、对回归生命情境的肯定，而这对当时选择回归路径却不知如何安身立命、一再感觉流离的我，同样也是莫大肯定与安抚，因为李泽厚所肯定的、所在意的，也是我一再抛却不去的。

从李泽厚的思想中，我见到自己生命实践路径是可行的，且是如此密切着我的文化经验和背景，我并不需为孤单走着这条路而感到慌张，而这条路径不仅不断地开显出我对人性的体悟，也正是我写作历程的开展与发生。

也正因如此，当我整理自身的写作实践历程与生命经验时，我认为李泽厚的思想足以作为我一个文学创作者背后的创作论（创作者其作品背后的思想），而它，也可视为文学性心理学的另一个内涵来看待，当然，为说明这样的内涵，我也必须回到中国哲学的思路里来说明。

但中国哲学的思想流长，且庞杂多元，此部分我仅先从个人所阅读的书籍进行整理与融会，并试着从几位中国哲学家的思想中，简明地说说这样对文学性心理学的看法："心学"一直是中国思想的主要特色（余英时，2010），而在中国，作为人的这颗心是能够贯通天与人的一颗心，也因此诸子特别强调心的修养。事实上，心的修养所指涉的便是人性的提升（尽心知性则知天）以及人性的恢复（求其放心），所以，中国思想也是以"人性"作为探究对象，这和心理学其实是相同的。只是在主流的实证科学心理学里，面对人性的方式是切割、分析、旁观中立、预测与控制，人性被视为外在的客体来了解，而所期待求出的人性知识，则是一种普遍的原理原则。

但中国哲学并非如此。

在中国思想里，对于人性议题的"非形式主义"的真正了解，除了要借由历史来把握、转化外，还要从特殊且具体的地方来体现出它（林毓生，1983），而不是直接拿一个外在的普遍原则来解释。

然而，这个特殊而具体的地方在何处，其实根本无需外求，就在我们每个人身上。因为人是有限的，这个限制是指，独属个人的耳目之官的感性限制，以及独属个人的生命情境限制，是这个有限，让人有了特殊性，也是这个有限，犹如一个我们自己的通孔，使我们在其中体现出人性，因此人性的悲壮与艰难也都在这里，且又在我们的真实生命里具体地呈现出来，传达出普遍的人性真理（牟宗三，1983）。简言之，人性体现在我们个人的特殊性上，而又具体地坐落在我们的伦常日用当中，普遍地为他人所感知。

因此，要了解人性，就是回到我们人自己身上来体现，而我们也必须为自己人性的彰显、恢复负起责任。

当然，随着体验的深浅，对于人性的体悟也就有所不同，我们不妨将这不同视作人性体验的历程或者内容，在中国思想里，这便是人性的修养。心的修养，是从心的自觉、而至与人发展互为主体的感通关系、进而又超越自己进入文化历史当中，最终直达天人合一、与天地万物相互参赞化育的境界（唐君毅，1994）。这人性修养的过程，是自然的人化，也是人化自然，而我也以为，这人性修养/提升/恢复的过程正是对情的追求，对美的追求，"情"是我们人性中最重要、最美的部分，"情"体现在我们为人的限制上，而有情、有感才又有可能触类旁通，在自己具体的特殊性上，感受他人的具体的特殊性，体现出人伦之情、人我间的感通之情，思古之幽情，以及天地万物之情。所以对人性更明确的表述我想是：人性即情（心即情），而显情才能成人。

然而，当我们明了人性有其不同体现的内容、境界、层次、历程，而这内容、境界、层次、历程是朝向情与美的追求时，那么，我们自然得再往下去追问，那究竟人性如何才能这么不断地开展与超越呢？或者，该问的是，这个能往内向超越又通于外的"体现"的功夫究竟是什么？

关于这部分，我想特别提出李泽厚（2008a，2008b，2008c）的思想，因为他是我目前认为将这部分谈得最好、最集大成，也最令我动容的一位学者，尤其在对人性心理的看法上，李泽厚提出一个"度"的重要概念，我想以此来响应上述提问。

对李泽厚而言，人性心理就是"文化—心理结构"，它由文化历史积淀而来，一代一代地传递在我们身上。有时，这样的积淀是种继承，有时也会成为一种限制，然而面对限制，不是去割舍它，而是可以透过"度"——这个人才有的"度"，在其中找到恰到好处、创造性的承接，所以，"度"即是人对自身人性体现的方式。但如何度呢？李泽厚认为，"度"并不是指涉对物的度量，也不是纯思辨的过程，它是人在面对存在问题时所展现出来的人性高度，没有固定的形式或者答案，要找到它，不需远求，只要老老实实回到自身生命情境与伦常日用的限制中、矛盾中、残酷中，去把握、去实践、去面对、去辩证、去转化，就能慢慢掌握住摸索出这个灵光乍现、恰到好处的"度"，但不仅如此，这"度"又要能够通向和而不同的和谐感，以及指向美与情感，才能让度这个体现人性的功夫，将人性的内容、层次、境界一一地发挥出来。所以，从这个观点来看，人性一方面是文化历史的积淀，但另一方面我们又可以透过"度"来参与文化心理结构的建构与创造，如此，人类的人性心理就像创造中的艺术品，生生不息地发展下去。

2. "以美启真，以美显（储）善"的心理传记学

上述，便是我试着从自身所阅读的几位中国哲学家的论述中，整理出的中国思想里对人性的看法，也正是我认为亦可作为文学性心理学的另一个内涵，而这内涵是从我的写作实践和生命经验中所体现出来的。若以集大成的李泽厚的思想作为主要论点来进行总结，或可如此表述：从中国哲学，尤其是心学的角度来看，文学性心理学的实质内涵亦是，人性心理由'度'到'情与美'的体现过程，这并不是纯思辨的过程，而是具体落实在个人的生命与生活的细节中、限制中，在其中反复拿捏、磨炼、品味，直至有自由感，有美感、情感出现的实践历程，这样的历程并不轻松甚且是辛苦的、不可预视的，但渐渐会形成一种动人的、有意味的生活形式与故事（事实上'度'就是一个故事），且带有能感通他人的普遍性，最后，也渐渐累积出一种实用理性的智慧。而人性（情），就在这历程中不断地提升、恢复，人性的真理也在其中彰显，这也就是，李泽厚所说的'以美启真，以美显（储）善'。

这样的内涵，可说是由中国思想而来的人性知识，而这样的知识亦是从我们自身对人性体现而来的知识，因而最终，会是有温度的知识，能感动人的知

识，而这知识不仅扩展了我们的人性，也在普遍性的感知中恢复他者的人性。

当然，在形式上，最能够将这样一种文学性心理学的内涵展现出来的，也正是文学，透过文学的描述、语言、想象、修辞、结构、同理的态度等，最可将这样人性的体现过程完整表达出来，而不是被化约成抽象的、概念式的理论。这部分，林毓生等人也都有相同的看法。因此，我们应可说，这样一个以文学形式将人性表达出来的文本，也就是文学性心理学的表现形式会是一个艺术性的生命故事、文学作品，且会有底下几点特色：是具体的、特殊的、情感的、深刻的、诗意的、有生命力的、能带来普遍性感受的一种对人性的描写。

而若引用李泽厚"度"的概念，我们不妨说，这个接承了中国人文传统的文学性心理学的书写形式，就是一个"度"的过程。比方当我们在书写他者的人性经验时，就仿佛在大量关于此人的资料中摩挲出属于他的人生故事，其间，我们定要反复去咀嚼、体悟、修改，然后才能突然在某一刻为其生命感到感动，感到其生命之美，进而也就对其生命恍然大悟，有了动人的、贯穿的理解，而这动人的、贯穿的理解，又不须外求，是必须在此人破碎的数据、琐碎的生命细节中慢慢去来回体现出来。

所以，总的来看，在此一阶段的探究中，实不难发现，这个从"中国哲思"而来的文学性心理学的内涵以及表现形式，和第一、第二阶段所整理的从"心理传记学"而来的文学性心理学的内涵以及表现形式，有异曲同工之妙。我们甚至可以大胆地说，在中国思想的脉络里，是可以建构出属于本土的文学性心理学，也就是本土的心理传记学的，而目前在我看来，这个心理传记学，便是"以美启真，以美显（储）善"的中国心理传记学。

说明这点其实是重要的，因为它彰显了在西方作为一种"另类"心理学的心理传记学，面对现代性思潮时，是越来越试图追溯西方文化的人文传统的，而当其走着这么一条道路时，我们自身的文化中却早就已经具有悠远的人文传统，甚至可追溯至春秋战国时代，所以，我们其实无须断然取径西方，也可承接自身的人文传统，去建构属于自己的心理传记学，并和西方的心理传记学参照、交融、对话。而这，不仅仅只是中国心理传记学的建构历程，我深以为，也正是林毓生（1983）一直在强调的中国人文的重建历程。

五、结语：对文学性心理学的整合描述

其实，早在1978年，台湾心理学领域尚未开始发展时，哲学巨擘方东美先生就已在所撰的《科学哲学与人生》一书中，提到对文学心理学的看法，记得初阅读时，心底分外振奋，因为这看法和我其实是相当类似的。

在书中，方东美先生（1978）直接将人性的研究分作了两大派别，一是文学的心理学，二是科学的心理学，并认为前者曲写心灵，逼肖人生，是真实的心理学，后者则以抽象分析为法，残损人性，只是冒牌的心理学。

只可惜，方东美先生在书中虽比较了科学的心理学和文学的心理学，也谈论了人性、心理学以及文学三者间的关系，甚至提出心理学家都得研习文学，得运用文学描述才能呈现出心理学的主张，却仍未清楚且具体地说明，文学性心理学的实质内容究竟是什么。

所以事实上文学性心理学并不是一个新的概念，而我在博士班就学期间，也试图带着对心理学的私想象以及自身的写作实践经验，与课堂阅读中能相呼应的论述进行参照、比对与对话，去勾勒出文学性心理学的实质内涵，让我对心理学的私想象能有支撑与栖身之所，且其内容与形式能相互契合，完整地被表述出来。

而今，经过四个阶段的探究，以及本文的整理，如果要对文学性心理学做点可能的整体描述的话，我会这么说：

1. "我的"文学性心理学涵括了"生命书写—心理传记—中国哲思（李泽厚）"三部分。

2. "生命书写"部分，是指涉"以书写的形式来协助自身对人性的体现（叙说与实践）"。这主要从我自身的写作实践经验与生命经验（亦即我的个人旨趣）整理而来，我已另文撰述，在本文论及较少。

3. 在以人性作为探究对象的前提下，文学性心理学可将心理传记学作为主要的实质内涵，而这样的实质内涵又可从东西方两种路径来表述。一是取径西方的心理传记学，将其表述为"对传主的人性经验进行深刻地描述与理解，并连贯成一部具有艺术性与启发性的生命故事、文学作品"；二则是取径中国哲学，将其表述为一门关于人性提升与恢复的学问，亦即一种"以美启真，以美显（储）善"的中国心理传记学。这两条路径其实是异曲同工的，而若要对文学性心理学，也就是心理传记学做出整合表述，我的表述将是"心理传记学就是在理解人，就是在透过深刻的想象、同理，拿捏地（度）来捕捉、描述、理解、体会传主在历史的积淀中、在社会文化的脉络中其个人生命实践的历程，而此一生命实践本身，亦是一个反复的、摆荡的、辩证的度的过程，并朝向个体生命力的展现、朝向美与情的追求，而这也正是传主自身人性的展现，最后，我们也可用文学的形式、方法、修辞，来将其连贯为具有艺术性与启发性的生命故事、文学作品。"

回顾心理传记学的历史轨迹，文末我试说了对心理传记学的整合表述，这不仅仅是为了让自己心理学的私想象能有所归依，也是试着继往开来，对心理传记学的多元与开放性进行摸索，让它可以是西方的，也可以是中国的、文学的。然而，这一路探究下来，我也更清楚地意识到，所欲探究的文学性心理学面貌其实涵括多个领域，而我所学有限，也仅能就目前个人阅读、写作的实践经验进行反思与整理，自有其不足之处，也并未要就此划定文学性心理学的范畴，因此，本文是一个尝试性的探索，衷心期待在未来研究路上，能和更多志同道合之士，并肩朝此方向尝试与探索，以更丰盈文学性心理学的面貌。

然而，无论如何，在我心底，自始至终所念兹在兹的，是想指出，我欲了表的心理学不只是异于实证科学取向的心理学，也不只是讨论如何以文学来表述人性的经验，而是"走出语言"，更深入地肯定人本身所具有的文学性、实践性，相信人自身即是一个动人的、有意义、有历史社会性的文学作品，亦是一个不断在创作中的艺术品。

参考文献

丁兴祥，赖诚斌（2001）．心理传记学的开展与应用：典范与方法．应用心理研究，12，77—106．

方东美（1978）．科学哲学与人生．台北：黎明文化出版社．

李安德（1992）．超个人心理学．台北：桂冠出版社．

李振弘（2002）．沙程：一个男同志的主体实践与小说创作．硕士学位论文，辅仁大学心理系，新北．

李振弘（2015）．认识论就是生命史：一个写作者对"生命书写旨趣"的自我叙说．辅导季刊（台湾），51（1），19—28．

李泽厚（2008a）．实用理性与乐感文化．北京：生活·读书·新知三联书店．

李泽厚（2008b）．历史本体论·己卯五说．北京：生活·读书·新知三联书店．

李泽厚（2008c）．华夏美学·美学四讲．北京：生活·读书·新知三联书店．

林毓生（1983）．思想与人物．台北：联经出版社．

牟宗三（1983）．中国哲学十九讲．台北：台湾学生书局．

马斯洛（1988）．科学心理学（林方译）．昆明：云南人民出版社（英文版1966年）．

唐君毅（1994）．人生之体验．台北：台湾学生书局．

翁开诚（1997）．同理心开展的再出发：成人之美的艺术．辅仁学志·文学院之部，26，261—274．

翁开诚（2002）．觉解我的治疗理论与实践：通过故事来成人之美．应用心理研究，16，23—69．

余英时（2010）．人文与民主．台北：时报出版社．

振鸿（2003）．肉身寒单．台北：麦田出版社．

振鸿（2011）．歉海的人．台北：联经出版社．

张继元，丁兴祥（2012）．Freud百年之后：辅仁心理传记学的继往开来．生命叙说与心理传记学集刊，1，1—23．

张继元，丁兴祥（2014）．生命诗学：心理传记与生命叙说的新开展．生命叙说与心理传记学集刊,2,1—24.

Erikson, E. H. (2010). 甘地的真理(吕文江,田嵩燕译). 北京:中央编译出版社(英文版1969年).

Polanyi, M. and H. Prosch (1984). 意义(彭淮栋译). 台北:联经出版社(英文版1974).

Runyan, W. M. (2002). 生命史与心理传记学(丁兴祥等译). 台北:远流出版公司(英文版1982年).

Roland, B. (1997). 明室——摄影札记(许绮玲译). 台北:台湾摄影工作室(英文版1980年).

Schultz, W. T. (2011). 心理传记学手册(郑剑虹等译). 广州:暨南大学出版社(英文版2005年).

When Literature Meets Psychobiography: Research and Understanding of Literary Psychology

Chen-Hong Li

(Department of Psychology, Fu Jen Catholic University, Xinbei, Taiwan, 24205)

/ Abstract /

The researcher who is a psychology doctoral student and writer attempted to describe the literary psychology by comparing his personal imagination of psychology and writing experience with his learning in psychology class. After four stages of research, the researcher realized that the literary psychology has substantive connotation by invoking psychobiography. There are two ways to express the substantive connotation: One is Western Psychobiography, and the other is Chinese Philosophy. In conclusion, psychobiography is not only for Western but for Chinese and Literature. Protagonist in psychobiography is recognized as a work of literature which is touching, meaningful, and sociohistorical, as well as a work of art which is evolving.

/ Keywords /

Literary psychology, Psychobiography, Li Zehou, Literary writing

隐性的声音——关于钟台妹叙事的女性主义观点

陈慧玲*

(东南科技大学通识教育中心，台湾台北，114)

/ 摘 要 /

台湾文学作家钟理和以台妹为蓝本，描绘一个深情坚忍的客家妻子形象，在文化底层最为传统的婚姻关系中塑造一个透过想象投射、理想化的钟平妹/台妹形象，她为爱奔逃，与传统社会父权体制勇敢对立，无怨无悔地奉献己身，成为刻苦干练、坚毅朴实的客家女性典范。然而当钟理和的文本被视为故事的唯一真实时，对于少有机会言说的钟台妹，她自身的生命叙事却少有人触及。本文采取叙事研究的分析取径，搜集关于钟理和的文学作品以及钟台妹的访谈数据，包含各报章文献内容等，进行文本分析与诠释；而研究者采取女性主义观点，赋予意义与诠释。

---

* 陈慧玲，副教授/博士，E-mail: 5667dh@gmail.com

期望透过钟平妹/台妹的叙事研究,探究"女性"这个性别符号所象征的意涵与长久以来在父权建构下自身信仰的盲点,使女性消失的声音重新被听见。这样的工作,并不是为了推翻一位作家的文学成就,而是为了为一位被隐形的女性发声。

/ 关键词 /

钟理和,钟台妹,客家女性,生命叙事,女性主义

一、她的声音,缺席

台湾文学之父钟理和,一生致力于台湾文学创作。他的生命虽然仅短短 45 年,然而创作认真勤奋,为后人留下近百万字的文学作品[①],其人生最为菁华之能量可说都投注于文学创作之中。钟理和一生波折坎坷,贫病交迫,但追求文学创作之理想热忱,终生不灭。其作品描绘故乡之乡土人情、刻画日常生活情态,写实朴质;其中最令人动容的,莫过于书写其与钟台妹二人坚决反抗旧社会、反抗反对"同姓之婚"的封建思维,为爱奔逃、不畏艰辛的爱情故事。《钟理和全集》编者在序中提到:

> 有人说钟理和的文学非常贴近他的真实的人生行程,他传奇性的一生,从出生不平凡的家庭,不顺遂的成长,受教育过程,以及为反抗封建、争取同姓之婚而远走奉天、北京,战后又经历二二八、白色恐怖,还有罹肺疾绝症而接受开刀痊愈的生与死的历炼,由大地主的少爷到贫病交困,从天堂跌落地狱的剧变,他的人生波折,所历的艰险难,几乎不用修

---

① 所有著作辑为《钟理和全集》六册,"行政院"客家委员会出版,2003 年 12 月重新印行。

饰便是动人的文学作品。其实这种想法，对钟理和极不公平，他的文学作品里，虽然都可以找到他的人生经历，但他的文学作品里绽放的人生智能和人性的光芒，则毫无侥幸，是经过浴火锻炼出来的。①

编者对于钟理和在写实文学上的成就与人性关怀、生命智慧，可谓推崇备至。钟理和的文字写实性强，即使其长子钟铁民亦认为所述内容皆为真实，"钟理和的生涯跟他的文学是紧密结合的。他的文学其实内容都是他的生活"②。

所有关于钟理和与钟台妹之间的爱情故事，均来自于钟理和对这段婚姻生活个人的体验与书写。一生以成为作家为职志的钟理和以她为蓝本，在文化底层最为传统的婚姻关系中塑造一个透过想象投射出来的理想模式，描绘故事中"平妹"这个深情坚忍、理想完美的客家妻子形象；在他的笔下，钟平妹/台妹③为爱奔逃，与传统社会父权体制勇敢对立，无怨无悔地奉献青春与劳力，艰苦牺牲维持家计；她养猪，养鸡，挑水，耕田，和偷水的邻人对抗，捐木头，照顾生病的丈夫与年幼儿女。在贫贱的生活当中一肩扛起养家重责，还要面对乡人歧视鄙夷的眼光，她为爱牺牲，支持并成就了丈夫的文学理想；成为一个为爱为家、坚毅勇忍的"了不起的女性"④象征。

邱忠均将钟平妹/台妹誉为"客家妇女典范"，认为她保存了中国妇女固有特质，承续了中原文化的传统因子，发扬客家民性中刻苦耐劳的精神；除了能将家务料理周到外，还帮丈夫在外工作，内外兼顾，一人做两人份的工作，几乎男人能做的事她都能做，贤淑能干（邱忠均，1980）。陈铭芳认为在钟理

---

① 《钟理和全集》第一册，编者序，台北：行政院客家委员会出版，第6页。
② 钟理和纪念馆之钟铁民简介《01 大番薯的头家》。
③ 本论文中，"钟平妹/台妹""平妹"意指钟理和作品中依钟台妹形象创作出来的女性人物钟平妹；"钟台妹"则专指现实生活中的真实人物钟台妹。
④ 在罗凤珠访问钟台妹之访谈中，不止一次地赞美推崇台妹的勇敢、了不起与伟大，虽然罗在后记中自谦"这是一场意外的收获，只可惜笔者事先未做功课，未能将访问做得更好，留下一些自责与遗憾。"但亦可推知一般对于台妹的景仰与赞叹。

和的作品中，写尽了平妹的贞静、认命、柔顺、体贴与坚毅，平妹一生无怨无悔，不怕牺牲，不惧折磨，把全部生命奉献给家庭，理和一生最大的支柱可说就是平妹了（陈铭芳，1997）。几乎所有人对于钟平妹/台妹的刻苦牺牲，为爱奔逃，充满了赞誉与景仰，尤其在电影《原乡人》①的推波助澜之下，导演及演员们以极度美化的表演手法，刻画这段"进入圣善领域、化作天地之爱、宇宙之情"的坚贞而伟大的爱情故事，感人至深（橘人，1980）。"平妹意象"似乎已经成为文化、媒体所营造出来关于女性、爱情、婚姻家庭的典范，柔顺牺牲、受苦劳动与"坚贞的爱情""伟大的女性"画上等号，成为许多文评家对于钟台妹与钟理和爱情的颂扬之处。

当"平妹意象"成为女性的完美代言时，笔者的疑虑来自于对钟台妹作为一个"人"现实处境的思考。接受古秀如的访谈时，台妹在回忆的过程中，屡屡激动地说着这样的话："要不是'按硬性'，早就发癫了"（古秀如，1994）。显然在这激动情绪的背后，还有许多未被说出的话语。现实生活的困窘、耗竭体力的劳动、情绪上的压抑隐忍，早已超出个人所能承受的负荷。根据钟铁民与钟舜文的描述：台妹性情刚烈强悍，早年在充满敌意、艰困的环境下，独自抚养着四个小孩，为了不让人欺负，经常需要随身带着镰刀。钟舜文回忆说：

> 小时候对奶奶印象是很严厉、很凶，她嘴巴很会念，还会骂粗话，但后来年纪大了，脾气慢慢变圆融了，有时候还会和母亲开玩笑（笑）。奶奶虽然没受教育，但懂很多谚语，很多生活智慧……（钟舜文，2008）

在性格上，钟理和与台妹二人迥然不同。钟铁民讲述父母性格的差异，认

---

① 电影《原乡人》，导演李行，编剧张永祥，演员秦汉、林凤娇等，1980发行。影片获得1981年第18届金马奖的最佳原创电影歌曲（翁清溪作曲、邓丽君演唱）、最佳童星（郑传文），并获最佳音乐、最佳音效的提名。

为台妹在现实生活中,是剽悍、坚毅的母亲,性格独立而直接①,他说:

> 钟夫人来讲是没有受过学校教育的,生活上来讲,她是一个一流的高手,她父亲很早去世,比较会帮母亲照顾弟弟妹妹,所以她性格非常独立,钟理和先生性格来讲,是属于比较懦弱、比较优柔,性格互补,反而互相吸引。(韩瀞,杨承勋,2002)

我们从钟理和创作的文本中看到,平妹对外强悍独立、耐苦能干,在所爱丈夫面前,却温婉顺从,视丈夫为生命的核心。这样的刚柔并济的女性意象,形构出一幅令人称羡的恩爱夫妻图像。在《奔逃》《同姓之婚》《贫贱夫妻》等脍炙人口的作品中,钟理和写下了感人肺腑的爱情故事。两人相爱之初,家人的反对与阻挠,撼动不了二人想要共同生活的决心:

> 平妹劝我离开她,回到父母身边去安分守己地做一个好儿子。但我只能冷冷地听着,一种不甘屈服的顽强的意识,使我在自己的行为中甚至感到无限骄傲和快感。它作成了我的意志力的最大泉源。
> "求你做做好事,离开我吧!"有一天,平妹又如此向我哀求,一半也是为了可怜我像丧家之犬的四处彷徨。
> "我求你,"她又说:"你听他们的话去娶个媳妇,他们还是会喜欢你的,我也可以少受点儿骂!"
> "你呢?"我反问。
> "你就不要管我!"

---

① 例如2002年钟铁民接受韩瀞、杨承勋二人专访时所作之描述,参见"专访——钟铁民先生:谈谈他敬爱的父亲,理和先生——那文坛的瑰宝"。专访时间:2002/1/20 p.m. 1:40 – 2:40。资料来源:http://library.taiwanschoolnet.org/cyberfair2003/C0314800266/B16.htm。

"你也嫁人吗？"

"请你放心，我是不会嫁人的，"她带着讽刺和自暴的口气说："不嫁人，也照样可以活下去的！"

"我不娶！"我说得很坚决。

"你不娶，我也不嫁给你！"平妹也说得很坚决；仿佛我们在赌气似的。但是像线一样的眼泪却由她的双颊流下来了。……

我拿起她的手来抚摸着，心像飞到一千里以外去了一般感到空虚、寂寞和怅惘。

我凝视着流动的溪水，有很大的功夫，在心里盘算着一件事情，最后，我开口对她说："我到一个地方去，你在家里等我，只一、二年的工夫，我就回来领你走，远远的离开这里！"

"你到哪里去？"她抬起头来，泪眼盈盈地望着我。

"满洲！"

实际在很久以前，我便计划着这件事了，但总踌躇不决。到了此际，我才充分觉悟到我必须这样做，除此别无他途可循。我想：假使我们要结婚，便必须具备这样的条件：第一，脱离家庭；第二，经济自立！

其后不久，我便只身跑得东北沈阳去。第一年，我弄了一份汽车驾驶执照；努力建设起一个小小的立足点来。第三年，我回来领她走，如此结束了我们那坎坷不平、艰难悲苦的恋爱。

那是民国二十九年（昭和十五年）八月三日的事。

《同姓之婚》[1]

当钟理和与钟台妹同姓婚姻、为爱奔逃到异乡的故事透过理和的纸笔，一笔一划地被刻画下来，仿佛镌刻一幅浮雕，时间空间都因此固定下来。钟理和

---

[1] 《钟理和全集》第一册，《同姓之婚》，第 95—97 页。

的文学成就，说定了这个故事的版本；但是对于过往的事，钟台妹总是说："不要问，我忘掉了，通通忘了！"①。"遗忘"本身就有其意义，台妹选择用遗忘的方式隔绝曾经经历的苦难。然而她是真的忘掉吗？还是心理上不愿意再回想的防卫？罗凤珠说："不过您知道吗？钟先生在文学方面有如此好的成绩，有您背后的支持，很重要呢！您一个人照顾小孩、照顾家庭，又要让他在艰苦的时候，继续写作，他辛苦，您也不怕跟着他辛苦，所以实在了不起！您知道自己很了不起吗？伟大的女性！"（罗凤珠，2003）台妹没有认可罗凤珠的赞美，而是接着回答："他挺苦的，台妹挺苦的。"② 很有意味的一句答案。

过往的辛苦，可以用"遗忘了"一笔带过，然而我们在一片赞颂之余，似乎应该听一听钟台妹自身对于这样生命处境的另一种心声。她说："唉！以前呀！要说起来没那么大气命，没有那么大精力。那个时候的事，没有那么大的精神和气力唷！现在有人要问我以前的事情，我说就说不要问，我忘掉了，通通忘了！"（罗凤珠，2003）③

二、台妹的另一种叙事

但是台妹真的忘了吗？

1997 年纪念馆成立前夕，钟台妹接受陈板的访问，谈到为何跟去大陆时④，她说：

---

① 2003.10.06 罗凤珠访问钟台妹之访谈稿。第五段，访问主题：钟理和病时的艰苦日子。
② 2003.10.06 罗凤珠访问钟台妹之访谈稿。第五段，访问主题：钟理和病时的艰苦日子。
③ 2003.10.06 罗凤珠访问钟台妹之访谈稿。第五段，访问主题：钟理和病时的艰苦日子。
④ 陈板访问钟平妹影音档及誊录稿，第四段，访问主题：跟去大陆。时间在 1997 年纪念馆成立前。资料来源：钟理和数位博物馆。

钟：好几次归来，跟我妈讲，说他在办厂，开砖窑的工厂，说要带几个人去帮忙，就这样……。你知道吗？就说过被人骗去，又不知道，去了又不知怎么归来。又没带到半个人。

陈：就带您一个？

钟：是啊……他又不想去。那些人又不敢去。

陈：那您怎么敢去呢？

钟：我就笨笨的，跟你说，因为需要钱，我家里又很苦，我爸又死了，家里又有两、三个兄弟，又还有妹妹。要吃饭，要钱，你知道吗？就这样啊！

陈：那钱有拿回来吗？

钟：有啊！他有寄回来啊！寄回来给我妈妈吃饭。我妈妈活到九十多岁才死去。我家里的妈妈，我大陆归来，妈妈还在啊！还等我归来。

陈：竹头庄。

钟：我大陆回来，妈妈还在啊！

照钟台妹的说法，年轻的钟理和跟台妹的母亲说要找人到大陆办厂，要台妹帮忙。而台妹也在贫困与照顾家人的现实需求下，"笨笨的"跟去大陆，去了又不知道如何回来，而且也只有她一个人跟去。理和寄钱回来给台妹的母亲，母亲也一直在等待台妹归来。当时两个人的感情受到双方父母激烈的反对，台妹曾想要放弃，因为理和的"鼓励"才转了念头。"我们去满洲吧！那儿有好多工厂呢！"台妹不知道什么是工厂，只知道那是一个容易生活的方式，而且不会很遥远（古秀如，1994）。

根据林海音的记录，1978年4月间，钟台妹到台北参加一个晚辈的喜事，也顺便接受夏祖丽的访问，当时相谈甚欢，钟铁民也在场，做一些访谈的补充。林海音摘录一段当时夏祖丽访谈平妹（台妹）的对话，认为"挺有意思"的：

> 我（夏祖丽）不禁好奇地问："您一定很爱钟先生，不然怎么会不顾一切跟着他走？"
>
> 平妹说："我根本不想爱他啊！他读了那么多书，我只是个草地人，他说他爱我，我就怕，我的心都跳了，我对他说，我不敢啊！"……接着她又说："后来，他从东北回来，他给我买了船票，给我买衣服，说他要带我去东北。他说要我帮他做饭，他对我很好，我就跟他走了！我也舍不得家啊！我哭得要死！"（林海音，1980）

更详尽的谈话可见于《台湾文艺》第 54 期王丽华的《鹣鲽之情——夜访钟台妹女士》一文①，王文第三节"入话"记录作者与钟台妹的对话，是访谈数据中内容较为完整的，我们可以视为钟台妹对于钟理和作品中所提到的《奔逃》与《同姓之婚》事件的另一种叙事。

1."请你帮我做饭"

王：钟妈妈，你是怎么跟钟理和先生认识的。

钟：因为我家穷，又是长女，就来跟钟先生家做工，那时，偶尔碰到他，他人很好。

王：你知道他喜欢你是什么时候？

钟：他又没有向我说他喜欢我。我工作又很忙，没时间去注意。

---

① 王文于"1976 年 8 月 30 日初稿于美浓尖山，9 月 4 日惊闻良泽胸腔出血入院荣总，9 月 8 日中秋夜定稿于荣总侍病之际"。参见《台湾文艺》第 54 期王丽华的《鹣鲽之情——夜访钟台妹女士》一文，第 47—53 页。

王：不过他好像早就喜欢你了，只是你不知道而已，他的文章里似乎对你观察很仔细喔。

钟：我也不清楚他为什么光写我，他家女工多得很，不过他家里人都说我挺能干的。

王：你这么能干，为什么他家里人又反对你们呢？

钟：因为我们同姓嘛！

王：但你还是嫁给他啦。

钟：他并没有说要我嫁给他。

王：没有？！（我很惊奇。）

钟：他只说，我想去大陆，请你去帮我做饭。

王：光做饭吗？

钟：唉！我那时傻傻的，也不会想，他说什么，我就信什么，根本不知道他真正的意思，（想了一下。）他的弟弟（哪一个？）跟他同年的那个，二太太生的，（什么名字？没答。）也同时叫我跟去他做饭，（我再追问什么名字。）当过校长那个。

王：后来呢？

钟：后来，他弟弟听说，我要同他去大陆，也就不再提起了，记得他弟弟死前回来看过我们一次，以后就没再见到他了。

2."新大陆"之旅

王：你怎么跟他去大陆？

钟：记得……他从大陆回来，突然拿了我的护照跟船票给我，我也不知道他怎么弄来的。事先，我真的一点都不知道……

王：总该向你拿什么证件去办吧？

隐性的声音——关于钟台妹叙事的女性主义观点

钟：没有。然后，他告诉我，"请你去帮我做饭！"我没读过书，傻傻的，想着家里穷嘛！帮他做饭可以赚点钱，就答应了，我家里人也没意见，倒是他家里人知道他要带我走，反对得很，叫人来同我说，我才知道，他所说的做饭，才不像我想的那么简单，我知道了，很生气地同他说，你家里那么反对，而我们又同姓，我也没读过书，傻傻的，什么都不懂，读过书的小姐，比我漂亮的又那么多，你为何不去找她们呢？那时，我知道他家里人给他作很多媒，那些小姐又漂亮又念过书，有的还追他呢！可是他很坚决，非带我走不行，同我说呀，说呀，说得我心软软的，就同他去了。……

钟台妹接受访谈的记录并不多，以上的内容是她一再重复提及的回忆，这些内容与我们在钟理和创作文本中所描述的为爱奔逃的浪漫，事件大抵相似，但在隐微的心理意识与叙事观点上，却大相径庭。长久以来大部分的读者及研究者看见的是钟理和写作的版本，台妹不识字，自然没有文本留下来，所存者仅为少数的访谈记录。这些记录为大多数读者所忽略，或无视其语意背后所可能表达之受苦情绪，以致访问者通常以赞美、称颂之礼貌性词语带过。[1] 大家为什么避而不谈？是基于对钟理和文学成就的尊重、对不识字女性叙事内容的忽视呢，还是在无意识中，某种害怕面对另类真相描述的恐惧？作家玛格莉特（Margaret, R.）[2]说："对于我们曾依表面价值而接受的故事进行全面的重新评估，无论我们在这场争执中所占位置为何。新的故事需要我们以新的语言叙

---

[1] 例如前文引述罗凤珠访问钟台妹之访谈稿。以第五段，"访问主题：钟理和病时的艰苦日子"为例，即可明显看出访问者对于受访者情绪表达无意识的引导。例如："钟：……现在有人要问我以前的事情，我说就说不要问，我忘掉了，通通忘了！""罗：所以我说，让我们把辛苦的事情忘掉，欢喜的事情我们记得，好吗？"又如当台妹说当时的生活挺苦的，"罗：那个时代，日据时代大家生活都很辛苦啦！"等等，明显将受苦情绪隔离，转向现在欢喜享福的生活情境。这是对钟女士的礼貌与尊崇，但同样也限定了台妹能说出的叙事内容。
[2] 女性主义诗人、作家、摄影师及社会运动者。

说，以一种过去不曾使用的语言、不曾使用的观点，重新叙说我们曾经隐藏的真理、我们不敢承认的真理，以及使我们羞愧的真理。"（Behar，1996）

所以，钟理和、钟平妹/台妹的生命故事如果从台妹的角度重新讲述，她可能会怎么说？如果从女性主义批评的角度，又可以怎么诠释？男性用权力写下他们的故事，而女性只不过是衬托的页码，因此西苏（Helene Cixous）主张所有的故事都必须从另一个角度重新讲述，女性必须创造另一部历史（林幸谦，2000：10）。

三、父权意识下的女性摹写——钟平妹

男性作为说话的主体（speaking subject），将文化及生理上的女性，从历史、哲学与文学中消音。当代英美女性主义学派致力于挖掘沉默于历史中的女性作品，希望能将遭受忽视或封杀的女性作家寻找出来，重新定位，建构女性的文学传统。她们在历史材料中寻找"显性"的女性作品，提供大量的证据，以填补女性在文学史上所缺席的空白。法国学派的女性主义批评家，则力图在无意识中寻找"隐性"的女性，女性主义批评大师西苏即把整体"菲勒斯中心论"（Phallocentricism）① 视为女性的重大敌人，认为现有的人类历史，其建构历程立足于以菲勒斯作为象征体系的父权意识形态或社会文化结构之上；女性受制于"父亲法律"的宰制，因而在意识或无意识中认同男性的权威，并将女性自身视为客体、她者，是欲望的缺席者。

如果从女性主体性的观点回过头来看看"钟平妹/钟台妹"为爱奔逃的故

---

① 菲勒斯中心论（Phallocentricism），此术语为女性主义批评用于指称以菲勒斯为象征体系的父权意识形态或社会文化结构。菲勒斯（phallus）或阳物，原意指阴茎（penis）的图像，并不等同于阴茎物体，即非真正的生物性阴茎，拉康学派的精神分析理论中，菲勒斯作为象征的和语言的意义而存在，以强调男性生殖器的象征主体，并使主体得以进入象征秩序中。在女性主义批评中，菲勒斯依据拉康理论而被理解为一种能指（signifier），一种父权的隐喻与象征符号。

隐性的声音——关于钟台妹叙事的女性主义观点

事,那么钟理和作品中关于平妹这个角色的塑造,可以说就是立足于父权观点基础下叙说的一个关于"牺牲""无我"的神话。"钟平妹"是钟理和小说创作中的女主角,"钟台妹"则是现实生活中与他共同持家的妻子,虽然说钟理和总是告诉台妹说小说中所描写的角色就是在写她①,但此两者的"真实属性"其实有所不同。

赖斯曼(Riessman,1993)说:"叙事是一种'再现',当我们将生命中的特定经验加以情节化、叙事化之时,现实与理想、自我与社会之间,就存在着裂缝。"裂缝中所存在的意义,使文本呈现出来的,是作者无意识筛选过——部分的、选择性、不完整的真实。如果探究钟理和书写这些故事时的心理历程、意识形态,并且考虑当时的现实条件——由于投稿、退稿的关系,小说经过多次的删减修改,许多内容已掺杂编辑或比赛评审、读者的意见②;我们可以相信"平妹"角色的摹写,与现实生活中的台妹,已产生极大的差距。

对钟理和而言,"平妹"这个角色所投射的是钟理和(及众多编审、读者)心中那个"理想型妻子"的典范:温婉、耐苦、承担、无怨,并且以丈夫为生命的中心。我们无法得知钟理和笔下的平妹,是刻意塑造的或是他的真实感知。从《奔逃》《同姓之婚》《贫贱夫妻》等几篇小说中,我们摘录几段钟理和描写平妹身体的姿态与神情语言,就可以观察出理和文字中所隐含的两人心理位置上的主从关系:

"……广大的天地,何处是我俩的归宿?"平妹向我靠过来,笼罩在她脸上的凄寂和不安的薄雾,把她的眸子遮暗了。我紧紧地握住她的手,

---

① 参见陈板访问钟台妹誊录稿第九段《访问主题:理和说的总是真的》:"唉哉!你,我就拿笔就写你,他就写我啊。说我这么辛苦啊甚么的,常常就会跟我这样说。"资料来源:钟理和数位博物馆。
② 参见《钟理和全集》第六册,收录许多与钟肇政、廖清秀往来之书信。其中详述各投稿文章遭到退件、删改之不平与无奈。

让我们感到彼此的存在。（《奔逃》）

"你不想家吗，平妹？"我问她。

平妹摇摇头。

"也不想妈？"

她再摇摇头，她紧紧地靠着我，用两手握着我的手。

我扳过她的面孔，她沉静地望着我，那是两穴黑沉沉的深池。昔日那快活的微笑已不在那里了，只有更感人的静美和适度的哀愁。痛苦已把她精巧地铸造过了。

我用真诚的爱，用眼睛抚揉她的眼睛。

"你不要瞒我，平妹，"我说："我知道你一直在想家和妈。"眼泪静静地自平妹的眼睛流落。平妹拧开脸孔，我抱着她的肩头。海风轻轻地吹动她的头发；它拂着我的脸颊。（《奔逃》）

她抬起头来，泪眼盈盈地望着我……"你哭过呢？""哭过！那是因为有你在着，心里有委屈，哭哭，有人心疼。你尽管放心走；我能哭，也能不哭！你不在家，我守着两个孩子过日子……"（《同姓之婚》）

第三天，我离别了她们母子，来到北部。当天清晨，她们伫立在庭前龙眼树下；妻怀中抱着刚满周岁的宏儿，宪儿则紧紧偎依在她脚边。三对依依难舍的眼睛，送着我走下斜坡，将到坡尽处时，我回过头去，只见妻在向我微笑，那比哭还要使人难受的藏着泪水的笑。（《同姓之婚》）

这些经典的"望夫早归"对话与画面，或许是钟理和记忆中最为深刻的印象，也是传统文化中女性被赋予的责任与美德。他笔下的平妹，头总是仰望,或者低下,或者靠向丈夫,总是暗自流泪地等待丈夫的疼爱或归来。这些身体语言的描述,正显露出钟理和无意识里女性依从的"她者"身份。有意思的是,平妹对丈夫"温婉柔顺",对家事劳动却有惊人的毅力,展现耐苦坚忍、无我无悔、刚强的一面。但这"刚强"却是为了进一步满足与巩固站在父权位置上的丈夫,即使丈夫无能无力,女性依然(甚至更要)处于无私奉献的顺服地位,并因此得到美德之名。

《贫贱夫妻》中平妹说:"我要你活到长命百岁,看着我们的孩子长大成人,看着我在你跟前舒舒服服地死去;有福之人夫前死,我不愿自己死时你不在身边,那会使我伤心。"主从分明的男性中心主义借由平妹的口中不慎地流泻出来。然而,这样潜藏在意识深处的父权伦理,虽然满足男性的权力幻觉,但同时也带给男性必须压抑自身阴性气质的问题,以及对自身无法承担男性主体所应负有的权威感到罪咎。钟理和"作品"文字中所隐含的父权意识,即使是他自身恐怕也无从理解:在他歌颂这坚贞的婚姻关系之时,正是以他个人为中心的婚姻关系框架来"确认"爱的定义。钟平妹/台妹的一切生命核心,像是同心圆般地围绕着他而转,完全的无我与奉献,漠视了女性在传统婚姻中消解自身的问题;甚至这样"消解自身"的牺牲压抑,被标签为爱的极致而备受赞扬。

从女性主义观点来看,这些文本会不会是另一种无法言说的文化压迫?这种压迫感是以一种"美德颂扬"的方式出现;因为它是"美德",所以承担的女性反而没有一个叙说的出口。于是钟台妹属于她自己、另一种"不同的"声音便在这样的文化氛围中湮没,消逝不见。

四、叛逆与惩罚——父权意识下的悲剧叙事

反叛是否可能是人类自由的必要而不可或缺的条件?罗洛·梅(Rollo May)说:"是的!反叛的能力保留了人类的尊严与精神,其行动是为了跟自己

的自主性建立关系，学习尊重自己的'不！'让自我意识到他的存在。"（May，1981/2010）然而，反叛是要付出代价的，这些代价也形成了命运的一部分；我们谈钟理和的生命叙事，恐怕就要从他的"叛逆""不肖"的反叛事件谈起。

十九岁时钟理和在自家的农场工作，是头家子身份，但他爱上了农场女工钟台妹，不但身份地位悬殊，而且同姓，这个"爱上"，是叛逆的开始。他再三地说："好像在里面另有一个人在支使我，使我自己也没有办法。""一种不甘屈服的顽强的意识，使我在自己的行为中甚至感到无限骄傲和快感。它做成了我的意志力的最大泉源。"① 这股偏执狂似的意志是激起他对抗、叛逆的主要动力，并不完全是因为爱情的关系。② 然而在反叛传统、为爱奔逃之后却是一连串不幸命运的开始。在中国大陆九年的时间，生活并不顺遂，回台之后，生活在被众人排斥、歧视和恐惧不安之中。疾病的侵袭与儿子相继生病、死亡，家计陷入困境等打击，使钟理和感到既愤恨、惭愧又自责。过去反叛传统父权礼教的意志，到生命晚期时反而变成自我质疑的不智之举。他认为这一切命运的问题根源应归咎于自己，在道德与作为丈夫、父亲的职责上，都没有尽到应负的责任；他因受到内在良心的苛责而感到痛苦。

> 次儿的死，使我从未有过的对自己感到失望。这些不幸，归根结蒂地说都是由我而起。为人丈夫，和为人父亲，我都没有尽到扶养和保护的责任。我对不起我劳苦憔悴的妻，驼背的长子，和已死的次儿。良心像一条皮鞭，日夜抽打着我，使我时刻负着痛苦的记忆。③（《钟理和致廖清秀函》）

---

① 参阅《钟理和全集》第一册，《同姓婚姻》，第95—96页。
② 钟理和在《钟理和致廖清秀函》中提到："现在事后回想，如果当初她是另外一个女人，那么在受到如许磨折和阻力的时候，也许我把她放弃了。但偏偏是同姓！偏偏旧社会不允许同姓的人结婚！这事倒反而是在心里激起一种类似偏执狂的固执和倔强的意志。一直到现在，我还不知道自己这样做是否明智之举！"参阅《钟理和全集》第六册，第116页。
③ 《钟理和全集》第六册，第117—118页。

传统的父权社会、保守稳固的权威秩序，以及命运的限定，曾经是他反叛抗议的对象；然而现实生活的困顿与折磨，却使他对当初的决定，感到懊悔与质疑。如果当初不坚持追求文艺这条实践理想的道路，而是向命运妥协，顺从旧社会或父亲的安排，就不会连累妻儿跟着他受苦。为着他叛逆的私心，使他们生活在贫困羞辱之中，钟理和的内心感到愧疚。

最后他决定要做一个平凡而尽责的丈夫及父亲，工作养家，回归世俗，与现实妥协；即使微薄的收入，也使自己在良心上得到安顿。日子过得无趣而没有生命力！虽然他并不甘心如此，但在生命面临抉择时，他选择为家人负责。憾恨、放弃自我、任命运宰割、不再抵抗、逆来顺受。钟理和的文字充满着不甘心的恨意与自我批判，那是"良心和责任"的压迫。

> 现在我在这里是既没有地位、没有财产、没有名誉，也没有朋友，好比是被绑起四肢摆向一群怂怒的群众。他们要骂我是背德者也好，骂我是败家子也好，或者骂我是残废者也好，那都是他们的自由了，我也准备默默地承受一切。(《钟理和致廖清秀函》)①

钟理和作为一个丈夫、父亲，在现实生活中，却无法拥有父权社会赋予男性的权威与宰制性，形同一个被阉割的主体；在这个自我认同的历程中，内在必然产生巨大的矛盾与冲突。《贫贱夫妻》一文中，对于平妹不得不为了生活而去捐木头，他曾提到这样矛盾的心情：

> 我从来没有像这时一样的怨恨自己的软弱无能。我清楚觉得到我们之间有一种不可抗拒的力量在残酷无情地支配着我们的生活和行动，我们的意志已被砍去了手和脚。……

---

① 《钟理和全集》第六册，第119页。

事实上，我也不清楚自己此时的心境如何，那是相当复杂而矛盾的，这里面似乎有恨，有悲哀，也有忧惧。恨的是自己为人丈夫不但不能保有妻子，反要赖其赡养；悲哀的是妻子竟须去捡木头；而木头那端，我仿佛看到有一个深渊，我们正向那里一步一步地接近，这又是我所惧怕的。①

无意识里"自欺"② 的防卫机制，可以在意识层面以故事中"完美、坚毅的爱情"作为掩饰，但内在认知的冲突却时时涌现，使人无所遁逃。其生命晚期为修改文稿最后倒于血泊之中，固然是一种对文学理想的坚持与热忱，然而从心理动力学角度来看，则可视为无意识的自残行为，是超我的自我谴责，致使死亡驱力不断地使他耗竭体能与健康；在长期的心理忧郁与身体自伤下，间接地导致理和日后生活上的贫病交迫、英年早逝。

因此，作为一位男性，同样也可能成为父权制度压迫下的受害者，他必须承担父权社会所赋予沉重的主宰角色；当他无力承担之时，内在超我的苛责更使人无所逃于天地之间。钟理和在小说中字字吐露出内在的罪疚感受，也为平妹／台妹绘出一幅蓝色布衫下女性劳苦的削弱身影——他借由书写疗伤，也借由书写赎罪。因此西苏（Cixous & Kuhn, 1981）明白指出，男性在菲勒斯中心论之下虽是受益者，但同时也和女性一样遭受损害，其损害和女性一样严重，而这也是为什么女性主义者认为男性中心论需要改变的原因。③

---

① 《钟理和全集》第一册，《贫贱夫妻》，第113—114页。
② 谢弗（Schafer, R.）认为自我欺骗，经常是在无意识中进行的，是行事者的"一个自我欺骗另一个自我"，虽然当事者通常无法察觉。自我欺骗是一种防卫机制，当危险来临时，主体为了避免焦虑，会运用否认、理想化、反向形成等防卫方式，在思维（thought）上修复或发展其主观的安全感受，使险恶的情况变形，以进入比较不危险的状况。从谢弗的理论来看，人并非仅是单一而具一致性的自我，而是有多重的自我面向。参阅谢弗（1987）. Self-deception, defense, and narration. Psychoanal. Contemp. Thought, 10: 319 - 346.
③ 西苏宣称此时此刻正是改变的时刻：创造另外一种新的历史。Cixous, H., & Kuhn, A. (1981). Castration or decapitation? Signs, 41 - 55.

五、叙事真实与历史真实

钟理和的叙事文本长期以来被视为真实生活的描述,但值得思考的问题是:故事真实的意义究竟是如何?钟台妹的真实与钟理和所知觉的真实是否相同?写实主义年代对于真实的概念,到了后现代的今日又该如何重新解读?于是关于历史真实(historical truth)与叙事真实(narrative truth)的概念必然要有所探索与厘清。

桑塔格(Sontag,2003)认为摄影师"拍摄的影像尽管是某些实事的光学留痕,却仍然不等于实事的透明呈现。照片永远是某人挑选过的影像;拍照就是架起一个框架,把框外的事物剔走。"每张照片皆有其作者的观点,人们会把照片解读成它理应被陈述的内容,但其实它们一点也不"单纯"。摄影的构图可能经过加工,美化是摄影机的经典功能,它很可能漂淡我们对图中的道德反应。斯彭斯(Spence,1982)认为叙事真实的最后终结是走向美学原则,当我们寻回记忆片刻之时,我们以思维和情感填补那模糊的轮廓,以形式与材料将经验融合与再现,并在此叙事过程中赋予创造性的真实。这个被赋予的真实带来一种确信,并存在我们的意念里;叙事传统就是将捕获的记忆封包在美学之中。

然而,叙事真实背后必然有引导叙事的心理形态或组型(pattern)在隐微之中运作,这是叙事的心理基础;它可以发展成生命叙说的故事纲领,一种说故事的方式(storyline)。钟理和的作品叙说着他的生命史学,以一种美的、文学的形式展现,其叙事循着"奔逃"与"受苦"的轴线延伸发展,而追究其根底,可归结于"叛逆"与"惩罚"的心理原型。在"叛逆"与"惩罚"之间,文化的超我内化成为内在超我,执行其道德约制的严苛任务,超我的眼睛时时地监督着钟理和,使其生命后期活在自责悔恨的病苦之中,无所逃于天地之间。

因此在文本的分析中，直接面临的问题必然与叙事者的自我状态有关。但是这个自我是什么呢？谢弗（Schafer, 1987）认为，人的自我并非只有一个，而是有多重自我，有真我、假我、公开我、私密我、性欲我、理想我等等；因此一个叙事者在叙事之时，并不是处在一个自我或一种心灵的状态下，而是多重自我相互交错影响的结果。以这个理论视角分析钟理和的文本时，我们才能够厘清：作为一个作家与作为一个丈夫，钟理和在无意识里的两种不同的自我状态——"理想我"与"现实我"的差距。进而得以理解，他笔下平妹这个角色所投射出来的理想女性形象，在父权体制下所具有的心理满足与文化制约上的意义。我们也可以借由台妹仅存、少数的访谈稿中窥见，钟理和、钟台妹彼此眼中虚实交错的多重自我意象。自然，还可以加上作为一个阅读者的我，从个人的视角出发，对于他（她）们生命故事所做的诠释与观察。

叙事文本的多元诠释，作者、读者、研究者各自就其生命脉络体悟不同的生命情境，开发那个中介空间之中可能发展的各种诠释样貌。在文本诠释的过程中，不可避免地必然将个人的生命经验、情感与意识形态带入，并描绘出个人经验与研究主题之间的深沉关联。作为本文的作者，我意图从女性主义的角度出发，更后设地思考在父权传统文化下，作为一个"人"的钟台妹，其所面临的"无法言说"的艰困处境，与坚韧生命力道下所蕴含的意义与价值。

因此经常反思的是：当"我们"在旁观钟理和波折艰苦的爱情历程时，有没有可能也是在满足我们个人对于爱情的想望与心理补偿，而忽略了叙事中钟台妹另一种诠释的现实——那是故事版本的另一种言说。历史真实在事件过后已无从追寻，所留下来者仅为叙事者的描述；事件的诠释因叙事者、阅读者的位置不同而显得多重。本文无意证明过往事迹的对错是非，仅只是试图提出事件的不同"观点"，以及观点之所以产生的背景脉络，并从心理动力学衍生的理论领域做一种可能的理解。

六、女性作为一个主体

在过去的年代，钟台妹自然无法意会现代女性主义中所强调的自觉意识，环境的窘迫与限制也令她无所选择。然而如果从作为一个"人"的角度观照，我们就不能因为她的无法言说，而将女性主体陷落的处境视为当然。

一个女性主体，她可以是什么样貌？女性的特质并非生性顺从依附的，之所以形成宰制关系中受虐者的图像，乃是父权文化累积下来的结果。宋文里（1992）在《穹隆：重写一个关于性的象征初型》一文中，提醒我们重新思考关于男性主动、女性被动观点的翻转。那些在我们文化中已经习以为常的惯性想法，有没有可能重新给予定义？"天干地坤"是什么意思？"干道成男、坤道成女"是什么意思？覆盖大地的苍穹，是不是一定要被比喻成男性呢？惯性思考使我们无法反思这些习以为常的想法中对于人性的扭曲与误解。宋文里说：当我们重新以自然的女人作为思考时，就会发现——

> 力必多（libido），无疑的，是从女性开始——不是用文化写定的女性，而是以自然的女人，带着她的整个身体，重新作为基础隐喻，于是它的象征形式不再是个悬吊、割离的凸面，而是个主动的、联系于整体的凹面；它绝不是个有限的凸出之物，而是无限内凹的空间。以此而言，阳物只是个凸出的小凹洞；而天空，如在神话时代就得以据此改写它的意义的话，你就必须说，它是覆盖着大地的穹隆，如同子宫之孕育胚胎，如同母亲之拥抱孩子。

我们从子宫内部这样一个新的"视角"重新思考女性/主动、男性/被动的可能关系之时，这个世界会变成一个新的样貌。女性，不论从生理结构或者心理层面而言，她都具有源源不绝地创造、孕育的能量，是一个自我的主宰者、生命的包容者，并且能够不断地成长、转变。从关系上来看，也只有当女性自身有能力意识到自我所具有的、仁爱与意志的主动性，而不是一个受到压迫宰制的受虐者时，那么人与人之间互为主体的关系互动，才有机会成为一种可能。

回到钟理和与钟台妹的婚姻关系中，台妹的坚毅涵容的意象与平妹的温婉柔顺就完全不同。她是个捍卫子女，抚育、滋养的母亲，在她眼中的理和呈现出另一种面貌——显然的，女人的眼睛看到的景观与男人不同。

访问主题：理和不太会工作，只会写作

钟：他出世就没有摸到东西的人，他怎么会做呢？连草都不晓得去拔喔！他怎么会做呢？

陈：他不曾跟着你去学，去看吗？

钟：他会，他在家就写东西，整家人都要添饭给他吃，你要煮好好给他吃，不过没饭，他也不会晓得去吃。

陈：会煮饭吗？他也不会煮饭？

钟：煮饭，很少唷！

陈：写东西，甚么时候写？整天在写东西吗？

钟：是啊！写到有时候叫他来吃饭又不来，就一直写，等到累了，就先吃，吃一吃吃饱了，他还在那边，写到懒了，想到自己要吃时再来吃。

陈：那您没有管他！

钟：管他做甚么呢？那我吃饱就做自己的事啊？各人做各人的事，他又不会帮我做事，那我吃饱，就有我的猪呀，鸡呀，田里的事，全部都是我的，捡柴、挑菜全部是我的。

陈：他的事是甚么呢？

钟：他就写呀！他就拿一支笔，他有甚么。归来不像现在有瓦斯，开了就有水，要烧喔！

陈：他写作有赚钱吗？

钟：就没有赚钱啊，没钱，那有办法吗？所以他临死跟儿子说一定不要做作家，他也不知道今天的作家这么好啊！他也不知道现在这么繁荣啊！①

在台妹的眼里，理和是一个除了写作之外，几乎没有生活、劳动能力、需要家人照顾的丈夫。这或许跟他是一个"头家子"、少爷的出身有关，也可以解释为什么他到大陆去时需要带台妹去"帮他做饭"，照料他的生活。在这段访谈里，台妹的心理位置比较接近母亲，不是依附顺从的柔弱女性，而是一个能干有力的照顾者。这是一个辛苦的母亲，她要养育一个大小孩以及几个小小孩；而这个母亲的意象，与平妹的柔顺依从，以夫为天的意象是多么的不同。

七、结语

罗：我听怡彦他爸爸（钟铁民先生）说，以前家里有养鸡、养猪，鸡生鸡蛋，您叫怡彦的爸爸去捡蛋，结果捡回来的鸡蛋都破掉了，他就跟您说——

钟：（开心地笑了）

罗：蛋破了，赶快煎来吃。捡回来的蛋，故意弄破，然后要您煎来吃！

---

① 参见1997年陈板对台妹的访谈记录，第七段，访问主题：理和不太会工作，只会写作。时间在1997年纪念馆成立前。资料来源：钟理和数位博物馆。

钟：以前实在是……唉！不要想以前的事，想起来那时候，真的很辛苦！

　　　　访问主题：钟理和病时的艰苦日子（罗凤珠访谈稿）

　　在罗文与陈文的访谈中，台妹都提到关于一个鸡蛋家人让来让去，舍不得吃的故事。在那段十分穷苦的日子里，鸡蛋是珍贵的营养品，为了一个鸡蛋，大家互让，甚至故意把蛋打破、哄着台妹吃下的这段往事，成为九十多岁的台妹毕生最美好的回忆。在那个当下，作为一位女性、妻子与母亲，她生命中内在最深层的需要被看到了，也被慰抚与疼惜。此时的台妹不再只是那个默默忍耐承担、牺牲无言的受苦者，一个"她者"的客体；在"哄骗"着吃鸡蛋的过程中，家人彼此之间的"爱"在心灵中流动互通——想到这里，台妹开心地笑了。至于钟理和在其作品中所称颂的爱情，当初为了争取同姓之婚而奔逃他乡的悲壮之举，在台妹几近遗忘的访谈中，已经被远远地隔离在记忆深处，成了她心中隐然作痛、不愿再忆起的伤痕。

　　对于这段生命叙事的研究，我的意图并非为了推翻一位作家的文学成就，而是为了替一位无法为自己言说的女性发声。这位女性是谁？可能是钟台妹、我自己，或是其他尚未意识到自身"消失主体"的女性。这样的女性，在我们这个十分"后现代"的社会里，依然成千上万。女性作为一个"人"，一个"主体"，她自身所禀赋的生命能量，涵容、孕育与创发的才华与内在潜质，并不亚于男性；之所以沦为第二性，是社会建构之下的结果。伍尔芙（Woolf, 1929）曾经写过一篇关于莎士比亚妹妹的故事，她问跟莎士比亚一样有才华的妹妹，最后的结果是什么呢？她有机会像莎士比亚一样大放光芒吗？伍尔芙说：

　　我在这篇演说词里，曾经对你们讲过，莎士比亚有一个妹妹；但是不必到西德尼·李爵士（Sir Sidney Lee）写的这位剧作家的传记中寻找她，她年纪轻轻的就死掉了——哎，她从来没写过一个字。她就埋葬在现在的公共汽车站，面对着"象与堡"酒店。现在，我相信这个从未写过一个字，葬在十字路口的女诗人还活着。她在你们里面，在我里面存活着，还在今晚那些为了要洗盘子、要哄孩子上床而得不到空到这里来的女人里面存活着。她是活着的，因为伟大的诗人绝不会死灭。她继续生存着，只等机会在我们中间于一个血肉之躯上显现。

20世纪初的英国女作家这样相信着，21世纪的我们依然如此。

参考文献

陈铭芳(1997-03-26). 她,是钟理和写作的谬斯——美浓作家最爱的女人"平妹". 中央日报.

古秀如(1994-12-15). 平妹印象. 台湾时报.

橘人(1980-09-14). 从《原乡人》谈起——观片心影路. 台湾日报.

林海音(1980-08-02). 平妹,挺好的. 联合报.

林幸谦(2000). 历史、女性与性别政治——重读张爱玲. 台北:麦田出版社.

邱忠均(1980-09-14). 客家妇女典范——《原乡人》女主角平妹的风范(上、下). 台湾日报,15.

宋文里(1992). 穹隆:重写一个关于性的象征初型. 国科会研究汇刊:人文与社会科学,2(2),148—164.

萧嫣嫣(1996). 我书故我在——论西苏的阴性书写. 中外文学,24(1):39—59.

张立勋,邱顺斌(2008-10-11). 卖田救夫,造就文学大师创作巅峰——钟理和之妻钟台妹辞世,享寿97岁. 中国时报.

钟怡彦(2001). 关于祖父钟理和. 国文天地,16(11),25.

Behar, R. (2010). 伤心人类学——易受伤的观察者(黄佩玲译). 台北:群学出版社(英文版1996年),42.

May (2010). 自由与命运(杨韶刚译). 中国人民大学出版社(英文版1981年),102-103.

Riessman, C. K. (Ed.) (2003). 叙说分析(王勇智,邓明宇译). 台北:五南出版社(英文版1993年),7.

Sontag, S. (2010). 旁观他人之痛苦(陈耀成译). 台北:麦田出版社(英文版2003年)。

Woolf, V. (2000). 自己的房间(张秀亚译). 台北:天培出版公司(英文版1929年),188.

Weedon, C. (1994). 女性主义实践与后结构主义理论(白晓红译). 台北:桂冠出版社, 177.

Cixous, H., & Kuhn, A. (1981). *Castration or Decapitation*? Signs, 41 – 55.

Schafer, R. (1987) Self-deception, Defense, and Narration. *Psychoanal Contemp Thought*, 10, 319 – 346.

Spence, D. P. (1982). Narrative Truth and Theoretical Truth. *The Psychoanalytic Quarterly*, 51 (1), 43.

Hidden Sound—About the Feminist Perspective of Chung Tai-mei Narrative Story

Chen Hui Ling

(General Educational Center, Tungnan University, Xinbei, 114)

／ Abstract ／

Taiwanese literature writer Chung Li-ho depicted a soulful and stoic Hakka wife based on the true story of Tai-mei, and created an idealized model of Chung Ping-mei ／ Tai-mei against the traditional marriage of lower-class culture. Chung Ping-mei ran away from home for love, bravely resisted the traditional patriarchal society with no regrets, and became the hard, capable, perseverant, and earthy Hakka woman model. However, when the text story from Chung Li-ho was considered a true story, for Chung Tai-mei with rare opportunity to speak, the story of her own life was heard of by few people. This paper adopted the narrative analysis method to collect the literatures of Chung Li-ho and other contents from interviewing with Chung Tai-mei, including a variety of reports, documents and other contents, and conducted the textual analysis and interpretation.

Then the researcher adopted the feminist perspective to interpret the contents. Through the narrative study of Chung Ping-mei / Tai-mei, this paper aimed to explore the symbolic meaning of the "female" sex symbol, as well as their long-standing blind spot of faith under the traditional patriarchal society, so as to make women's voices being heard. This paper was not to overthrow the literary achievements of the writer, but to allow an invisible woman to speak.

/ Keywords /

Chung Li-ho, Chung Ping-mei, Hakka women, life narrative, feminism

创伤与救援：
一个谘商师的工作叙说与反思

宁国兴[*]

（辅仁大学心理学系暨博物馆学研究所，台湾新北，24205）

/ 摘 要 /

文章旨在探索自己在谘商助人历程中的一些经验与发现，以自我叙说探究的研究策略，借着对一位学生进行辅导的经验故事的叙说，来对谘商过程中的默会知识进行反映与分析。助人过程有很大的一部分是在处理当事人过往生活中许多受伤的人际关系，和"失功能"家庭所造成的人格扭曲与日后的负面影响。当事人提供我有血有泪的创伤经验与生命故事，让我可以在许多错误中学习与成熟。

/ 关键词 /

谘商，自我叙说，创伤，过程

---

[*] 宁国兴，副教授/博士，E-mail: 001148@mail.fju.edu.tw

一、谘商师的默会知识

谘商当事人常陷溺在"当局者迷"的困境里不能自拔,所以寻求谘商师的协助,期盼能借用他人"旁观者清"的眼光,像面对一面镜子般的反照自己,进而促成对现状的新理解;或者发现与改变有关的重要线索和顿悟。这种顿悟式的理解和发现,常需要人与自己拉开点距离,好方便目光的对焦和搜寻,再配合上自己的需求和关切,领悟自然能跃出脑海被我们所捕捉到。

谘商师也依循相同的顿悟原理,在某些时刻回过头来检视自己在惯性行动中所隐含的认识与企图;或是借由尝试错误的方式检验自己的行动假设;再或是刻意将自己抽离并且对行动进行反省,即舍恩(Schön)称为"反映理性"(reflective rationality)的思考方式,将知识与行动编织在一起,形成一个在特定情境脉络下的问题解决之道。

在反映性研究(reflective research)里,舍恩(1991)主张"自我叙说探究"(Self-Narrative Inquiry)的研究策略,要求实践者借着经验故事的叙说,来对其在实践过程中的默会知识(tacit knowledge)进行反映与分析、反省的探究认识。故事中可能挑起强而有力的考虑,让他们去思考影响实践但常隐而不显的一些建构(信念、隐喻、意象、策略、价值观及其他类似的东西)(Schön,2003)。

笔者试着透过对自身谘商实践的经验叙说与反省做探究,帮助自己说清楚自身以及边做边学的经验知识,让谘商师有机会成为一位知识生产者,也能将实践知识化成文字与同业沟通。

(一)小玲与我

大学校园里学生的忧郁与自我伤害行为问题一直是学校辅导工作的重点。

虽然许多心理疾病有其生理基础，但是人际关系及社会环境的因素往往也是引发与使其恶化的重要原因。助人者能在当事人的生理因素和社会关系上善加经营，辅导自然会水到渠成。可是要做到如此，并非易事。

若干年前的一个九月天的下午，一位大四的女同学小玲到辅导中心指名找我，说是由先前我所辅导过的一位同学介绍而来。七分裤、T恤，身材适中，头发绑着马尾，面庞消瘦而苍白，微笑中带着陌生的拘谨。她告诉我她得了忧郁症，并附上学校附近一所医院的诊断证明，上面写着：重度忧郁症。

原来她的病是在大三寒假时发作，一开始是失眠和沮丧，也会没有来由地落泪。之后她的失眠更严重了。先前是熬到天亮才能入睡，后来变得完全无法入眠，可是又疲惫得只能躺在床上休息。忧郁沮丧完全瘫痪了她的行动力，常常好几天都关在黑暗的房间里，只靠一点饮水维生。上课和人际关系都顾不上了，可是却在每个月回家时，仍强打起精神好像没事似的，她不想让爸妈知道太多她的事。情况稍好的时候，又非常害怕内心空洞的感觉，常焦虑到上街去狂买东西。就这样独自撑了三个月，她知道一定有哪里不对劲，求生的欲望驱使她决定寻求精神科医生的协助。

重郁症[①]的诊断让她对自己的情况有了多一层的理解。她忆起了大她六岁的表姊多年前就罹患了这个疾病，莫非这是家族的遗传性疾病？她鼓起勇气告诉爸妈医生的诊断，也想确认是否还有其他家族成员得病。没想到爸妈对此完全否认，反而认定小玲一定是做了什么亏心事没去上学，使上学期成绩有一半不及格，才想出这样荒唐的理由欺骗父母。她们强烈反对她吃精神科医生所开的药，要她坚强起来，不要依赖医生，一定要靠自己。

小玲心里有说不出的悲愤，面对强势的父母她虽然无力说服他们，但是也暗自发誓一定要救自己。柔弱的外表下却有着坚定的意志，我不禁在心里为她鼓掌，也怜惜她的孤独。我想小玲的爸妈对她的病可能不太了解，对她的成绩

---

① 一种忧郁性疾患，发作时会有忧郁心情或失去兴趣及喜乐，并伴随忧郁附属症状出现。

表现应该也很重视，所以误解了她的告白。

"老师能帮你什么忙？像是跟你的爸妈解释你的病情……"

"可以吗？"

当然可以！辅导老师有时候也需要扮演一个卫生教育工作者的角色，提供信息和说明，帮忙同学和他们的家属对疾病有比较清楚正确的了解，同时也明白该如何配合治疗的进行。当事者果真能认识疾病，了解病情的发展，明白治疗手段的用意和对疗效产生期待，他们通常会负起当一个好病人的责任，认真配合治疗，疗程会进展得比较顺利。此外，我也想帮忙小玲解开爸妈对她的误会。

（二）失败的协商

两周后，小玲和妈妈一同出现在我的办公室。

寒暄一阵，我把准备好的关于忧郁症的介绍文章向他们讲解，也印制成纸本给每个人一份。我将生理上的忧郁现象譬喻成脚踏车轮胎泄了气，车轮无法正常运作，所以骑车的人很费力却前进不了多少，甚至会累瘫了只能坐在一旁休息。

因为身心一体的关系，当忧郁发作时，人也会处在一种失功能的状态下，此时日常生活的打理和上课、念书等这些本来会做的事都变得困难重重。严重时，甚至连从床上起身喝口水或是洗个澡都很艰难。我进一步向小玲妈妈解释，小玲之所以没去上课、考试，多少与忧郁现象有关，可能是"不能"而非"不为"。

此时，妈妈有点按捺不住地抢白说小玲常会撒谎，明明没去升研究所补习班补习（因为她打电话给补习班求证过），却谎称都有去上课。妈妈认为忧郁症和诊断证明都是小玲瞎编出来的借口，好掩饰她与男朋友贪玩的事实。锐利的眼神扫过小玲，原本看着我的小玲立刻低下头去。

我理解做家长的此刻的愤怒，只能安静地望着她。妈妈继续数落了好多小玲的罪状，整个办公室都回荡着她的声音，语气激昂。显然她要抢回说话权，告诉我其实我不了解他们家的状况，不了解小玲。

我承认对小玲的接触与了解没那么多，也不很深入，我的诠释或许有误，这点我很抱歉，但是我确知小玲所描述的症状是符合忧郁症诊断的，而且这些症状也都与好多患者的描述相一致。小玲需要医疗与辅导的协助。

小玲的妈妈认为我只是个不明就理的外人，无权过问他们的家事。但是我也有我的立场，虽然只与小玲有过三次的会面，我体会到她的孤立与无助，此刻若是没有大人给她撑腰，只怕她会垮掉。我突然意识到，小玲妈妈与我所争执的不是小玲有没有说谎或有没有得忧郁症，而是谁比较了解她。

一场会谈就在有点僵的气氛中结束，没有谢谢、没有再见。离开前小玲凝视我一下，点头向我致意。望着他们的背影，心理懊恼不已。懊恼自己没能做好一个帮助他们亲子沟通的角色，反倒有点像是在帮着小玲一同欺骗妈妈的外人。

作为一个老师，我常有机会接待家长，谈谈我们所共同认识的孩子，了解孩子在家里的一些样貌，了解父母在照顾孩子过程中的一些发现和辛酸喜乐。当然我也会分享我在学校所看见和认识的关于孩子的样貌，交流彼此的意见。这样的会面，通常都会有建设性的发现，也会拉近关系。

这一次显然不同于以往，我是一位辅导老师，同时面对着家长和学生。原本是想对他们做场关于忧郁症的卫生教育，让他们认识这种疾病，也试着澄清一些误解及疑虑，目的在让小玲能好好接受治疗。但是却没料到小玲妈妈对于女儿得了忧郁症这件事的情绪反弹是如此强烈。关键在于她坚信女儿的脱序行为是一种品德问题，怎么可能会跟疾病有关！另一方面，女儿的失常可能会披露出关于这个家庭的一些秘辛，也会勾引出父母心理的脆弱。当这些事有可能被外人得知时，家长该是多么的忐忑不安。

当然，我也学到了一些教训：没充分搜集家长的相关信息，了解他们的亲子关系，以致无法预判他们的情绪波动与可能的反应。失误一也。其二是，我应该将学生及他们的家长分别当成是不同的当事人，用比较公平、一致的态度对待他们，让每个人的声音都能被听到与得到适当的响应。他们都该是主角，没有配角。其三是，考虑到权力关系，不要轻易地让父母与子女共同进谘商室，除非说好是要做家庭治疗，大家都有心理准备要解决家庭问题，也有一套运作规则能被成员所接受。

此外，要了解当事人，不能不去了解她的家庭和成长脉络。

（三）白手起家的蓝领

小玲的家在中部，父母皆是白手起家的蓝领阶级。母亲是家中第一号人物，灵活剽悍，生财有道，没几年就从贫穷翻身为小康之家。她辛苦卖力滋养这个家，也享有无上的权力来役使家人，包括她的先生。小玲的父亲是个机械工程师，在家沉默寡言，虽常常被老婆激得反唇相讥，但总是懂得适可而止，以柔克刚。他的沉默应该不只是男人的内向木讷，也包含了一些城府计谋。小玲是家中的老大，个性遗传了妈妈的急躁求好，耿直和卖力，可是却没有妈妈的灵活；外貌上则是承继了爸爸的清秀纤细，也得到爸爸的疼爱，却没有他的权谋。小玲下面有小她两岁和四岁的弟弟、妹妹。

小玲生命中的痛就是和妈妈的关系。幼年时她被寄养在爷爷家一段时间，很受老人家和伯伯、姑姑的疼爱。可是爷爷家人明显排斥小玲的母亲，因为她的强势压过了他们的儿子。小玲的心情是复杂而矛盾的，她渴望得到妈妈的肯定，可是却有说不出的畏惧感；她不喜欢别人批评妈妈，却从这些批评中释放了潜藏在内心的愤怒。

（四）老大

在爸妈那个年代，老大就是爸妈的帮手，是个小大人。小玲没有当小孩的权利。从小学起，她就是全家最早起床的人，自己打理好，然后叫醒爸爸起床准备上班。之后拿着妈妈预留的早餐钱，独自走20分钟的路程去上学。如果哪一天她睡迟了，或是生病起床迟了，连带着爸爸也上班迟到，那一天准有一顿打骂伺候。

小玲的聪明和努力，让她在学业成绩上一直是名列前茅，深受老师们的疼爱。可惜，这并不能取代妈妈对她的重要影响力。她试着去靠近妈妈，却总是被推出来。其实妈妈对待每个孩子都一样，因为她实在太忙了，家庭代工的交货压力将她压得喘不过气来。就是因为看懂妈妈的辛苦，小玲也不忍苛责妈妈，所以她的孤单和失落就更深了。

老大还另有一层意义，那就是孩子的表现是父母教养心血的展示。特别是家境渐宽后，孩子成了父母与亲友、邻居间较劲的重要项目之一。大学之前，小玲的生活范围只有学校、补习班和家里。成绩一直在安全界线内，也是家中最好的一位。青春期后的小玲，更出落得亭亭玉立，爸妈也与有荣焉。小玲开始享有较多来自妈妈的关注，但她并不觉得快乐，只觉得自己像是妈妈所拥有的一件美玉，美则美矣，但存在的意义只在于增加主人的光彩罢了。

她并没有因此而长出自信，倒是增加了不少追求者。也因为如此，她的行动被限制得更为严格，任何与男同学公开或私下的接触都会被视为行为不检，任何辩白都有欺瞒狡辩的嫌疑。她觉得自己似乎被父母以保护之名监禁起来，也更不被信任了。她变得更为落寞、空虚，期待着有一天能离开这个家，找寻自己的新生活。但是吊诡的是，她仍然深深渴望着母爱。

相较于妈妈的强势和情绪化，小玲爸爸显得温柔和善多了，孩子们都乐意亲近爸爸。而大家也看得出来，爸爸最疼爱的是小玲，每次出国所带回的礼物中，小玲的一份总是最贵重的。爸爸会说，姐姐大了，她的生活需要用到这个。小玲很感念父亲，所以对他承事顺从。可是小玲有一种感觉，爸爸把她当成一种私人收藏，凡事一定得听他的，否则就是背叛。

这一家人在爸妈强势的主导下，形成了内聚力强而鲜少与外界来往的风格，孩子们的需求与生活全由爸妈供给安排。相较于邻居，她们的家庭显得和乐正常，孩子们也安分合模地待在校园里和家里，一切都有严格的品质管控，美好的愿景似乎指日可待。

小玲对爸妈的情感是复杂的，既期待又怕受伤害，想靠近又深恐被控制。爸妈自身的缺乏安全感和对孩子专制不信任的态度，使小玲的个性中残存着对情感依附的驱避矛盾，和对自我认同的扭曲。她想从情感关系中找寻安全感和自我认同感，却不敢相信自己是值得被爱的。这当然会影响她日后亲密关系的发展。

（五）背叛、复仇与沉沦的创伤

大一时，高中班上的一位男同学阿杰开始追求她。阿杰也在北部的邻校念书，很快地两人坠入情网。一年后小玲无意间发现他劈腿，而且与那个女孩已经交往快四个月了。男友先是否认，后来坦言对小玲已失去感觉，此后便不闻不问。

陶醉在两人世界中的小玲被无情地打醒，醒来已是人事全非。梦境回不去，真实又如此难忍，她开始抓狂地打电话恐吓、骚扰男友，目地无非是想要复合。她也曾多次到男友的学校去堵他，所得的回复都是缘分已尽，甚至他校的教官还来帮忙劝离。"被抛弃"的事实证实了她不值得被爱的自卑，伤她伤到了根本，让她成了没有自我价值感也没有任何归属感的幽灵人。

小玲用恨意隔绝自己的感受，用咒骂来惩罚男友，用滥交来复仇。但所有的反作用力都回到她自己。

> 我想证明我的存在是有点意义的，但是好像这个世界一点都不为所动。在别人眼里，我像是个疯子。也许我真的疯了，做了一堆乱七八糟的事情，我只是更讨厌自己，讨厌这个世界。

在家人、朋友都毫不知情的状况下，小玲挨到了大二下学期。这时又一个男孩出现在她的世界。有趣的是男孩是个小皇帝，自恋独霸。本来个性有点大姊头霸气的小玲这会儿成了绕指柔的后宫嫔妃，一种说不出缘由的喜爱，让她变成一个百依百顺的小女人。小玲努力取悦男孩，男孩的妈妈却摆明不喜欢她。当她看到男孩不快乐的面庞时，一种被制约的恐惧感凉透心底："是不是我又做错了什么？"

这一幕在她的家里不知上演过多少回了。难道这就是客体关系①的重现？在面对权威或重要人物时，她只是个一无是处的小孩子。为此，她几乎焦虑到崩溃。八个月后，她提议分手。这意味着她想要获得自由，但是分离的空虚感仍深深威胁着她。于是她发展出一种灵肉分离的哲学，让她在需要的时候可以得到男人的陪伴，但仍然保持着心灵的自由。

> 那段时间真是生不如死，可是又不敢自杀。我只是用抽离的心态看着自己堕落，不敢真的去经验自己，因为实在太痛了……

我看到一位极度仓皇、哀伤又怒火中烧的女孩，在无力自持的状况下，选择怀抱怨恨投身在复仇的火海中。遗憾的是，她的复仇策略并没有伤害到男

---

① 一种观点，认为人类的基本动机是去追寻满足的客体（重要他人或钟爱对象）关系。

友，反倒是让自己身陷险境，受到重创。懊恼自责之下，再一次选择以自暴自弃的沉沦来惩罚自己，这一次她倒是如愿以偿了。

持续了几个月的自我虐待让她的心更冷，失眠更严重。终于，她觉得服刑期满可以离开这个火坑了。此时，她已不再是原本那个小玲，再也回不到从前了。她相信自己不配得到幸福，因为她是被诅咒的。

（六）够好的妈妈

眼下我所看懂的是，小玲的忧郁以及自我伤害的症状（割腕及暴食），部分原因可能源自于遗传因素（表姊及未知的家族病史），但更多的可能是，她有个困难融入又不被了解的家庭及不安全依附关系的养成。这会造成她负面的自我概念，同时也在关系世界中有许多的障碍及受伤经验。

小玲的过往有许多的创伤和自暴自弃的历史，她虽然主动求助，但是这点微弱的希望之火，随时可能被环境中的负面事件所浇熄。这其中最具杀伤力的就是"拒绝"和"抛弃"，特别是来自重要"他者"的态度。

作为一位老师和谘商师，我对学生或个案，有着双重的角色与责任。除了传道、授业、解惑的"作之师"外，也得兼为"作之亲"的了解关怀和抚育之责。特别是当遇到一些家庭功能不彰，自身又有缺损，急需外力协助的孩子时，我不可避免地会被投射成"好妈妈"或"坏妈妈"的形象。

"我很下贱，很活该对不对？"

"不，我认为你很勇敢，愿意为自己的错误付出代价。"

"你真的这么认为吗？"

"我真的这么认为。你所谓的错误（复仇、沉沦）其实是你在当时因为遭人背叛所承受的剧痛下的真实反应，那是为了解除你的部分痛苦，好让自己能够活下去的一种策略罢了。况且那个时候，并没有好朋友在你身旁伸出援手，才冤枉付出这么大的代价。但，你真的很勇敢，肯为自己的作为负责任。很多人都做不到这点，你的男友就是其中之一。"

"真的吗？"

"相信我，我是你的朋友。"

温尼科特（Winnicott）这位英国的小儿科医师，用够好（good-enough）一词形容能恰当地满足婴儿的需求，且能适时协助婴儿逐渐独立的母亲。婴儿需要从母亲那里得到足够的爱和信任，才能促成其真我（true self）的发展，以及学习对挫折的容忍。我试着以一种健康的方式，让小玲感受自己是被关注的焦点来处理她的假我，并由此去修复早期关系的缺失。

此外，小玲的忧郁症状一直无法被有效控制，在征得她的同意后，我将她转介给一位我所信任且有合作关系的精神科医师周医生，由我们共同来协助她身心的康复。

（七）难以预料的办公室生态

因为落掉一些功课，小玲预见自己会延迟毕业，爸妈肯定会不开心。为减少家庭的负担，小玲决定找份兼职的工作自食其力，心想课可以慢慢修，有份工作收入可以增加安全感，也能向父母证明自己不是个偷懒的孩子。我们商量后，她在学校图书馆找到工读的机会。

办公室的工读生约莫八位，三男五女。一群年轻人笑着、玩着，也认真辛勤地工作着。青春洋溢在他们的身上，复杂的情欲也在关系间暗地滋长着。清秀又楚楚可人的小玲很快地被三个大男孩盯上，争相对她献殷勤。小玲知道男孩们的渴望是什么，她不是个生手。只是在情伤的折磨下，她早已怕了这种关系，她渴望的是纯纯的友谊，没有任何的附加条件。

很长一段时间以来，她是某甲的女朋友，然后成为某乙的女朋友，然后某丙……一直到某一天突然领悟到，这样的关系永远不可能填补她内心的空洞感。于是她决定离开男孩子，但是也惊觉自己没有其他的人际关系。忧郁症发病后，她几乎是活在一个人的世界里。

她孤独得太久，久到对交朋友这回事都感到陌生而焦虑。她很难开口拒绝男孩好意的邀约，因为她记得当她向妈妈靠近撒娇时，妈妈那种拒她于千里之外的冷漠态度伤她伤得好深。拒绝别人等同于伤害他人，她甚难为之。但是她又希求着朋友间的互动与关怀，于是努力说服自己那些男孩都是她的同事，是自己人，她不该太防着他们，应该要友善合群，免得到头来还是被孤立。

就这样，她无可避免地卷进多边复杂的男女关系中，打乱了原本尚称均衡的办公室生态。虽然她一直很低调，可是在一群女生眼里，她成了外来种的强势竞争者，柔弱的外表仿佛只是个伪装，是蛊惑男生的阴柔面具而已；而男孩间原本打闹的关系，现在也变得有点谍对谍的各怀鬼胎了。

小玲只对其中一个一直暗地帮她的男孩大陈比较有安全感，他似乎比较懂得小玲的困境和心事，也敢于在有争执的关系中表态挺她。小玲感激大陈的体贴义助，但她清楚自己只是想在这个环境里找个可信赖的朋友，而不是一段感情。况且她知道这群女生中有个女孩很喜欢大陈，而大陈偏偏喜欢小玲。她真是很为难，既依赖大陈，又不能禁止他喜欢自己。她知道自己会被同伴嫌弃，可是又一筹莫展。终于，她再次尝到被孤立的苦果，只是这次的孤立除了同伴的冷漠外，还有相当程度的敌意在里头。众口铄金的结果，她成了里外不是人的坏女孩，完全被遗弃在小团体之外。

她一直认为是自己的错，也说不清楚这其中的复杂性，所以甚少向我提起这段关系。此外，身心的不适、父母的不谅解和成绩必须过关否则就会面临退学的威胁，她的压力真是大极了。而我只是忙着处理后三项的明显问题，却忽略了这个原本是要支持护卫她的工读环境,已经变质成有害于她的地方。

(八) 惊心动魄 24 小时

小玲向老板辞职,结束了近四个月的工读生涯。这时她已身心俱疲,黑暗势力轻易地占据了她,使她退缩在床,以泪洗面。三天后,小玲在租屋处尝试自杀,她吞下大把的精神科用药,混合着为数不少的降血压药普萘洛尔(Inderal)。这种药本来是医生开给她用来缓解抗忧郁剂所造成的心悸用的,服用后她的血压会迅速降低,配合上她地中海型贫血的体质,的确有休克的危险。

所幸房东发现异状,将小玲送医洗胃并通知了小玲的父母。小玲醒来后联络了我。我深夜赶赴医院见到了小玲和她爸妈,如我所预期,不顾小玲的哀求和挣扎,爸爸将她扛上肩塞进车,全不理会我的请求,只丢下一句,"你辅导也没用!"子夜时分,目送他们离去,心里真是感慨万千。

小玲暂时是安全了,我的心则仿佛成了个黑洞,吞下所有一切却不见一丝涟漪,感觉不到任何东西,包括我自己。直到下半夜三点钟左右,突然接到小玲的来电:"老师救救我!妈妈说明天要把我送去疗养院……关起来,我不要!拜托你救救我……"

> 我一定会想办法帮你。先试着睡一下,睡不着就想着观世音菩萨,她一定有办法帮你。……先休息养精神,明天会想出办法来的。

第二天近午我试着联络小玲家人,企图多知道一些状况,一直没人响应。直到晚上九点左右,小玲妈妈来电,劈头问我知不知道小玲在哪儿。原来清晨五点,小玲从家中二楼阳台跳下逃脱。爸妈追到宿舍堵住正在收拾家当的小玲,要她回家。小玲首次坚定地正视父母表明要离家。爸妈这才醒悟:孩子长大了。妈妈给了她一巴掌，怒斥她不孝。小玲冷眼以对，头也不回地走了。我安慰了小玲妈妈，表示我会设法找到小玲的下落并告诉她。心中的大石头终于落地，打电话问大陈，小玲果然在他那儿，已经昏睡了12个小时。从那刻起，小玲仿佛成了我的孩子。

回想过去这24小时，只能以惊心动魄来形容我的心情。我看到小玲的两种截然不同的面貌：一是坚定求死，她想为自己残破的生命设个停损点，结束先前的怨与悔，以及工作中所遭遇的误解和打击；另一个是果敢求生，既然求死不成，她也不愿再走回头路，决定另辟蹊径，走自己的路。

我的心情是一则以喜，一则以忧。喜的是这段波折暂时是以平和收场，并没有继续恶化的迹象，小玲的生命得以保全，斗志仍在。忧的是，她还是个孩子。伤病痼疾缠绕，加上不利环境的推波助澜，很容易使她产生睡眠失调、情绪失衡的状况。特别是当一些创伤经验被诱发出来时，深刻而复杂的负面情绪会倾巢而出，瞬间阻断我们原先辛苦建立起来的一点安全感和自信心。平日所锻炼出来的健康信念和习惯，此时完全起不了作用。

（九）自助，人助

第一年的辅导营救，就在小玲的自杀未遂及逃家中惊险画上句点，但是过程中倒是意外见识到小玲为争取自由所展现的强韧意志。为了要负担自己的生活费用并完成大五的学业，她选择到学校另一个处室工读，尽她最大的努力以符合工读生的工作规范。

小玲清楚自己生命的目标是要完成学业并独立起来，不让父母看笑话；也希望能争取再读书去当中学老师的机会，虽然机会不大。她知道这些愿望的达成全在于自己的努力。

死里逃生的人多半有种异乎常人的领悟，她"相信"是菩萨救了她，让她没死成。后来又有一次想放弃（自杀）的冲动强烈涌上心头，几乎抵挡不住，而我当时在校外参加研讨会，所以也没帮上忙。小玲下班回宿舍，跪在书桌前，含泪凝望着桌上那尊裱好框的白玉菩萨圣像，心中百感交集，也不知跪了多久……

> 菩萨放出清澈的白光照耀着我，虽然无声，但好像在告诉我她一直都在，我的心里也随着安顿下来。

怀着感恩的心情，小玲认真地相信自己的生命是值得存在的。

"自助而后人助"是小玲这个阶段的生活写照。脱离家庭后，小玲很快成了个"大人"，收拾起自己的脆弱，奋力过好每一天，正常上班、上课，尽量不给人添麻烦，这是她自小学来的生存本事。

医院的周医生明显地疼爱她，特地安排了一位年轻医师小黄为她做心理治疗。此外，我不在办公室的时候，也有实习生阿健帮忙辅导她并关心她的生活。每周我还是会找个时间和她聊聊近况，就像是一对父女在话家常，那种感觉很好。我有意地在扮演一个家长的角色，虽然不常在她身旁，可是我想让她知道这份关爱是真诚而稳定的："你还是有'家人'在身旁的"。

小玲早熟的个性和自我负责的态度是她的保护因子，让她在不利的环境条件下，仍然能争取到一些友谊，也让同情、关心她的人更乐意伸出援手。

这一年小玲成功地完成大学学业，并没太依赖我的帮忙。她如常地去工作、上课，向已经毕业的老同学借课堂笔记和考古题，公余之暇认真地准备功课。虽然因为服药的关系，常会有注意力不能集中和脑子空空记不住教材的障碍，但是她还是很认命地接受这种不方便，勤能补拙地将知识一遍遍地刻进脑子，然后上考场答卷子。显然她的读书技能和解决问题的能耐仍在，我很为她高兴，也为她的表现感到骄傲。

（十）回家

许多亲友、长辈对小玲离家的作为颇有微词，认为是小孩子脾气太倔，不懂得父母的辛劳；甚至骂她没良心，书都白念了。当时万念俱灰的小玲，只能含冤莫白，退守一隅。

时光匆匆，小玲已离家一年半。此时，她已逐渐度过严重的创伤震荡期，能略为抽身看清自己和爸妈间的爱恨情仇。她在乎的是一份诚挚的关爱，真心的包容，能让她安全地归属在自己所生长的家里。遗憾的是，她一直没能得到这样的一份关系。爸妈当时的偏执和控制让小玲万分恐惧，不得不暂离家庭。

这一年多来，她茹苦含辛，尽力过好自己的生活，完成学业，也安分踏实地在夜市里打工维生。虽然一直有男孩向她示好，她并没与任何人交往。我猜想，她的洁身自爱是为了要砥砺自己，走出创伤的阴影，同时也企图平反父母对她的误解。看得出来，她是在蓄积能量，想要有足够的力气来面对这个令她爱恨交织的家。她和这个家还有"未竟事宜"需要解决。

她渐渐接受了自己对父母的恐惧和怨恨，不再否定这些负面情感。她知道她不是因为无知，不懂孝顺而去恨父母，更不是因为坏脾气才离家。她只是个害怕受伤的孩子，只想逃离危险保护自己罢了。

也因为对自己负面情感的包容，才得以看到对父母辛劳的疼惜和尊敬。原来习惯"非黑即白"的她，逐渐学着接受父母"有时可恨，有时可怜，有时可敬"。她也认清这份血缘和宿业，对她仍有影响和意义。她得再一次与家庭有所联结，以了结心中尚未平复的缺憾。她决定主动和妈妈联络，因为妈妈是家里最主动、最有反应的人。

小玲和我讨论后，决定先以书信方式与家人沟通，因为书写的内容还可以自己控制。我陪着她把一些重要的想法和生活近况化成一篇篇的文字书信，战战兢兢地开始这趟修补之旅。由书信往返，进而到电话沟通，两方都表现得相当自制，也努力调适自己的角色和心情。最后，终于促成小玲返家探亲的行动。

我是既兴奋，又紧张。破冰能够有进展固然值得高兴，但见面之后会发生什么事殊难预料。小玲过往的创伤记忆仍然具有破坏性，而母亲温暖关怀的电话是否代表了家人态度的转向，我也无从分辨。一切只能走一步算一步了。

（十一）失落

几次返家的经验都并不好受，家人的言语举措屡屡勾起小玲的委屈、伤痛。比如说小玲爸爸对她反应淡漠，不再主动与她攀谈，对弟妹则是谈笑自若；妈妈虽然友善，可是对她仍在服用精神科药物一事还是持反对意见；弟弟妹妹对这个久未见面的姊姊则是生疏冷淡，连招呼都不打。每次探亲回来，她都陷入一种严重的失落、无依和怨恨的心情中。

令小玲最为失望的是，家人的硬壳仍然强悍地护卫着他们所坚持的信念：家是每个人的避风港，不该轻易背叛家庭。她经验到自己已不再属于这个家，他们四个才像是一家人。又一次的希望幻灭，只是这次更为彻底。

> 我很怨恨他们，为什么经过了两年，他们还是不懂当初我为什么要离家。是他们把我逼走的，而且到现在还是不肯接受我的病。他们要我回家，只是要给亲友、邻居们看，他们的女儿还是好端端的。难道他们一点都不愿意去学习、改变吗？

小玲再一次经历到家人的拒绝，令她痛彻心扉。作为她的治疗师和心理家人，看着她怀抱着希望一再受挫，我好想保护她免于受伤，但是没办法做到。这是她的功课，旁人插不了手。我能做的只是忠诚地陪在一旁，支持她继续面对命运的挑战，直到学会接受现实，正确地去反应，不再无谓地让自己受伤。治疗师只能帮忙开启她自我改变的可能，至于她命运的好歹，我无力做任何更动，只能同情地陪她走下去，并且为她祈祷。

我发现我的主要贡献不是做个能解决问题的心理师，而是"以一个伙伴的身份参与病人的治疗，共同担负恢复破碎心灵和尊严的责任"。

（十二）挫败绝望的妈妈

离家后，小玲妈妈常打电话给我，询问小玲的近况，她怕直接打电话给女儿，会引此彼此更大的情绪。我知道她对女儿的思念，也就拣几样正面的信息告诉她、安抚她。大约两个月后，一天她又来电，口气十分不友善地告诉我，要开记者会控诉我诱拐了她女儿。她也将女儿逃家之事告诉系上老师，抱怨学校辅导老师竟然站在孩子的一方，一同对抗家长，是极不应该、不友善的行为。

我有一肚子的怨气，但现在有点像是秀才遇到兵，再有理也是白搭。突然间，我领悟到她只是个挫败绝望的妈妈，无力挽回自己宝贝女儿的心；也不懂得放低姿态去告诉女儿，她对自己作为的后悔和对女儿的在乎。她知道强悍的态度只会引起小玲更大的反感，所以怒气转向了我这个不上道的辅导老师。

我知道自己没这种本事与她对抗，我会的只是辅导，但这就够了。静静听完她那番色厉内荏的威胁和崩溃，她真的没招可用了。撇开对小玲妈妈许多作为的不以为然，我还真心同情这个年纪与我相仿的女人。

我表达对她的处境所感受到的失落和无助的同情，虽然我没有自己的小孩，但也能体会一点做父母的心情。对于她一再提到"为什么小玲会这样绝情离开自己的父母"，我没有权利代小玲回复，这是她该直接去请问小玲的。但我告诉她我所认识的小玲是个明理自爱的人，工作认真负责，虽然生病，也没荒废自己的功课。她的表现或许也反映了一部分家庭所给予她的教育，特别是她懂得自立、上进。正因为她已是个二十多岁的成熟大人，所以我不会去指导她该做什么、不该做什么，我只会陪她商量讨论事情，并且尊重、相信她的意见和决定。

小玲妈妈跟我聊了一个多钟头，当然也一再跟我道歉。

（十三）寻常的一对父母

小玲的爸妈只是台湾典型而寻常的一对父母。他们都生长在穷苦的农村，父亲念到省立高中，母亲也有国中的学历。他们应该算是"欠栽培"的小孩，头脑不错，可惜家境欠佳，只得早早出外谋生。男的在工厂工作，学得机械修理的技能，也安分踏实地在公司与创业的老板一同打拼，一路看着公司成长壮大。女的则更早就在社会上讨生活，尝尽人情冷暖。结婚后，把握住台湾经济起飞的时机，买了一些机具在家里做起代工，一手创造傲人的小包业绩。夫妇俩赤手空拳打天下，目的就想多赚点钱，一方面从贫穷翻身，光耀门楣；一方面也从社会底层讨生活的自卑感中释放自己。

台湾社会有一种以赚钱多少来衡量一个人存在价值的文化。家人、朋友聚会所谈的最重要话题就是："你一个月赚多少钱？"比完了这一代还继续比下一代，比谁家小孩比较会读书，比较会赚钱，比较有出息。社会上普遍存在着单一的价值观，稍微有能力追求较好生活的人多少都内化了这样的观点。

所以当家长不自觉地依孩子的成就来确立他的价值，而且面对失利的孩子总难掩失望之情时，孩子不禁要问：你们对我的情感到底算是什么？特别是那些心思纤细又努力想获得父母关注的孩子受伤最重。他们怨父母，却骂不出口。相反的，他们会怀疑自己是不是值得被人爱。当吞下父母的失望、责难时，他们会用更严苛的标准来裁判自己。渐渐地，他们被逼得走投无路，生病异化成了不得不然的选项。

但是从父母的立场来看，这样的价值文化又是可以理解的。当年的潦倒困顿，相当程度地局限了他们的视野，所能够想的无非是多赚点钱改善家庭生活。能力稍好又有点见识的，则努力给孩子较好的学习环境，希望子女能有所成就，成为自己一辈子欣羡的白领阶级。果能如此，也可告慰自己当年时运不济的缺憾和补偿多年来埋藏在心底的自卑。

在这样的社会结构和劳动条件下，父母能够给子女的关爱多属物质条件的供给，这正是他们当年极匮乏的一部分。他们可能不懂得什么是陪孩子长大，什么是爱、尊重和了解，什么是教导孩子负责、自制，而且身心健全，因为他们没福分品尝这种软性经验的滋味。他们所拥有的经验基模是忍耐，再忍耐；努力，更努力。他们是这样活过来的，也为此感到骄傲和有尊严。他们认为，为人子女都应该依着相同的法则而有所成就。这就是他们所懂得的爱和教养。

（十四）反抗与成长

毕业后的第二年，小玲在朋友的怂恿下参加保险公司的招训。她评估自己的状况时好时坏，所以不适合朝九晚五的上班模式。保险工作时间较有弹性，她可以兼顾上班与就医的需求，如果还能做出业绩也多少有些收入。

三个月的受训她没缺过一天课，并且顺利考上寿险师的证照。这个记录好到令人无法置信。是她真的好转了，还是梦想启动了意志的力量，让她克服生理、心理的障碍而完成学习课程？抑或许两者是交互影响的？不管是什么原因，我都见识到信心和希望在疗愈过程中所扮演的积极角色。

但接下来的考验才刚开始：她要向谁推销寿险？如果做不出业绩会不会很有压力，以致情况又变糟？她又如何能给人信心买保险？我的忧虑不是没理由的。小玲年纪轻轻，这些年又在病中，哪有什么人脉关系？她一个单纯的学生，社会历练有限，如何能取信于人并应付客人复杂的需求？加上两年多前因为工作挫败而消沉吞药的事，让我至今仍心有余悸。她的进步成熟足以承担这个可预见的挑战及可能的失败吗？

我找机会跟她说了自己想象中的疑虑，虽然可能不会真的发生，但还是请她有心理准备。她说，医院的治疗师也跟她讲过类似的话，算是给她打预防针。她知道我们的提醒是善意的，也的确有可能发生，她会小心应对。不过话虽如此，事情还是发生了。

她的业绩一直没有开张，对开发客户明显有心理障碍。虽然找了以前的同学联络见面，可是对自己的动机很难启齿。后来虽然开了口，也有些男同学愿意继续了解，但很快地她就发现，人家有兴趣的是她，而非保险产品。

这些挫败虽然是意料之事，但仍引发小玲过去创伤记忆的唤醒，伴随而来的恐慌、沮丧又愤怒的心情迅速攻陷她的意识和情绪版图。相对于先前的进步好转，她跌得颇重，很难接受自己其实并没完全康复的事实。她再度陷入忧郁的风暴中，只得离开公司。

一天，接到周医生的电话，他告诉我小玲已经连续两次没去看诊，也没接受心理治疗，手机也关机。他很担心小玲的状况，问我有没有她的讯息。他甚至预告我万一有什么不幸，要有心理准备，仿佛发给我一张给家属的"病危通知"。

虽然不清楚细节，但我直觉小玲不至于会自杀。她跟这个冲动交手已经好多年了，她明白冲动只是冲动，自杀解决不了什么问题。特别是半年前，她的表哥因故自杀身亡，遗下哀恸逾恒的阿姨、表嫂和一个稚子。她深刻地经验到自杀的逃避没为自己解决问题（债务仍在），可是对生者却造成震撼性的创伤和麻烦。我相信小玲在这方面是很有体会和进步的，使她断讯失联的原因应该是，她又掉入某个"想不通"的问题困境中吧。

一如以往，我在她手机里留言表达关切之意，请她跟我联络。很快就接到她的来电。她表示自己还好，只是很沮丧自己的忧郁情况并没全好。现在还不想接受这个事实，同时也不知道该如何向谘商师解释自己的脱序行为。她请我给她点时间，等想清楚了自然会去看医生，也会跟我谈。

这一刻我其实是暗自高兴的，我看到她用更诚实而成熟的态度在面对问题；同时，也发现到小玲长大了。她越来越有自己的想法和情绪，也开始去反抗现状和冒险。之前，她是个病弱的孩子，常需要我的呵护照顾。现在则有点像是个成长中的青少年，需要大人的尊重和意见，但是请保持点距离。

我打电话给周医师，告诉他小玲平安，请他放心。心里带着感恩之情，还有一点点的骄傲。我感谢他三年来对小玲的关爱照顾，同样是情同父女。小玲曾说，其实周医师更像爸爸；我比较像妈妈。但不管怎么说，还是我比较了解女儿。

两周后，小玲告诉我，她开始看医生吃药了。我们又一次度过残酷的风暴，从奋力到几近虚脱的恐慌痛苦中，重获温和的天光和宁静。痛苦和快乐是互为表里的连体婴，危机正是锻炼勇气和成长的契机，诚然也。

（十五）后记

小玲后来在一家安亲班当辅导老师，满足了她想当老师的愿望。

她也找到了她的真命天子大伟，两人共组家庭。婚礼上，我见到了小玲的爸妈和弟弟妹妹。我和她的爸妈彼此握手，久久说不出一句话来。

小玲已经五年未再服用精神科药物，而且没有发病。目前有个三岁大的女儿。

我们至今一直保持联系。

二、反映回观之照见

（一）专业发展的个体化过程

治疗师从新手入行，到亲历他人和自身的苦难后，他在生命和专业的发展上逐渐迈向一个个体化（individuation）的过程。史卡佛特和雷尼史塔（Skovloht & Ronnestad, 1992）发现，执业谘商师的专业信仰有从外在的专家意见向着内在的经验智慧靠拢的现象。

美国的心理学家劳伦斯·柯尔柏格（Lawrence Kohlberg）也在其六阶段道德发展的理论中，阐述了关于人的道德决定所依循的不同层次的心理准则在发展上所代表的意义。人在面对伦理抉择时，是从趋吉避凶的个人福祉渐渐朝向事理规范和他人福祉的方向进展，并进而走向更高层次的自主性选择和命运的承担。

这个关于道德认知发展的历程，也呼应了先前谈到专业个体化发展的发现。随着经验和专业的成熟，我也从先前以知识和技能为主的专业作为，自然地过渡成为"以现实为本的乐观，并将自己视为能提升治疗的动能"，而且现在的专业成熟和知识生产多来自于自己的"专业反省"。此时，谘商师已从"接受知识"逐渐向着"建构知识"的方向移动。

反省自己在文本中的作为，我注意到自己变得更为成熟，诚实于做自己，也勇敢面对自身的错误与限制；对工作也更为务实，并合理地期待自己；对关系更敏觉，也随顺于其中变化与学习、成长。有点像似毛毛虫逐渐蜕变成蝴蝶，这是一个被铸造并进而脱胎换骨的过程。

（二）专业主义与经验主义的融合

信奉专业主义的助人者在面对工作情境时，习惯运用分类和比对的技术，找寻到一套为这种问题和情境专门设计的"套装知识"或"工程师式的知识"来操作使用。比如说遇到"边缘型人格"的病患时，治疗师应该采取有距离的认知治疗模式来因应，一方面帮助澄清病患的情感和认知需求，另一方面也划下界线来界定关系，应用一套标准化的操作策略来规范对方和影响对方。这套知识具有清楚的目标性、逻辑性和操作规范,当然结果预测也必须在掌握中。依着这套符合"科学"的程序操作,治疗者比较有信心和安全感。

另一种助人哲学是信仰老师傅的敏锐直觉,和阅人无数的经验智慧。老师傅对事情有比较整体、全景的观照,手段上也更为灵活而富创意。他摸索着如何把事情做好、做对,也从中体会出小故事的大道理。这个知识系统与工程师的套装知识很不同,这是"百纳师"(bricoler)(邱延亮,2006:248—249)的技艺知识。

实务工作者在实践过程中所获得的认识成果不一定能发展成理论学说,一部分是因为他未必能将实践过程中的所见、所闻、所思、所行化成语言文字的理论形式;另一部分原因是,人们由实践所获得的知识有一大部分其实是默会知识(郭强,2000)。魏格(Wiig,1993)定义默会知识是一种存在于个人心智中,很难或不可能与他人分享的经验。它内化并嵌入人们的意识中,拥有者常在缺乏认知和了解的情况下使用。它潜藏在实践过程中,同时也存在于人的预感直觉、情感、价值和信仰中(Durrance,1998)。札克(Zack,1999)认为它是由经验与行动中所发展出来,通常透过高度交互式的对话、说故事和分享经验等方式而传播(赖鼎铭、叶乃静,2007)。

助人工作其实是助人者和求助者各自带着生活的历练,因着求助者的独特状况和需求,于是双方展开一场为解决问题而有的合作历程。问题的发生具有多元而复杂的因素,人和情境也是变化万端又交互影响的。所以只能靠许多的经验模式作为理解、比对的基础,很难只依赖单一"专门化"的知识系统来贯穿全部的问题。这种经验式的助人者除了使用专业知识外,也更灵活地运用生活、环境的各种资源来帮助人,只要这些资源确实有利于求助者问题的解除和未来的发展。

我自己的经验是先从套装知识系统出发,一步步操作、实验,然后逐渐发展成一个比较适用于当事人和我的方式。过程中我一点一滴地体会,把握住知识理论的精要处和如何使用它的诀窍，而不再拘泥于原始的操作程序。毕竟重点是要管用，而不在方法的本身。

进入校园服务之后，我的眼界朝向更为大面向和生活化的关注，将家庭和小区的概念拉进来辅助微观的专业工作之不足，将校园辅导中心经营成小区心理保健站或心理商品的超商，提供更多的谘商、咨询和休闲、学习的服务给全校师生和小区民众；另外，也接受一些状况不是很好的学生逗留在中心，让这里像似一个家庭式的日间托留站，给他们一些工作，或发挥他们的才干帮忙中心事务，借助整个中心和校园资源的力量合力来照顾他们，让学生在更为自然、安全的环境里休养生息找回自信。这些务实而具创意的做法，都是从在地经验里发展出来的，特别是我幼年居住在乡村和眷村的村落经验，和校园心理卫生工作经验的启示。

（三）越界的专业助人工作者

但是当我用"经验法则"来面对复杂多元的校园辅导时，常会遭遇到来自专业社群的质疑。信奉"科技理性"的专业人所服膺的是一套工程师模式的专业规则，他们认为专业理论的开发属于"研究者"的范畴，当知识被发明后，会进一步建构生产出一套方法来解决实务上的种种问题。实务工作者通常是无异议地接受此一方法产品来作为工作实践的重要依据，专业也据此来衡量从业人员是否符合该社群的知识模式。在专业体制的权力结构中，像我这样的助人者只是理论知识的低阶应用者，不过是在运用执行高位阶的理论研究者和行政者所界定的知识而已。我得谨守专业规则行事，否则就违反了专业规范。面对这样的一致性要求和评鉴把关，连我这样的资深老鸟也得心生畏惧，不禁发愁究竟该如何做才能帮助到当事人，又能不违反专业禁令？

这些理论规则通常适用于西方付费式的专业服务中，服务的一方（助人者）得在能力、道德和工作方式上做些规范及限制，目的在"尊重当事人的尊严，并为其谋福祉"；同时也协助助人者在面对难以抉择的难题时，提供他们做决定时的指导方针。这些规范本意是在提升助人者的人性道德、专业能力和纪律，以期能真正发挥助人功能。但是在实际的执业里，这些规范是否真适用于我们的教育系统和文化已是个问题；而且专业纪律的一致性要求和服从，明显凌驾于人性和实际服务上的需求，大家关心的已不在于当事人的尊严福祉，而是助人者有没有违反规范禁令。这些禁令包括保持客观超然，树立不容逾越的明确界线，谨守分际。助人者犹如古代西方的众神，不同于寻常人类。透过严格的训练和监督，他们就能摆脱人事的纷扰纠葛，如同神明般地凌驾众生之上（Kottler & Carlson, 2007）。而这些侈谈理想的规范，弄得许多助人者在工作里绑手绑脚，努力忙于证明自身的清白和神性，却将求助者的真实利益弃置一旁。

助人事业本是从"不忍人之心"的同情恻隐之心而有，为了成全这份心意，而借助了理性和科技的优点来协助助人工作。如今它们却以神性和专业帝国的姿态独步于助人事业，此举不独戕害了助人事业的根本精神，也让助人者在面对真实的助人困境时变得胆怯，画地自限；或是选择独自冒险越界去救人，却可能招致冰冷的专业定见的谴责、舍弃。

在本文里，我选择以"行动研究"的实践理论与"叙说反映"的方法，说出并反省自己在工作中的样态。我看见自己的实践与知识传统模式的不一致，也逐渐对这个专业和校园实践情境中的复杂、矛盾和价值冲突有深刻的察觉，并对自己在其中的反应、实践有进一步的省思。

（四）生命的黑暗与救赎

我从 20 年前起在这所拥有 25000 个学生的大学学生辅导中心担任辅导老

师和督导的工作。中心的主要工作内容在提供部分因为生活、学习、人际交往、人生定向等各方面产生困惑的学生一个讨论谘商的空间，同时也协助一些有情绪障碍、慢性精神疾病、创伤经验和长期亲子关系失衡所引起的人格缺损等困扰的同学做必要的心理支持和复健。此外，我们还设计许多讲座课程来协助心理卫生教育的推广，借由多元的议题与媒介去接触不同的学习领域和学龄发展的青年人。教育是我另一部分的工作。除了督导培训一些实习谘商师外，我也在大学部及研究所教授心理卫生、心理谘商的课程。

做了多年的谘商助人工作，驽钝如我，对人的理解依然有限。但我逐渐体会到丹·米尔曼（Dan Millman）笔下的那位苏格拉底所说"这个世界是个学校，生活是唯一真正的老师，它提供许多的经验"，透过这些酸甜苦辣经验的教导和领悟，我才有基础去读懂知识的意涵，辨识其中的分别与奥妙。同时也因为经验和知识的交融，得以使我更贴近人心人性，特别是人如何对自身的困境产生自觉性的观察和理解，进而学会与自己的境遇调和相处，正常地生活并欣赏痛苦与黑暗中的点点滴滴。

工作中我特别会注意到一些患有慢性精神疾病和因为创伤而造成人格异常的人。之所以对他们有兴趣，主要在于不忍见到痛苦加诸他们身上的限制，使他们得花费数倍的心力去照顾自身生理、心理的脆弱，同时又得承担因为痛苦而使生活各方面都受到耽误的困境。这些都是周遭人所看不懂也体会不到的苦，偏偏自己又说不上来哪里不对劲，也害怕别人眼神中所透露的诡谲。恐惧和无助的焦虑不断折磨着他们，孤独和防卫是他们身上最明显的印记。我期望能安抚他们不安的焦躁，在黑暗孤寂中能获得一丝丝的光明和温暖，以消解他们的挫败和绝望之情。进而能释放本然的智慧，鼓舞起求生存的意志来面对生命的磨难。

为何我对生命的黑暗和痛苦特别有感觉？原因之一是，我对长期受苦难折磨的人有一份难以言说的尊敬和同情。常在想，如果今天换成我是对方的话，我是不是有能耐平静地接受不能改变的事实，忍耐失落，并且还能安分踏实地做。答案是否定的。我庆幸自己不必经历这些严苛的考验，只消陪在一旁表示同情，为他们打气加油就够了。换言之，这一生我只是比较幸运，所以有机会扮演助人者的角色。万一不幸我成了他，可能会更加狼狈而一蹶不振。想到他们得时时肩负着病苦继续迢迢前路，心理的恐惧、同情之情油然而生。

再者，我从别人身上的不幸瞥见自己生命中的残缺和惶惑。这些"阴影"一直被我所拒绝而防卫性地严加看管着，生怕会进一步诱发内心潜藏的邪恶和脆弱能量。一旦爆发起来，只怕会让我失衡瘫痪。就像常做的一个梦：我被某个势力追捕着，认为他们要杀害我。我只能提心吊胆地躲与逃，永无止境地亡命天涯……我没勇气回头看看是谁在追捕我，质问他究竟我犯了什么错，你要如此穷追不舍？我着急自己的状态却对之无能为力，想说又说不清楚那种困境和惊恐的滋味，梦中也没有人可以求救。那种孤绝的体会只能是"如人饮水冷暖自知"了。所以，我比较愿意去贴近这些不幸的朋友，不忍让他们孤单地承受这份不可言喻的苦痛。

我疼惜他们，也暗自心疼自己。只是，个人吃饭个人饱。我们得各自努力，认识自己心中的黑暗，学会与它真实共处。谁也替不了谁。看到求助的朋友从被威吓的恐惧里长出胆识和力量来，带着缺陷寻得活路，那种沧桑中透出的成熟之美令人动容。他们才是真正的勇者和老师，不惜以自身的苦难和身体力行的奋战坚持，让我看懂生命的脆弱和丰实。面对他们，我惭愧于自己的虚矫与胆怯。

助人的圣战本就是一场漫长而艰辛的历程。生命的苦痛有多少，助人者的重担就有多重；黑暗的渊薮有多深，助人的路就有多长。既然放不下他们，干脆抖擞精神陪他们走一段路。透过对我的信任和允许，让我有机会参与他们的疯狂、忧郁、创伤、挫败等经验，并且陪他们与之挣扎对抗，一路上交织着错乱与热爱，黑暗与光明。如果不是他们的带领，我不可能在不毛之地的死亡幽谷里，听到如此动人的诗篇。也因为这样的缘分交流，丰富了我们各自的生命，免于自己原本的单薄、苍白；更召唤出潜藏在内心深处的好奇、慈悲和勇敢，愿意去认识亲近那个令人生畏的无常与暗冥，也看到黑夜里的点点星光。

三、结语：友善校园与关系网络的建立

作为一个在第一线工作的大学辅导老师，面对着层出不穷的学生问题，包括暴力、自残、贫穷和学业、交友等各方面的失利，各种上瘾，个性、情绪缺损失衡及缺乏支持网络等问题，都非常棘手。社会、家庭和个人的脆弱相互联动，又彼此纠缠不休。助人者面对的可说是剪不断理还乱的"一团混乱"，我如何能帮忙他们胜任学习与生活的要求与挑战，引领他们进一步地自我认识与成长？

我的理念是，大学校园应该被建构成一个友善的聚落，除了专业的研究和学习外，校园也该是一块适合于青年人成长的沃土。除了提供各项资源，帮助学生学习适应生活所需具备的多元知识与技能，同时，校园也能提供一种健康、安全的关系网络，让学生能在被了解、被支持，可以讨论和尝试错误，也被教导的环境下，学习和长出自己的面貌，变得成熟。这样的友善校园环境与关系网络，其实是一种健康的生态系统运作，在这样的循环运作中，每个人都有机会获得支持与资源而蒙其利。

此外，从系统的观点来看，我们也得认清一项事实，那就是有幸福快乐的老师才有幸福快乐的学生。教职员工的健康、成熟和福祉除了反映出校园制度与文化对校园住民的关怀与体贴外，也势必会影响到学生的成长、学习和发展。校园里每个次系统间的交流、对待方式都会对整个系统产生不同的作用。如果校园里的每个人（包括教职员工生）都能因为校园小区对群体健康的促进，而活得健康、开怀，一方面有机会做出对他人或这个群体的贡献，同时也

有机会接收到别人的善意和支持,相信我们每个人都会活得比较安全而有自信。此时自我调整①(self-regulation)的机制,才有机会被启动来照顾个人和群体。

友善校园与关系网络的建立,会是值得我们期待与努力的方向。

---

① 自我调整一词是由班杜拉(Bandura)所提出,系指个体会透过自身的观察与经验对外在行为的结果进行判断,并借此修正自我的行为,亦即个体会借由行为结果,对自己的认知、动机、情感及行为产生监控、评估与调整的功用。

参考文献

郭强（2000）．现代知识社会学．北京：中国社会出版社．

赖鼎铭，叶乃静（2007）．论知识管理中的默会知识．默会知识研究，台北：文华图书管理信息股份有限公司．

丘延亮（2006）．实践永远是在理论的前头：解读一个行动研究在地践行的自叙．应用心理研究，31，246—249．

Kottler, J. A. & Carlson, J. (2007)．改变治疗师的人：23 位治疗大师的生命故事（郑雅芳译）．台北：张老师文化事业股份有限公司．

Schön, D. (2003)．反映回观——教育实践的个案研究（夏林清，洪雯柔，谢斐敦译）．台北：远流出版公司（英文版1991年）．

Durrance, B. (1998). Some Explicit Thoughts on Tacit Learning. *Training & Development*, 1998, December, 24–29.

Skovloht, T. M. & Ronnestad, M. H. (1992). Themes in Therapist and Counselor Development. *Journal of Counseling and Development*, 70, 505–515.

Wiig, K. M. (1993). *Knowledge Management Foundation: Thinking About Thinking*. Arlington, Tx: Schema press.

Zack, M. A. (1999). Managing Codified Knowledge. *Sloan Management Review*, 1999, Summer, 40, 45–58.

Trauma and Rescue: A Counselor's Job Narrative and Reflections

Kuo-Shing Ning

(Department of Psychology and Graduate Institute of Museum Studies, Fu Jen Catholic University, Xinbei, 24205)

/ Abstract /

Attempting to explore my own experiences and findings discovered during the counseling process, I, through story narrative of a student counselee and with self-narrative inquiry, tried to conduct reflection and analysis on the tacit knowledge acquired during the counseling process. It was found that the lion's share of counseling process had lain in tackling the client's hurt interpersonal relationshipresulted from his past life experience and dealing with the client's twisted personality and its negative effect resulted from family dysfunction. And the client has since then provided me with his traumatic experiences and life stories so that I could learn and mature through his mistakes.

/ Keywords /

counseling, self-narrative, trauma, process

男同性恋者对其所受性文化压力的认知:一种探索性的叙事研究

刘 毅* 肖胤佳

(武汉大学心理学系,武汉,430072)

/ 摘 要 /

研究呈现了四位年轻的男同性恋者作为同性恋身份在中国独特的性文化背景下的叙事,讲述了男同性恋者的生活经历与所受到的压力是如何互相影响的。文章根据叙说的故事,分离出了四个主题或阶段:开始意识到自己的同性恋倾向;明确自己的同性恋取向;接受自己的同性恋身份;对未来的规划。在不同阶段,压力的程度和来源各不相同,采用的压力应对策略也不相同。本研究将进行后续的长期追踪研究,以考察性文化之压力认知的发展过程。

/ 关键词 /

压力,性文化,叙事研究,男同性恋

* 刘毅,副教授/博士,E-mail: lylypsy@163.com

一、引言

"同性恋"一词是由法国医生本克特(Benkert)于1869年创造的,而目前国内学者对同性恋的基本概念认识并不统一,例如有学者认为"同性恋这一性取向是指以同性为对象的性爱倾向与行为;同性恋者则是以同性为性爱对象的个人(男人或女人)"(李银河,2002)。有学者则认为"在对性伴侣的选择拥有充分自由的条件下,一个性成熟的个体如果具有明显或强烈的指向同性的性欲或同时存在主动的同性性行为,方可视为同性爱者"(张北川,1994)。从古至今,女同性恋现象少有提及,然而男同性恋现象一直存在于中国社会中,"断袖""龙阳"的典故也被人们所熟知。但是在中国古代传统社会中,男同性恋现象更多是权贵或富人将其当作一种身体的享乐,如同饮用美酒,这些人更多是双性恋者,并且双方的关系通常也并不对等,一方常沦为另一方的玩物,双方不会寻求平等的爱,更不会涉及婚嫁,寻求婚姻的合法性。即便对于真正的男同性恋者,男性只要完成后代繁衍的家族任务后,对其同性恋行为,社会要宽容得多。而由于中国古代女性地位低下,娶妻生子的家族职责不难完成。可以说,中国古代社会普遍对于同性恋现象比较宽容,很大原因在于个体和社会并未将其当作重要问题,并由此产生困扰。

然而,随着社会的发展,现代文明倡导的人文关怀,个体自我意识的觉醒,以及对个体平等与价值的重视,都使同性恋者开始日益关注自身的性取向,并对其同性恋者的身份日益觉醒,并开展了同志平权运动。同性恋成为了一种真正意义上的平等的爱,而同性恋者在追求与异性恋平等的爱的权利、婚姻的权利时,真正涉及了家庭和繁衍问题而又必须尊重两性的平等性权力时,就会感受到来自文化的压力。这种性文化方面的压力在早期会表现在自我身份认同的形成中,而进入成年后则突出表现为在婚姻选择上的态度,通常有两种选择，即自我暴露（俗称"出柜"）或进入形式婚姻（简称"形婚"），自我身份认同的发展与婚姻选择态度密切相关。

当然，以实务案例来看，有一定比例的人，虽有同性恋的行为，却并不认同自己的同性恋"身份"，而他们的日常生活并不因此而有太多困扰，自然没有感受到所述压力或困惑需要予以解决。因而这些个体并非本研究所关注的对象。本研究关注的是另外一群体，他们因为意识到了自己的同性恋倾向而遭受困扰，纠结于身份认同的议题，对同性倾心却迟迟无法接受自身为一"同性恋者"，但又无法把自己当成"异性恋者"，导致痛苦不堪。这样的个体其实属于身份认同的前期阶段，他们需要完成身份认同，以解决其心理困扰。目前国外学者对同性恋者的自我身份认同发展过程已经进行了较为深入的研究，并提出了各种理论和模型。

（一）凯斯（Cass）的六阶段模型

该模型将自我身份认同发展分为了六个阶段。(1) 认同困惑阶段：发现自己与众不同，性倾向开始个性化；(2) 认同比较阶段：开始怀疑自己可能是同性恋，积极寻找相关信息；(3) 认同容忍阶段：认为自己应该是同性恋，积极寻求与同性恋群体接触；(4) 认同接受阶段：接受自己的同性恋倾向，开始对一部分人暴露自己的同性恋身份；(5) 认同骄傲阶段：批判异性恋，以自己的性倾向为傲，活跃在同性恋群体中；(6) 认同整合阶段：对异性恋不再有敌对态度，心理与行为，性倾向与自我完全统一（Cass，1984）。

（二）福瑞博（Frable）的影响因素模型

福瑞博等则关注了文化污名在同性恋者自我身份认同中的重要作用。他提出了一个包含文化污名、个人开放性、同恋社交网络、积极同性恋认同、积极自我感知几个维度的影响因素模型（Frable，Wortman & Joseph，1997）。文化污名包括来自家庭的污名、来自异性恋世界的污名和知觉到同伴所经历的污名，三个成分都对自我感知有直接的副作用，而来自家庭的污名还通过同性恋认同的间接作用影响自我感知。来自家庭的污名对同性恋认同有直接的副作用，最不利于形成积极的同性恋认同，其他两种污名成分作用不显著。

（三）汉麦克（Hammack）的认同发展模型

汉麦克（Hammack，2005）的认同发展模型同时考虑了生物因素与社会文化因素在性认同上的作用。他认为生物因素（如基因、激素、脑）的主要作用在于引起性欲，并成为性经历、情感依恋的主观体验基础，体验结果是否能引起同性恋认同发展，取决于一定历史时空下的性文化模式以及自我图式。在不同的年龄阶段或不同的性文化模式下，个人所经历的主观体验有所不同。社会和文化提供了性倾向发展的环境——社会规范、习俗、象征体验、可行或限制性行为。在异性恋主流文化中，最初默认的异性恋认同和后来的同性欲望产生矛盾，个人能动性此刻起到了重要作用，倾向于让自己的情感、行为统一于自我意识，这种动力使个体在社会分类中寻找自己的位置，探索自己的性认同。

汉麦克承认生物因素在性欲形成过程中起到了关键作用，并且不同的生物基础引起的个体性主观体验有所不同，同时他也承认在一定历史时空下社会、文化在赋予同性恋意义时的相对作用，认为性倾向是一种社会建构，而个人能动作用正是平衡这两者的中介变量。

(四）国内男同性恋身份认同与婚姻态度研究

国内学界自20世纪80年代末期以来才开始真正关注起这一特殊群体。近年来对男同性恋的身份认同等问题已经开展了一些研究。刘俊、张进辅（2009）根据国内的同性恋研究，曾提出以下假设：中国传统文化下的同性恋者可能会经历比西方人更多的社会污名，因此中国人可能更倾向于隐藏自己的性倾向，外界和内心的压力可能会让他们有较高的恐惧、困惑，以及较低的自尊；在西方，子女对父母暴露是为了减少欺骗所带来的压力，同时也为增进家庭关系。但在中国，由于家庭对同性恋的接受和支持程度低，对父母暴露可能造成更大的压力，破坏和父母的关系，因此中国人可能最不愿意对父母表达自己的性倾向，主要的社会支持仍然来源于朋友。杨玲、谢远俊（2011）的研究结果发现，男同性恋者的自我认同发展经历了同性吸引、自我标签化（即确认自己的同性恋性取向）、同性性接触和自我表露（即告知他人自己的同性恋者身份）等阶段；男同性恋者的身份公开主要发生在自我和私人层面，他们倾向于向周围人隐藏自己的性取向，更不愿意向父母表露自己的同性恋者身份。王中杰、冯成亮、耿耀国（2012）考察了男同性恋大学生性身份认同，其结论是同性恋自我认同发展是以年龄为线索、以认同发展中的重要事件为标志的一系列过程。白璐、徐震雷、汤海明（2013）发现社会性别规范以及社会文化赋予身份的额外含义会给男同性恋者带来压力。王晴锋（2011）则调查了同性恋者的生存现状，研究发现中国现阶段同性恋者的普遍生存状态是认同而不出柜，即那些对自己的性身份有着良好认同的同性恋者却不愿意向周围的人透露自己的同性恋身份，尤其是不愿向父母出柜。由于中国传统儒家文化注重家庭和孝道，很多同性恋者生活在真实的异性婚姻里。

在国内已有的同性恋身份认同研究中，尚未发现从叙事的角度出发，从个体人生故事的连续性来考察在中国独特文化背景下,同性恋者对性文化压力的感知发展过程。而这也是本研究期望去初步探究的。

二、研究方法

本研究采用了质性研究模式中的叙事研究方法。质性研究将所获得的基于经验的知识上升到理论,注重人与人之间的意义理解、相互影响、生活经历和现场情景,是一种在自然状态中获得整体理解的研究态度和方式。叙事研究在重视语言对自我重要性的同时,也能够重视个体的主观性。它通过对所讲述故事进行分析、解构、重组以达到研究的目的。本研究从同性恋者的个体层面出发,深入到他们周遭的生活世界中,站在他们的角度去解读所面临的主要来自于性文化方面的压力。研究采纳了克罗斯利(Crossley)的叙事分析步骤,具体来说,第一步就是阅读并熟悉文本,然后识别要寻找的重要概念,找出叙事语调,找出意象与主题,再将上述内容变成一个连贯的故事,形成研究报告。

(一)访谈对象

研究大多表明,男同性恋者在躯体化症状、强迫症状、人际关系敏感、社会适应障碍、抑郁、焦虑、敌对、恐怖、偏执等方面的得分均显著高于那些不具有同性恋性取向的男性,而女同性恋者在这些症状上与不具有同性恋性取向的女性相比无显著差异(高淑艳,贾晓明,2008),而中国传统文化中对男性繁衍后代的要求也使男同性恋者在成年后面临着更大的压力。另外,也出于后续研究的可行性与被试可获得性的考虑,本研究最终选取了刚进入适婚年龄的男同性恋者为研究对象。

中国的同性恋者普遍比较低调,并不愿意大范围公开自己的性取向。由于个体经历缘故，研究者之一对男同性恋者生活群体较为熟悉，通过网络和现实中认识的同性恋者不在少数，也见识到他们平常所体验到的压力，便于深入其心理世界与其沟通交流，最终选取了较为熟识并且愿意今后继续接受研究的四位男同性恋者，分别化名为 A、B、C、D。其中 A，22 岁，大四学生，下半年即将攻读硕士研究生，父母经营一家旅行社，家境小康，无兄弟姐妹；B，21 岁，独生子，大三学生，出柜较早，性方面开放，父母为企业员工，家境小康；C，22 岁，独生子，大四学生，与在卖场卖手机的父亲以及信佛吃素的外公外婆住在一起（母亲已去世），家境不富裕，正在考虑出国或工作，交往过一任男友；D，25 岁，在国企工作刚三年。每位访谈对象访谈时间为 30—60 分钟。

（二）研究者立场的检视

研究的起因就在于研究者之一本身对于男同性恋群体较为熟悉，因此在采用质性研究方法，通过访谈来深入了解访谈对象的心理方面具有其他研究者所不具备的优势。由于该研究者与访谈对象均为比较熟悉的朋友，故而这种身份在一定程度上消除了访谈对象心理上的壁垒，让他们更加愿意说出自己的故事来完成访谈。研究者与访谈对象具有较为一致的语境，后者能够不带有过多顾虑地表述自己的故事，而研究者也能够更为充分地站在访谈对象的角度去理解其叙事。在资料分析与整理中，研究者的这一优势也会显示出来。

研究者自然是期望通过这些访谈来了解男同性恋者面临的性文化压力，而叙述者则可能仅仅是出于想帮助研究者完成研究这样的一份好心来参与访谈，并没有过多地期待能从中获得新的信息和启发。不过在这些访谈中，叙述者也有了一次重新审视自己作为一个同性恋者身份的成长历程的机会，希望这能有助于提高其自我身份的认同。

(三) 研究步骤

研究首先进行文献阅读，分析已有相关研究的结果，然后围绕将要探讨的男同性恋者的性文化压力认知问题，提出了研究构想，主要包括以下几个维度：性文化压力感知的时间维度（即不同成长阶段对性文化压力的感知变化），压力的构成（自我认同、婚恋、社会交往），压力感知的来源（社会舆论、朋友、家人），压力应对方法与策略。随后根据以上研究构想，制定了半结构性访谈提纲，以供访谈时参考。

(四) 数据处理与分析

征得每位被访谈者的同意后，对访谈进行了录音，并随后转录成文字，进行整理分析，逐字阅读并分析其个人叙事中的要素，主要包括叙事语调、意象、主题。根据访谈中出现的各种意象和主题所勾勒出的大致轮廓，编制出连贯的故事。

(五) 研究的信效度

本研究将原始录音进行了详细转录，以求最真实地用文字表达出访谈内容。在分析过程中由不同研究者分别对材料进行分析，寻找主题。研究者对叙事文本的分析比较一致，并对不太一致的地方进行比较讨论，最终确定讲述的故事。

研究者阅读了较多的同性恋已有研究，以及相关背景文献知识，以加深对同性恋者问题的理解。

三、结果与讨论

（一）四个主题或阶段

四位访谈对象分别讲述了自己的故事，根据他们的自我身份认同与性文化压力认知的发展特点，都可以将访谈内容分为四个阶段。这种划分更便于阐明每个阶段具有的特定主题，以及他们在不同的时间段里所感受到的压力变化。这四个阶段具体如下：

1. 萌动：初次意识到自己的同性恋倾向

三位访谈对象初次意识到自己的同性恋倾向都是在初中，其中 A 是初三，B 是初一到初二，C 是初三快结束时，只有 D 较晚，出现在高二。伴随着心理与生理上对同性的好感，他们开始隐约意识到自己性取向的不同。

例如，初中的时候，A 感觉和身边的男性朋友一起玩的时候很自在。男生们经常对彼此做出亲昵的举动，比如搂搂抱抱，而 A 经常受到这样的"调戏"，从 A 外貌来看，研究者猜测可能是因为他长相可爱，比较偏女性化，因此别的男生会主动"有点肉体接触"，而这个频率稍微多一点，就让他"产生了一种上瘾的感觉"。班上有个长得好看的男生，A "很想和他在一起"，每次看到他心里会有一种"暖流"。

> 他每次过来拍我一下肩膀，然后我一回头，我都感觉，感觉到一种很奇怪的感觉，特别特别奇怪，然后就会觉得有一种暖流啊，这种感觉就是很，很难用任何语言来形容。

最初 A "还是不太了解到底什么是，什么是同性恋，或者当时自己到底是不是，我只记得我当时那个时候或者是从来都没有对女孩有过任何的兴趣或者是企图"。

C 则讲述了发现一位和自己很好的男孩转到另外一所学校去上学后的经历。

那天晚上我差不多哭了一晚上，然后当时就觉得，当时就觉得呃，可能是有点这样的感觉，就，就可能是那方面，有意识到觉得自己就是。

2. 明确：理解并确定自己的同性恋身份

在对同性恋有了进一步了解以及自身性取向的确定方面，三位访谈对象在讲述中都提到了由于受身边腐女的影响和带动，开始接触耽美文、漫画这些当下中国青少年中比较流行的性文化元素。腐女是指喜欢幻想男男爱情的女性，她们爱好有耽美（代指一切美型的男性，以及男性与男性之间不涉及繁殖的恋爱感情）的文学作品和漫画。正是通过这些材料，访谈对象开始对同性恋有了更多了解，大致到高中阶段就已经对同性恋概念非常清楚，也更加理解了自己的性取向。

然而此时，访谈对象中有三位并未因为自己的性取向异于身边的多数人而产生明显压力感。

B：就是没有什么特别的感受……就很普通，就觉得很正常的感觉。

C：这个压力，就……有的时候会考虑自己会怎么办，然后因为学业嘛，就没有考虑太多，就很轻松很随意的感觉，就没有太多这方面的烦恼。

D：其实没什么感觉，觉得还挺正常的一件事儿吧。

只有 A 讲述了自己明确性取向后感觉到的压力：

我这个时候也认识到了，什么是性取向。这个时候我会觉得自己的压力会慢慢地变大了，然后像一个怪物，像一个肿瘤一样，在我身上，已经是要爆发的一个感觉了。尤其是在青春期，大家都知道在青春期这个可能会有性冲动或者，是这个，就是各种，各种身体上的发育呀，或者是这个萌动对不对，这种悸动，或者是一种渴望，真的非常渴望，那个时候，非常的渴望那种感觉器官，那种被保护的感觉。呃，所以那个时候就是，（停顿）但是那个时候大家也都明白，那个时候，你虽然越渴望，但是你越得不到，因为你身边的人都和你不一样，所以这个时候可能到达一个，就是你高二高三的时候可能就会到一种非常饥渴难耐，但是又不能去实现它的一种状态。

这时的 A 讲述了来自生理与心理上的双重压力，他运用了"怪物"和"肿瘤"这两个意象来描述压力要爆发的那种感觉。

生理上的压力来自于青春期对性的好奇和需求，但是正好处于一个被压抑的时期，心里悸动，渴望被保护，却无处宣泄，只能通过手机和计算机来搜寻相关的内容，并因此学会了自慰。而这时期他心理上的压力，一方面是来自于知道自己的性取向与常人不同后感受到的，一方面是不知道如何与身边人，特别是女性朋友交往，他的心里对女生有排斥感，还有一方面是为了和网上认识的同性恋者交流而向父母撒谎、闹矛盾而产生的。生理和心理两种压力叠加到他身上，"后果非常难堪"，受到影响最大的就是他的学业，高考也因此失利，考到了一个不太好的学校。

3. 接受：接受自己的同性恋身份

随着访谈对象逐渐成长，进入大学学习，他们有了更多的自由和机会结交同性恋人群,"已经完完全全明白了什么是这个同志之爱",在接受自己同性恋身份的同时,开始寻找自己的爱人,体验性爱。这时四位访谈对象都选择了至少部分出柜,向身边的同学或朋友坦白自己的同性恋取向。

B、C、D 的出柜是比较自然的过程,没有特别刻意地去计划,并且出柜之后也都没有感觉到太大来自朋友与同龄人的压力。尽管他们也意识到周围有些人不理解,但是已经比较坦然地接受现实,完成了同性恋身份的认同。

B:就是同学啊,认识的人,都还,都还怎么说呢,挺理解的啊,就说你和他们说了以后,就是他们觉得你是以后也没说觉得怎么怎么样,反正是说从初中,到高中还有大学的一些人,就是基本上就是那种,基本上就是那种很,呃,很认同,很包容,很认可的感觉,就没有说是,觉得很奇怪啊,没有是觉得而很变态很恶心,就没有这种感觉,所以自己就觉得比较好一点……可能会知道有些人,呃,并不喜欢这样,就是对自己没有影响……(这种压力)始终保持一种,呃,就是微小的那种态势。

C:比如我室友知道,就还蛮好的,班上很多人都知道……就是有一个班上的同学……他会用这个去攻击你,就是,嘲笑你,然后可能还会在认识的人面前大喊出柜……他们可能背后说你坏话……知道的时候还蛮伤心,因为说的都很难听,他们就可能觉得这就是你的一切的缺点,一切的东西都可以用这个全部抵消。……那方面也是……基因的原因家庭的原因,现在这样已经改不回去了,就接受这个了。

D:压力其实也没那么大,因为那个压力不是带给我自己本身的压力,因为我觉得现在的年轻人的话在这方面都看得比较开了。

较之其他三位,A 一直感受到较大的压力,其出柜也是出于心理压力的释放:

> 你跟别人不一样，他们会慢慢地发现……有时候真的不能在（对）你最亲的人，或者长时间交往的人有所隐瞒，因为有所隐瞒真的就对自己的这个心理压力无法释怀。

即便在出柜后，A 仍然还是感觉到了较为明显的来自身边同学的压力，他将其归因于自己考到了一个不太好的学校。

> 就是到了一个不太好的学校，大家的中心可能都会放在娱乐上面……那这个时候大家交谈的重心就会放在我身上，讨论到关于同性恋的事情……感觉从那个时候走过来，那个时候无论是在学习上包括在家里这个和睦关系的情况上，再就是和同学交往的这个选择上，或者是被他们说了之后，这个各方面的心理压力还有各种压力吧，可能就是压力特别的大。

但是他用一种比喻很明确地表达出了对自己的认识：

> 我们说塑料它不可能变成水。它就算热了之后，它冷却了之后它还会变硬，它还是塑料。这个属性真的很难改变。

然而，这时无论有没有明确向家人出柜，访谈对象开始都感觉到了来自家庭尤其是父母的压力，这时他们出于关心父母而开始考虑到父母的感受，进入适婚年龄后家人对其终身大事的关注也让他们明显有了压力。

> A：这个时候会考虑到自己家里人，或者每次过年过节的时候，自己家的亲戚这个时候就会谈到自己的这个终身大事，会谈到以后的这个，会

谈婚论嫁对不对，就会谈到自己以后的这个幸福吧……

B：跟家里人不好说这个事情是吧……我不确定对他们来说这是否尴尬，只是说自己并没有向跟他们说……觉得还是，就是不要跟家里人说比较好，因为对他们也是一种保护。

C：上了大学之后，交了第一任男朋友……之后我爸就有意识到这方面的问题，找我谈了次话，就是说，说如果你真有这方面倾向的话，我这辈子我真的是白养你了，白活了，说的时候眼睛都带泪……那是我长大之后第一次看他们哭……我最亲爱的外婆跟我说，这种行为连畜生都还不如，然后当时还蛮伤心的……那个时候压力真的很大，然后也因为这个跟我男友分手……一个人的确不好过，但是我觉得，对自己的家庭，自己的爸妈，自己的家人要负责。

D：就是怕他们会想太多……家长都希望自己的小孩过得好嘛，然后会觉得说，呃，万一你将来，呃，被歧视啊，或者说没有人养老啊，然后这种东西他们会想得比较多。

4. 未来：面对现实的选择

B、C、D 已经比较坦然地接受了自己的同性恋身份，但是面对即将到来的婚姻问题，他们较为明白地选择了坚持自己的生活。

B：自己会尽量说服家里人，因为，我们家里……我不喜欢做的事情他们也不会强迫我去做，就是只要是跟他们说明是为什么，就是觉得这个问题感觉不大。

C：我觉得我不会结婚的，因为我觉得我害了一个女孩子……不仅害了一个女孩子，还害了女孩的那个家庭，所以你就害了一群人。

D：估计以后时机成熟了找到合适的对象，会跟家里比较正式地出柜吧……形婚我觉得不太靠谱，因为毕竟两个人如果说要一起走下去的话，形婚也没有多大意义……就是觉得自己一个人可以养活自己，然后自己一个人过自己的日子就可以了，不一定非要跟别人绑在一起吧。

但是 A 却预期自己会屈服于压力：

我只知道我，就是很有可能会像正常人一样结婚，但是呢，我可能真的不会去爱她。

在整个访谈过程中，B、C、D 的叙事语调均以积极为主，虽然在谈及不愉快事件或压力时会出现一些低沉，但是鉴于目前已获得的较为积极的自我认同，他们并未对未来有过多担忧，都倾向于积极地为自己的未来努力和争取，只有 A 可能会在压力面前屈服。

将四位访谈对象进行比较后，综合而言，B、C、D 对自己同性恋身份的认知和接受比较好，感受到的压力也较小，但是 A 却一直感受到了压力，虽然他以一种追忆美好往昔的口吻叙述了自己以往的恋情。他对压力的叙说最为形象生动，使用了"正态分布"来描述压力的变化过程，而他认为自己最终很可能会向现实低头。

A 的压力感可能与他内心深处并不积极的自我认同与接受有关。访谈中 A 在谈到压力时说道：

如果大家都默认了我是有可能疑似同性恋患者，或者这一类人群，那这个似乎我的心理压力就非常的大，我就觉得大家在戴一种有色眼镜在看我。

访谈者捕捉到了"同性恋患者"这一不同寻常的表述，对此进行了提问：

刚才听你提到就是有一个词是同性恋患者，那你觉得这个词就是你不小心说出来的，还是你自己感觉是属于心理疾病之类的？

A 回答说：

呃，我觉得这个是，就是我一个认可的一个名词，一种概念吧，就是我说他是患者呢，患者大家知道就是有病对不对，可能就是你刚才说的一种心理疾病，但是我刚才我具体的我自己不知道，我不知道我这个到底是先天还是后天，如果换成别人也有可能会成为我这样的患者，我并不觉得患者它是一个贬义词啊，我并不觉得，我也并没有贬低这个身份，我只是觉得换成别的人的话，如果从我的小时候，或者是我的这个生活环境，也就是我和女性交往的比较多，我小时候是奶奶一手带大的，然后也是和妹妹生活在一起，那这个时候我会觉得，如果换成别人的话，也可能会成为我这样的患者，那这个时候我觉得别人是不是先天的，或者说同志他是不是先天形成的，或者是后天出现的一个心理障碍，我不知道到底有哪些情况，现在的科学家心理学家也没有办法给我们一些明确答案。我不知道到底我也有没有可能是后天的这个环境所导致的。

以上这段叙述的逻辑并不太清晰，而语速也明显比其他部分要快，并且使用了非常多的带着不确定意味的语气词。研究者认为他可能在无意识中对"同性恋患者"这一词语有一定的认同，并在无意中使用了这个词，但是出于对该词语的自然抗拒和自我防御，他又试图进行自我辩解，向研究者解释清楚自己并非觉得同性恋不好，因此在回答访谈者的追问时显得比较局促，表述不清。

（二）压力应对策略

当开始意识到自己与众不同的性取向后，四位研究参与者通过以下各种途径来缓解自己的压力。1. 阅读漫画、文学作品，观看动画。这是在最初阶段采用最多的策略。这使他们对同性恋有了更多的认识和了解。2. 向身边朋友或同学出柜。这种应对方式出现在明确了自己的同性恋取向后，它不仅缓解了隐瞒自己的性取向所导致的心理负担，也使他们获得了一些外部的情感支持。3. 积极通过网络资源或其他途径，了解并进入相关圈子，寻找精神支持和恋爱伴侣。

（三）讨论

本研究所提出的男同性恋者在自我认同发展中的几个阶段与已有研究较为一致，在压力源上也主要是来自父母。但是在对一般性社会压力的认知上，除了一位访谈对象，其他三位并不高。这一结果支持了生命历程理论。该理论强调社会、文化，特别是历史环境对个人生活与发展的显著影响。它提出了两个与研究性倾向有关的原则：历史时空原则和个人能动性原则。历史时空原则侧重分析个体属于哪一个同龄群体、在哪一年出生（出生组效应），以及出生在什么地方（地理效应）（包蕾萍，桑标，2006）。这一原则认为在巨大的社会变迁中，生活在不同历史时期、不同地理环境下的个体拥有的社会机会和受到的社会限制是不一样的，他们的生命历程会有很大的差异。例如杜布（Dube，2000）认为随着时代的发展，青年更容易获得社会资源和相关信息，社会对同性恋的态度更包容，因此他们能更迅速地调节认知、情感、行为上的矛盾。年轻一代比年长一代的性认同发展过程历时更短，且完成各个发展阶段的年龄有所提前。

　　较之十几年前，当下中国社会尤其是城市人群对同性恋的认识已经有了很大发展，媒体中对艺人等的出柜报导屡见不鲜，与同性恋相关的文学作品和动漫等在青少年中比较流行，网络的迅猛发展也极大地促进了同性恋者的自我认知和认同。本研究的四位访谈对象年龄在20—30岁，均来自城市，并且正在或曾在大城市求学，他们所处的社会环境中的同学和朋友大多对同性恋表现出了较大的包容，也为他们寻求志同道合的恋人提供了便利。因此正处于婚恋时期的这一年轻一代来自同辈的压力已经大为减少，不再羞于向身边朋友出柜。

　　本研究同样也发现，这几位访谈对象最不愿意选择向父母出柜。它典型地反映了中国独特性文化对同性恋者的影响。在传统中国文化中，人的最主要属性是家庭和更大社会的成员，因此中国的同性恋者不仅要追求独立自我，更要考虑置身其中的关系背景。在一个仍然将孝道作为重要个人评价标准、终生与父母保持密切关系的社会中，因为自己的性取向而让父母或亲人受到伤害是他们最不愿意看到的。父母不会轻易接受子女的同性恋身份，更何况父母还会为"不正常的"子女而感到丢脸，成为他人的谈资。此外，谈婚论嫁、传宗接代是一种理所当然的责任。但是同样也要看到，随着对同性恋了解的增多，新一代的父母有些也开始慢慢接纳同性恋，而这一变化同样也符合生命历程理论。最理想的情况以及盼望是，父母能认识到子女能否幸福在于能否活出自己想要的姿态，能否开心地活着，而不是被太多现实的问题所牵绊。

　　四位访谈对象的家庭与生活背景各不相同，其感受到的压力与是否出柜的选择也存在差异。A 是比较典型的乖乖仔，家庭和睦，大概因此也就不太愿意向家人出柜，怕伤害到家人的感情，而其自身感受到的压力也颇大；B 的家庭对其管理的方式比较自由，因此也就更可能会去追求出柜；C 跟家里的老人一起长大，老人信佛，他也知道一心向善，如果选择不出柜会造成更大的伤害，因此尽管有压力还是会选择出柜；D 成长过程也是比较自由，类似 B，对自己的生活规划有自己的想法，因此压力也不大。不过四位访谈者离谈婚论嫁的年纪尚有几年，研究者认为届时他们感受到的压力可能会大于现在。

研究者作为四位访谈对象的朋友，也从他们的访谈中更加了解了其平常不会提及的问题，从新的角度认识了这几位朋友。或许最直接的感受就是，每个人都是有故事的人，每个人的种种经历的确会造成个人人生道路选择的不同。每个人最后的选择，或许不是最好的选择，但应该是正确的选择。

四、结论与建议

本研究通过叙事方法初步探究了四位男同性恋者在生活中对性文化压力的认知，了解了当今男同性恋者在中国特殊性文化环境下的生活状况。采用纵向研究，长期追踪四位访谈对象以考察同性恋的性文化认知发展过程与特点，是本研究今后的计划。纵向研究能很好地融合阶段模型和影响因素模型的优势，不仅能收集各发展阶段的重要信息，还能追踪整个过程中外界因素对认同发展的影响。这种压力认知和认同发展是贯穿一生的过程，在一生中都有可能改变，需要进行跨时间的更为密切的观察和探究。这样研究才能达到一定的深度，进行更为深入的讨论分析，以描绘出男同性恋者心理发展的清晰历程。它本身也构成了综合性叙事分析中的重要核心部分。

本研究选取的样本都偏年轻，尚未面临真正的婚姻压力，也许他们中有人最后还是会迫于压力选择形式婚姻。因为在某种意义上而言，中国同性恋者采取形式婚姻这种回避式的"中庸"姿态有它自身的合理性。形式婚姻在儒家文化中可以成为保全"面子"的一个合情合理的方式（王晴锋，2011）。研究者与这几位被访谈者有着比较密切的联系，因此预期将继续跟进他们的生活，进行后续研究和访谈。在后续研究中，也将会对本次访谈中的一些问题进行更为深入的挖掘，例如 A 的访谈结束后，他主动提出今后可以进行更深入细致的访谈，例如他曾经压力大到有过轻生的想法。

虽然较之其他三位访谈对象，A 对于压力的认知是最明确的，也讲述了最为丰富、详细和生动的故事（可能是因为其"出柜"程度是最小的，挣扎的心路历程更多），但是从积极心理学的角度而言，B、C、D 的故事也值得我们去探讨。例如，自我认同是否也有积极与消极之分以及如何理解这种区别，这是否符合西方学者（Rosario，Schrimshaw & Hunter，2006）提出的认同发展包含认同形成和认同整合这两个部分，以及积极的自我认同是否和压力的认知有关等，从而发现积极认同和应对的过程与机制。此外，今后可以在访谈之外结合其他量化研究方法，以解答 A 与 B、C、D 对压力认知的区别是什么导致的，如进行人格测量以考察人格特征是否和对压力的敏感性有关。

此外，由于本研究所选取样本在不同程度上都有对身边人出柜的经历，因而无法将其身受之压力与未出柜者进行比较。不过研究者推测，对于出柜的原因，主要有自我心理压力过大、身处环境较为宽松、个体对于社会"污名"与偏见有较强调适能力等。而出柜与非出柜者所感受到的压力在类型上是存在差异的。已出柜者曝露内心秘密后，较之现实里更多尚未出柜、也不打算出柜的同性恋者，前者在某种程度上减轻了自我心理压力，然而可能会遭受来自他人的歧视，知晓实情后的家人依然会催促找对象等更大压力，以及更担心未来能否与伴侣结婚和能否养育后代的问题。虽然本研究也探究了访谈对象在出柜前的压力认知，然而彼时他们年纪尚轻，与当下人生阶段所感知到的压力必然存在差异。如若采用叙事研究方法，则只能通过回溯记忆获取出柜前的压力认知。这些问题都尚需进一步探究。

研究者个人认为，作为同性恋者，选择出柜也许是最佳的选择。形婚、骗婚是对他人极不负责的表现。然而在同性恋者出柜之前，最好能够达到人格独立以及经济独立，还可以通过向父母分享一些关于同性恋者、双性恋者、跨性别者的新闻和知识来让父母了解"It's OK to be different"的道理来进行出柜的铺垫。最完美的场景莫过于带着心爱的伴侣面对面和父母坦诚相待。虽然中国的父母未必能完全接受，但是本着希望自己的孩子能过得开心、幸福的想法，在一定程度上也是能理解并慢慢接受的。作为父母，除了对同性恋的身份有所担忧外，其实也担心自己的孩子会不会因为同性恋者的身份遭到霸凌和歧视。孩子向父母证明自己能有所成，能撑起自己的世界，父母也自然会少些担忧与恐惧。

最后，目前国内同性恋互助团体等社会支持机构很少，整个同性恋公益进展缓慢，这也在一定程度上影响着中国同性恋群体的生存环境。希望借此研究让更多人真实地了解这一特殊群体，并据此引起公众对传统道德以及性文化教育方面的思考。

参考文献

白璐,徐震雷,汤海明(2013).社会性别规范与男同性恋者性身份认同.中国性科学,22,78—83.

包蕾萍,桑标(2006).习俗还是发生?——生命历程理论视角下的毕生发展.华东师范大学学报(教育科学版),24,49—26.

高淑艳,贾晓明(2008).近15年来国内同性恋的研究概况.中国健康心理学杂志,16,461—463.

李银河(2002).同性恋亚文化.北京:中国友谊出版公司.

刘俊,张进辅(2009).同性恋认同发展的理论模型述评.心理科学进展,17,403—413.

王晴锋(2011).认同而不"出柜"——同性恋者生存现状的调查研究.中国农业大学学报(社会科学版),28,142—153.

王中杰,冯成亮,耿耀国(2012).男同性恋大学生性身份认同的定性研究.中国心理卫生杂志,26,620—625.

杨玲,谢远俊(2011).男同性恋者自我认同发展的质性研究.中国性科学,20,42—45.

张北川(1994).同性爱.济南:山东科学技术出版社.

Cass, V. C. (1984). Homosexual Identity Formation: Testing a Theoretical Model. *The Journal of Sex Research*, 20, 143–167.

Dube, E. M. (2000). The Role of Sexual Behavior in the Identification Process of Gay and Bisexual males. *The Journal of Sex Research*, 37, 123–132.

Frable, D. E. S., Wortman, C. & Joseph, J. (1997). Predicting Self-esteem, Well-being, and Distress in a Cohort of Gay Men: The Importance of Cultural Stigma, Personal Visibility, Community Networks, and Positive Identity. *Journal of Personality*, 65, 599–624.

Hammack, P. L. (2005). The Life Course Development of Human Sexual Orientation: An Integrative Paradigm. *Human Development*, 48, 267–290.

Rosario, M., Hunter. J., Maguen. S., Gwadz, M. & Smith, R. (2001). The Coming-out Process and Its Adaptational and Health-related Associations Among Gay, Lesbian, and Bisexual Youths: Stipulation and Exploration of a Model. *American Journal of Community Psychology*, 29, 133–160.

Gays' Cognition of Sexual Culture Pressure: An Exploring Narrative Research

Yi Liu   Yinjia Xiao

(Department of Psychology, Wuhan University, Wuhan, 430072)

/ Abstract /

This study presents the narrative of four male homosexuals who live under China's sexual culture, and explores how their lives and the pressures they feel interact with each other. Four themes or stages are drawn from the narrative: initial awareness of their homosexual tendency; clarification of their homosexual tendency; acceptance of their homosexual identity; planning of the future. The pressures and sources in the four stages are different, and the strategies used also varied. Longitudinal research will be performed in the future to further explore the development of sex culture cognition.

/ Keywords /

pressure, sexual culture, narrative research, gay

出走回家：多元文化下幼儿教师读写教学之叙说与反思

赖诚斌[1]* 陈俞君[2]

([1]辅仁大学心理学系，台湾台北，24205)

([2]树德科技大学儿童与家庭服务系，台湾高雄，82445)

/ 摘　要 /

本研究试图以读写萌发教学之叙说文本，探绘幼儿教师多元文化的教育样貌。借由叙说方法分析重构读写萌发型幼儿教师之访谈数据；协同幼儿教师发展对教学文本的社会批判性思考，反思回观自身的读写教学经验，归结整理出读写萌发型幼儿教师以"儿童生活为整体""实践之难"的教育样貌，串联成为可理解的故事。希望以此重构的幼教专业故事，让幼儿教师能有所经验参照，在自我与集体互相参照下，得以进一步建构幼儿教师在多元文化社会之专业图像。

/ 关键词 /

幼儿教师，读写萌发，多元文化，叙说，反思

---

* 赖诚斌，辅仁大学兼任助理教授/博士，E-mail: davidstuedu@gmail.com

一、前言

幼儿如何学会读与写？1966年克雷（Clay）提出"读写萌发"（emergent literacy）的概念（引自 Teale & Sulzby, 1986），或称"早期读写"（early literacy），来思考这问题，促发了幼儿早期的读写发展的新取向。与"全语言教育"（whole language）（Goodman, 1986）的理念一致，读写萌发认为语文学习应该在自然、对幼儿有意义的情境下发生，强调语文学习的完整性。读写的发展是浸泡式的，幼儿在充满语文的读写环境中成长。对于口语和书面语言功能的觉知和使用，早在幼儿接受正式教育之前就已经开始，借由日常生活中沟通的需求和语言的使用，幼儿学习并创造语文。近年来，这样的幼儿读写发展理念已逐渐取代传统阅读准备度的观念，成为台湾的学前教育学界与实务界的主流观点（林惠娟，2004；曾世杰，简淑真，2006）。

台湾在幼儿教师读写教学方面，研究焦点集中在教师的教学信念、策略、方法、材料、活动、环境、信念与实作之关系等面向（陈婷芳，1995；邓慧茹，2007；陈俞君，2008；黄佩岑，2009）的探讨。尽管其研究方法、焦点、发现和结论可能不同，但对于读写萌发所关注的读写环境（读写互动及其发生地），都是指课室（广义扩及园所）。既然是研究教师教学，以课室为读写环境，似乎是理所当然的设定。然而这样的"理所当然"，却浮现出一个隐身于后的共同景象：回望其社会互动的研究基点，可以看到立基于实体论的知识观所观照出的社会世界。此研究视野下所不谈的东西，却隐藏有"读写萌发"中重要的教育文化关系：视儿童心灵为社会建构下一种不可化约、自我创化的文化（Lancy, 1994；Voss, 1996；冯朝霖，2004；Bruner, 2001, 1986）。"读写萌发"以"完整性"为中心去思考学习者、互动情境与环境、语文学习，三者又互相影响其形构。虽然"读写萌发"并无清楚宣称其知识论立场，但以整体意象而言,"文化生成""社会建构"要比"语文教育""社会互动"更为接近其教育文化图像。也就是说幼儿读写教育,对教师而言,除了传统的教学专业外,更艰难的是"文化"上的挑战。以幼儿教师在新住民儿童的学前读写教育中所面对的困境来思考,更可以廓清"读写萌发"的文化教育视野。

台湾新住民儿童由于跨国文化的家庭背景关系,在课业学习、语言及语文发展、社会适应等方面有着一定程度但无定论的影响(吴俊宪,吴锦惠,2007;钟凤娇,王国川,陈永明,2006;廖玉婕,2006)。当教室里学生背景变得多样化时,教师同时面临多元文化及教学两方面的冲击(张凌雯,2007;马淑人,2009;吴雅玲,2004),也改变了幼教专业内容与需求。有关新住民之幼师研究,虽方向与焦点纷杂(林淑莉,2007),但从中最能看到的共通处,是幼师教育理念和实务作为之间难以跨越的落差。同样的,在读写教学之幼儿教师也呈现出知行难合一的实践之难(Richardson et al., 1991;郑瑞娟,2000;Patterson, 2002)。然而这样的教育困境常被化成较好辨认的幼儿语文学习问题、亲师沟通或亲职功能问题(林怡萱,2007;郑凤凤,2008)。若只聚焦于问题解决之思考,反而让幼师无识(视)自身所置的多元文化社会脉络,误读其中的新住民现象,让自己陷入诸多不确定与困顿之中。

台湾的幼教领域中,虽在职前就开始多元文化教育,教保专业培育系所多开设有相关课程,但以知识与技能养成为主,态度和意识觉察则较少(周梅雀,2010)。接受和尊重不同文化的差异,拥有多元文化价值观,虽然是幼儿教师被教育和认同的教育观念,但是另一方面却受中产阶级价值观及主流文化教养影响,将主流文化常态化,成为隐默的参考标准,用以看待孩子与家长之"差异",依此提出主观评价,进而隐性地在影响教学与亲师互动(吴雅玲,2007;徐明,2008,2009)。所出现的教育景象是:幼儿教师自认秉持多元文化信念,能尊重开放的态度来面对不同文化,并从事教学,但访谈中"有些用字遣词反映出充满歧视性的意涵"（陈儒晰，2011：39）。在自由主义态度的包装下，新住民儿童教育的困境更无从现身与辨认。

基于在此脉络中幼教增权培力的需求，"行动"取向的教育方案和研究应运而生（何缊琪，许文瑜，2005）。在谈教育专才培育上所需的多元文化教育，也从"观念""尊重""能力""敏感度"等概念，谈到多元文化素养（literacy）内涵（蔡纯纯，2006；赖怡佩，2007；王雅玄，2007），其中核心素养就是"批判性多元文化素养"（critical multicultural literacy）（王雅玄，2008），意指基于改变的旨趣与热情，以个人和社会、内在和外在世界的关系作为行动场域（field），进行个人反思性（reflection）与社会反身性（reflexivity）工作。

将儿童多文化背景的课室园所，视为复杂社会文化交会之场域，此时读写教学已不仅是语文学习，亦作为文化学习脉络性的第三空间（third space），提供不同系统的认同再现（representation）得以对话聚合，让混杂性（hybridity）在其互渗交融（interpenetrate）会合处创发出形塑多方社会主体的新种型文化与新的社会认同（Manyak，2002；Max & Stammet，2005；Bhatt，2008）。由此观之，"读写萌发"对台湾新住民家庭幼儿来说，将不只是早期读写能力是否影响未来阅读书写能力发展的语文教育议题（Sulzby & Teale，1991），而且是关于自我与文化、社会认同之文化教育议题（Gutiérrez，2002，2008；Hyun，2007；Schachter & Galili-Schachter，2012）。读写萌发和维果斯基（Vygotsky，1978）重要的接壤在于语言学习的社会文化性。然而最近侧发展区（ZPD，the zone of proximal development）常被窄化为"以成人为中心的鹰架（scaffolding）空间"（Gutiérrez，2008）。这样观点下的读写萌发容易限制其社会文化的多元发展，也框限幼儿教师于既有的社会与教育角色。古铁雷斯（Gutiérrez，2008）分析了能够促使少数族裔学生形成多元文化自我认同的教育实例，提出"集体第三空间"（collective third space）的概念，视语言和文本读写为个人与社会图像之形构，将史性（过去、现在与未来想象）和互为主体共构性置入最近侧发展区概念而成立体维度之社会文化学习空间，以社会批判性素养（sociocritical literacy）为其学习核心。此论述为读写萌发和多元文化幼师培育带来以下重要思考：1. 互为主体共构性的概念，是视教师为集体形构与学习生态之一环，幼儿教师专业则在于促发（非教导）学习者社会批判性思考。2. "集体第三空间"可视为培育幼师社会批判性素养之课程，亦可视为幼师发展社会批判性思考之文本学习。3. 以文本视之，幼儿教师读写萌发教学之样貌为何？如何以此建构幼儿教师多元文化之学习空间？

读写教学在幼师培育中只是语文教学中的一小环节，而师培机构的多元文化课程亦少以行动与批判为推进方向（徐明，2009；周梅雀，2010）。进入职场后，幼儿教师又难有"文化教育者"或"社会行动者"的专业参照而形成专业面貌。本研究试图以叙说典范响应上述的教育思考，将读写萌发教学故事与幼儿教师专业之意义予以建构与解构，衍生诠释及再建构，并以概念性隐喻作为叙说之文本理解、概念获取及批判性思考的工具，形构出幼师教育样貌，希望引动更多幼儿教师的参照叙说，交织建构出朝向多元文化社会之专业图像。

二、问题意识、研究方法及对象

根据陈俞君等（2010）针对高屏地区475位幼儿教师如何教导孩子的问卷调查发现，约54.7%的老师认为新住民家庭的孩子读写学习落后班上同年龄儿童。有59.6%的老师认为需要进行教学方面的调整，有61%的老师认为不管是新住民或一般儿童，读写教学目标和教学方法都应该相同（见表1）。这些老师在教导孩子读写学习时，有77.5%的老师会提供额外的学习机会；并且认为重复练习、强调拼音或认字的教学，对孩子读写学习是重要的。有

48.4%的老师认为,自己在教导孩子的读写学习上有困难。研究之访谈资料分析指出,部分受访老师认为新住民母亲可能没有办法在家协助幼儿教学,或认为新住民母亲的发音情形,可能影响幼儿的发音,所以教师通常会利用在校时间,协助孩子读写的学习。方法包括课后的个别教导,以及提供重复练习的机会。

表 1 教师对教导孩子想法各题项描述性统计摘要

题目	平均数	标准差	"同意"人数百分比
新住民儿童的读写学习和发展有落后的情形	2.59	.67	54.7%
不需要进行教学方面的调整	2.37	.67	40.4%
应该强调拼音、认字的教导	2.73	.72	60.8%
会额外提供新住民儿童读写学习的机会	2.90	.63	77.5%
重复练习是最有帮助的策略	3.09	.69	84%
读写不是新住民儿童首要的学习目标	2.65	.74	59.8%
目标及教学方法都一样	2.70	.71	61%
教导新住民儿童读写学习上,我没有任何困难	2.56	.66	51.6%

简述之,幼儿教师最常秉持的教学信念与态度,是以一律平等之态度对待不同文化与社会背景的学生。幼儿教师视孩子的读写问题为能力落后的问题,处理方式与一般读写能力落后的台湾儿童一样,以补强能力为主。而且因其新住民背景之故,幼儿教师更愿意多花时间精力为其补强。

这些访谈资料在科学的典范性思考(paradigmatic mode)(Bruner,1986)下,会变成客观事件之组成。若只依文字表面客观性来认识,可能成为"幼儿教师以补救教学解决儿童因其妈妈是外配而语文能力落后之问题"的命题式知识。然而上述资料若放置于相关之教育脉络或孩子社会生活中,以故事性思考(narrative mode)(Bruner,1986)所掌握到的教学作用和意义,则可能是由于教师愿为其多花时间的耐心陪伴,让孩子感受到被重视以及教育爱,其所产生的作用和影响,将不止在语文方面。这两种不同的思考,会引领看见不同的读写教学,得到对教育不同的答案,产生不同的教育影响。

新住民儿童幼儿教师的读写教学样貌,呈现出幼儿教师视"儿童读写"为能力,而非文化,因而"新住民"家庭背景,并非以文化角度纳入其教育视域。然而,能落实读写萌发信念于教学的幼儿教师,也是如此吗?有无加入对新住民儿童的文化思考?还是有其他特殊的教学样貌?由以上探问出发,借由"教师读写萌发教学信念与实作量表",找出能落实萌发信念于教学的新住民儿童幼儿教师(陈俞君等,2010),针对有意愿受访者进行访谈,发展成第一阶段研究。

在第一阶段研究的访谈资料中,有些蕴含丰富的文化教育意义的事件,虽常当作故事被叙说,却没有被叙说者细细审思过。例如以下 L 老师的例子,时有所闻,但其中隐藏的"文化性学习落后现象",若没有被检视重思则不会被看到,也不会对叙说者产生文化学习:

> 新住民妈妈疏忽了小孩应该中班就入学,所以那孩子刚进来的时候,我以为他是来读中班,事实是他已经是大班了。刚开始的时候他在认知方面连数字 1234 都不会,连最基本的颜色也都不认识。曾经有一度帮他填发展迟缓,甚至已经建议爸爸考虑让他缓读一年,那时候我其实很害怕是不是因为新住民家庭的种种因素而造成的影响,那就不知如何使力了。虽然很难决定到底怎么做比较好,但我还是跟家长说就再半年试试看,如果真的不行的话,下学期再做缓读呈报。第一个月、第二个月其实孩子完全没有进步,也对教学没有什么反应。但是寒假过后下学期的时候,再回到学校的时候,他在认知方面,尤其是颜色、数理能力方面表现很强,其他方面也跟一般的孩子差不多了。……我发现他很可以主动去拿图画书来看,然后他也会问说"ㄟ~老师这个怎么念呀!"跟刚开始的时候,他的

表现差别非常大。

对于孩子的进步，当时 L 老师并没有进一步思考，视之为自然而然的发展现象。然而在叙说者进入生命反思回观的对话中重新审视这事件，发现自己在过程中对孩子的需求敏感度很高，而且真的有停下来观察孩子，而不是一发现孩子落后和不如，就以既有的知识和以前习惯的思考方式来判断、处理和教育小孩。L 老师发现自己对新住民儿童的读写教学，真的和一般台湾儿童不同，但并不是因为对其母国文化有所了解而有不同，而是另外有与新住民妈妈同行的故事。于是我们第二阶段的研究重点，是协同幼儿教师以故事性思考与批判反思穿越所叙说之事件表象，并重新解读脉络中的教育故事。

为了解幼儿教师的读写萌发教学样貌，陈俞君与赖诚斌（Chen & Lai, 2012）以信念和实作两轴向，进一步分析陈俞君、赖诚斌和刘蔚萍（2010）的研究资料，以探究台湾学前教师读写教学之形态。将学前教师在信念和实作的表现，分为偏向读写萌发、无法区分和偏向传统读写三个分类，依此将学前教师读写教学分为九类不同形态。其中，读写信念和实作一致，且皆为萌发取向的教师，称为"读写萌发型"，意即该型幼师能以读写萌发的信念和行为一致的读写教学构作学前儿童的学习氛围。该型幼师有以下特性：他们的年龄及教学年资高于其他类型的教师，且有较高的教育程度，约三分之一拥有硕士学位。然而，幼儿教师在读写萌发知识得分高低，与其读写萌发信念和实作并无显著关系。显示要捕捉且落实"读写萌发"这种高抽象性的教育精神，难以经由知识给予而直接习得。那么，除了放诸个人修为，幼儿教师可以借何陶成？

叙说作为教育方法（narrative as pedagogy）（Goodson & Gill, 2011），即企图回应体制教育在伦理德性上的无力，以"转化"（transformation）与整合（consolidation）为主要意象之叙说学习（narrative learning），区别出不同于传

统强调"获得""改变"之学习意涵,在反思对话中,作用于学习者生命整体之发展,道德伦理之陶成与社会文化之创化。叙说典范认为,"故事"是理解人类研究活动与行为的根本隐喻(narrative as a root metaphor),也因此产生指引人类行为和人生发展的重要功能(Sarbin, 1986; Bruner, 2004)。叙说且具备在人类社会活动和实践中的中介属性,借由意义共享而产生集体性团结的需求(Hammack & Pilecki, 2012)。据此而言,创造"集体性故事"或"典范故事"之文本(Polkinghorne, 1988)以描绘社群或专业图像,有助于学习者草拟生命行动(plot)(Ricoeur, 1992),导引其进入"想象社群"并建构出"社群认同"(Cohen, 1985; Anderson, 1991)。本研究即以叙说为研究方法及思考,将协同叙说者反思其教育故事,并产生集体性故事,以引导幼儿教师产生多元文化教学之社群想象。

本研究之对象为依据陈俞君、赖诚斌和刘蔚萍(2010)以及陈俞君与赖诚斌(Chen & Lai, 2012)之研究,从中筛检出六位读写萌发型幼儿教师(代号为L、A、E、Q、S、R,资料见表2),以其访谈资料为研究文本。本研究第一阶段以深度访谈作为叙说探究中一种收集叙说资料的研究方法。第二阶段针对第一阶段中,两位社会行动力与叙说意愿高的幼儿教师进行回访,将访谈作为叙说探究(narrative inquiry)中的对话反思(dialogue and reflection)(Goodson & Gill, 2011)。具体研究步骤如下:

表2 六位读写萌发型幼儿教师数据

教师代号	园所	文本编号	教育程度	年资	教学类型
L	私幼	L01; L02	研究生	11-15	读写萌发型
A	公幼	A01	研究生	5-10	读写萌发型
E	公幼	E01; E02	研究生	5-10	读写萌发型
Q	私托	Q01	大学	11-15	读写萌发型
S	私托	S01	大学	11-15	读写萌发型
R	私托	R01	研究生	5-10	读写萌发型

1. 针对读写萌发型幼儿教师,进行读写教学经验之访谈,转录誊写为书面文本后进行编码,将代号 L、A、E、Q、S、R 之文本数据,编码为 L01、A01、E01、Q01、S01、R01。

2. 形成阅读文本的架构概念。参酌林惠娟（2004）之研究,本研究将影响学前读写教学实施的相关因素,以叙说三个向度：人和社会互动性（interaction：personal and social）、时间连续性（continuity：past, present and future）、场所情境性（place：situation）（Clandinin & Connelly, 2000）加以区分,形成阅读文本资料的架构概念。

3. 进行文本诠释分析,形成架构故事的初步概念。以步骤四之架构概念反复阅读分析文本后,将阅读文本的架构概念重新概念框定,成为架构故事的初步概念。本研究架构故事的初步概念如下：幼儿教师社会互动性分为（1）与儿童：包括提供聆听、表达与讨论的学习机会、增加各种书写与阅读活动、营造全语言教学气氛、了解儿童不同之学习态度和价值观。（2）与家长：包括设计亲子的语文活动,与家长沟通教育理念,落实家长参与教学,发展协同关系。（3）与幼儿园：包括幼儿园行政与教育理念之影响。（4）与小区：了解地区社会关系特性。以时间连续性区分读写萌发型教师的教学为：传统读写教学、读写萌发教学和反思性教学。教学场所情境性则分为课室教育环境（包括提供丰富的文字环境、民主讨论的气氛、语文融入学习角实施、经验图表的运用、环境文字的营造、纸笔和图书之提供）和社会文化场境（包括课室外儿童家庭生活、社会教育活动场域）。

4. 第二阶段研究针对第一阶段中,两位社会行动力与叙说意愿高的幼儿教师进行回访,援用古德温和吉尔（Goodson & Gill, 2011）之叙述（narration）、协同（collaboration）、坐落（location）三阶段叙说学习螺旋历程（spiral process of narrative learning）（见图1）的理论概念,作为协同幼儿教师进行批判性反思,发展对其读写教学的新视框。第一阶段的访谈资料,是为本研究阶段进入叙说互动之前置基础。

5. 借由共同阅读文本与对话式提问,协同幼儿教师检查第一阶段之分析概念与读写教学经验,共同发展新概念,进行第二阶段反思叙说。并将第二阶段研究访谈文本编码,将代号 L、E 之文本,编码为 L02、E02。综合两阶段 L01、A01、E01、Q01、S01、R01、L02、E02 之叙说资料重新书写一个新文本。

6. 以故事形式,加上研究者协同 L、E 两位幼儿教师进行反思对话,发展出框定故事的文化教育视野,进一步书写成读写萌发型教师——M 师社会文化学习的教育故事,发表为公开知识,以文本为社会互动场域,以为进一步图像建构之基础。此可视为其他幼儿教师进入叙说学习螺旋历程中的第三种声音(图1)。

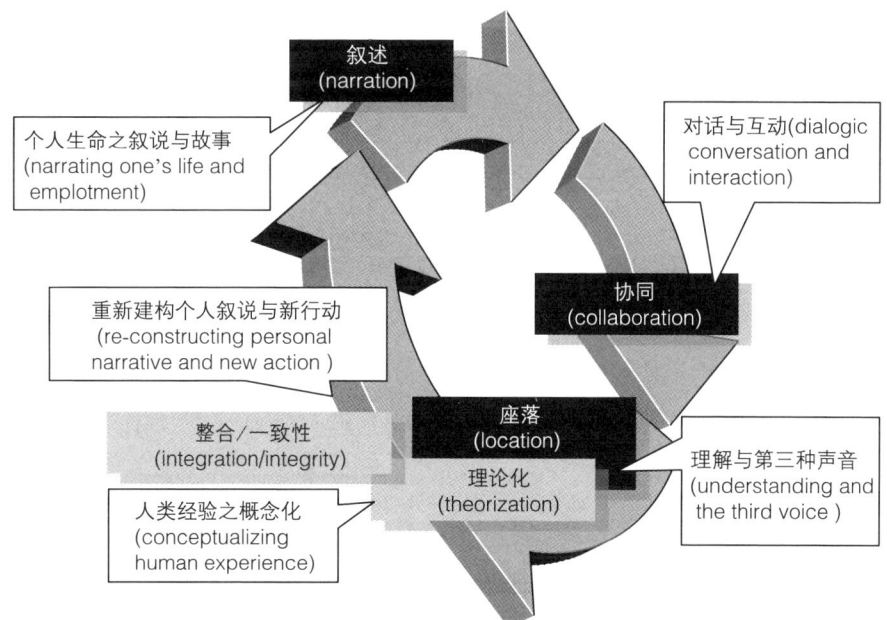

图1 叙说学习螺旋历程(spiral process of narrative learning)

(摘自 Goodson & Gill,2011:126)

三、研究结果

本研究结果依据两位幼儿教师（L 和 E）与研究者的对话反思，以及四位幼儿教师（A、Q、S、R）第一阶段访谈，重新组织成为 M 师关于读写萌发**"出走回家"**的教育故事。M 师早期的读写教学历程呈现六位老师累积教学经验后的读写教学样貌，也包含老师们在面临多元家庭的读写教学调整，以及 M 师进修研究所修习叙说课程之后的故事（此以两位幼儿教师 L 和 E 为主）。研究结果以宋体文字表示重构之故事，文字后括号里的编码，如（L01，A01），表示该段编写内容来自 L01，A01 文本；以仿体文字表示研究者协同 L、E 两位幼儿教师进行反思对话，所发展出框定故事的视野；新住民妈妈简称妈妈。其故事如下：

1. 关于读写萌发，两年前 M 师在教室是这样做的

M 师已经在幼教工作 12 年了，4 年前开始觉得好疲乏。2 年前在小孩都上小学后，换到这个强调小区互助的幼儿园，虽然在家庭反对的压力下，仍然去了读研究所想充电。现在学分都修完，只剩论文还没完成。如果没有借由不同方式和机会回观自己的幼教专业和语文教学经验，M 师还无法走出专业疲惫（L01，E01）。

M 师认为孩子快乐成长最重要。文字是很没有感情的东西，要怎么把它攀关系变成有感情，M 师觉得从生活中连结，孩子才可能快乐学习，这也成为教学的主要挑战。用绘本说故事，是 M 师常做的活动。有时她会和孩子共读，可能念个两三页引起他们的兴趣就好，让他们会想要自己把剩下的念完。有时如果有孩子对绘本够熟悉，还会让孩子当小老师，带其他孩子念，训练领导和

带人念书的技巧。有时同一本书，第一次可能只讲故事大纲，第二次是用念的，把里面的字念给孩子听，挑里面有趣的成语问孩子它是什么意思，可以用在什么地方，第三次的目的又不一样，让孩子们可以重复看还会喜欢看。不过，有时 M 师只是看到一本很棒的书想跟小朋友分享，并没有特定目的，讲完只是说："这是一本很有趣的书喔！小朋友有空的话可以去书柜拿出来看。"有时候甚至只是觉得书本触感很好，触摸的感觉很棒，要孩子们一起体验而已。（L01、A01、E01、Q01、S01、R01）。

说故事后的活动，有时是让孩子谈生活化相关的经验，让小朋友图画他的生活，然后帮他们加文字加注音做图标联结。一方面可以留下纪录，另一方面可以让他们知道可以用画表达他们的想法。老师借由书写和画的联结，让他们知道这两者是有关系的。有时是延伸主题讨论，让他们发表看法，除了训练勇于表达外，M 师从当中可以知道，小朋友理解到什么。若是大班，团体讨论后会要他们做一点纪录，让小朋友在团体互动中彼此学习。例如 M 师不会在小朋友文字和图认错时直接教导，而是让他在同侪互动时发现和改正错误（L01，A01，E01，Q01，S01，R01）。

游戏是另一种读写学习方式。利用设计过的字卡或图卡让小朋友彼此认名字，是很受欢迎的活动。例如把字剪开，让大班分组比赛把句子或儿歌拼起来，或是以儿歌中提到的东西，来玩寻字游戏。M 师还设计不同声母跟韵母的上衣和裤子，让幼儿们进行衣服配对游戏（Q01、R01）。

为了增加孩子的语文学习经验，M 师让环境周遭充满语文，不只在语文角把学过的儿歌写出来，用字卡标示娃娃家物品，而且制造需要用到文字的情境。例如小朋友在学习区堆积木建构幼儿园及周边建物，M 师就会说："那人家来怎么知道这是什么幼儿园？"让小朋友想到拿纸书写，标示出幼儿园和建物。当小朋友不会写，问 M 师怎么写，M 师就会另纸书写，然后让小朋友仿写贴在积木上。

M师体会到，语文若跟小朋友的生活没什么关系，小朋友就不会觉得有需要。当小朋友知道原来"字"是让人知道自己想要表达的是什么，小朋友才会去关心这个字，慢慢喜欢那个字，会想认识并运用语文（A01，S01）。在阅读时，如果没有老师或志工妈妈和小朋友共读，他们也会全部围到阅读分享区看书，会自己去找书，打开来，然后就会说这个字是什么，这个字我认识，或者指字说出书名。其实文字不需要一笔一画教，孩子自然而然因为他们的兴趣、需要，就会去学（L01，A01，Q01，S01，R01）。

M师说："对，让他们能享受看书乐趣，就是我觉得要给他们的。"（L01）

2. 社会价值织成的课室帷幕

通过主流教养价值和社会适应观点的结合，M师发展出符合家长和社会期待的教学能耐，虽趋近学龄儿童的学习要求，却和当前学前教育所强调的学习文化不同。M师不自知地承接期待，却回避了其间的矛盾，越是教学表现优秀越是感到莫名的耗竭，这该是四年前M师疲惫不堪的重要原因。

在还没到现在这个强调小区互助的幼儿园之前，M师在私立幼儿园的读写教学主要是符应家长的期望——为小学的学习做准备，但M师虽然以社会接受度高的培养学习习惯为目标，她会依孩子的个别差异调整教学内容。M师当时想：其实以学龄前而言，作业量已经很少，可是每天还是要给一些功课。因为国小跟幼儿园差异性很大，若学前不写，儿童进到国小一定会有一段很长的痛苦适应期。所以先不论内容完整与否，让幼儿养成作业的习惯，慢慢再要求内容完整性跟精确性，既能符合大家的教育期待，又能让儿童有最少的学习阻力和最大的成就感，这是M师所认同之进步开放的幼教专业（Q01，S01）。M师以社会主流与家长期待之活泼、创新、领导、民主、尊重、全语文等精英价值与教育信念，发展出可以展现儿童读写能力的童谣教唱、不同类型学习单、表演发表、团体讨论纪录、方案展览等教学活动与策略。将读写视为语文能力的展现，在社会、家长、幼儿园之间寻求共同认可，面面俱到，成为M师追求与认定的专业图像，如此也屏蔽了来自新住民家庭与儿童学习需求的目光（A01，L01，L02）。

3. 课室中形貌隐晦的"新住民"儿童及其家庭

M师等自己的小孩长大些，比较有条件换工作，就去读研究所，经过研究所的进修之后，思考能力逐渐增进，有些在以前幼教工作中自然而然的事，好像不再那么理所当然。例如有一次在绘本教学后的绘画活动，M师要小朋友画看看除了故事内容外，主角还可以去哪儿玩？有个新住民孩子画了下面有四根柱的二楼建筑，牛在下面，家在上面的图。M师特别以此图当作接下来讨论分享的方向，包括介绍那孩子家乡建筑特色和生活方式跟台湾不一样的地方，文化与风俗习惯的差异。这引起大家高度兴趣，对那孩子和异文化提出许多问题。M师很满意这次在文化互动中的读写教学效果。以前M师教过的新住民孩子很多，教学口碑都很好，这件事在教学生涯中并不算太特殊，平常并不会多想什么。然而，在M师接受回访，被邀仔细回顾叙述她那时提问的回应当下，她脑中突然闪过，其实进行那种教学的不久前，刚刚去过那位新住民孩子的国家，而且是以深度文化导览方式进入相关生活风俗的理解，是以熟习那孩子图中的生活经验与借绘本故事想表达的东西（L02）。

这个叙说回溯经验带给她崭新的教育理解，也让她经验到原来"叙说"真的可以"探究"出不同的教学理解。有时直觉式近乎艺术教学回应，其实是基于某些自己不是意识得到的经验或知识当行动背景，才得以产生。因为自己那时对那孩子的母国文化刚有过亲临经验，M师才能看出孩子图画中，融合了孩子母国文化、生活、学习经验的特殊性，也才能当下有能力带领全班进行异文化的讨论。当然，她也反思到，教学中对儿童文化差异性的不够尊重或无心之伤，亦会在无觉察的前经验与知识的影响下，以教育之名作用于儿童。

M师由此回想一连串以前有关新住民孩子与家庭的教学经验，好像找不到明确的感受或一个总的说法。例如，有的孩子某些能力好，某些不好；某些太内向，某些太活泼。可能读写之口语表达不够好，理解力却很好。例如，有些新住民家庭功能真的比较弱，妈妈中文不好，爸爸教育程度也不高，每天忙于工作，没办法也没能力去帮他，儿童在学习ㄅㄆㄇ上完全要靠老师。所以对于语文落后的新住民孩子，M师会跟妈妈讲让他晚一点回家，留下来特别指导（A01）。有的妈妈很上进，会去学注音学中文，而孩子也刚好在学ㄅㄆㄇ，可以互相学习，那个孩子就学得很好。不过如果以母亲中文能力来看小孩语文学习，又不对，因为那上进的妈妈中文能力并没有比其他妈妈好。M师想越多好像越纷杂，有好多的矛盾不解（L02，A01，E01）。

例如M师进入目前这个幼儿园不久后，就清楚地知道，对孩子的学习来说，母子、亲子互动要比妈妈的语言能力重要。所以M师都会要求家长在家一起跟着儿童复习，但妈妈会说她都不会，而且认为孩子来上学就是学校要把孩子教会。M师本来觉得妈妈推责任给学校。后来想到其他台湾家长对学校其实也抱着一样的期待，才又转念。即便这样，M师还是认为妈妈不够努力去跟上台湾社会："既然来到这里生活，就是应该要学会中文，可是她却忽略说，其实要跟孩子一起学。"（L02）

M师对妈妈失职的指责才放下，但**同样身为女性**，又开始担心起妈妈的跨国婚姻处境。那时对"妈妈"是复杂不清的想法和感受，一直要到M师愿意理解在社会生活的脉络下的新住民妈妈，发动"与之同行"的教育行动时，M师才有足够的社会文化经验，去理解以前自己"课室里看不清妈妈形貌"的过往经验。

4. 走出课室的读写教学

M 师以前当然有跟新住民妈妈进行接触和沟通，但那时就是视为一般家长。然而当 M 师意识到"新住民"妈妈的"不同文化社会背景"时，却让"不理解"的担心隔在沟通互动中，对方亦然。妈妈会一送孩子到幼儿园就赶快逃开那社会鸿沟。借联络簿、其他家庭成员传话，有时反而加深和妈妈的鸿沟。后来 M 师虽然常和妈妈在幼儿园谈孩子的状况，但多围绕在她们对孩子学习的担心上（Q01，L01，S01）。

"文化性学习落后现象"事件的发生，在 M 师幼教的专业发展上，具有标的性的意义。面对能力全面落后的孩子，M 师先中止以前习惯的专业判断和教育方法。其实孩子要赶上可以入小一的能力发展，进度非常紧。妈妈说她什么都不会，不知怎么在家帮忙复习。M 师看到她身为妈妈对这部分很焦急，所以"私底下会去顾"。M 师建议妈妈去坊间买小小孩的认识ㄅㄆㄇㄈ的书及 CD，和学校一样的学习教材，就可以在家同步进行。建议一次两次后，妈妈还是一样反映她什么都不会。M 师于是交代家庭的其他家长帮助买，同样说没买到。于是 M 师想到可能是因为他们住乡下，不好买到。最后 M 师干脆约妈妈去逛家乐福，买了一本给妈妈。妈妈回去就真的跟孩子读那本书，一起记，一起认（L01，L02）。

M 师在孩子的生活脉络中，邀孩子生活世界的主要照顾者——妈妈，成为教学协同对象，以家庭—学校—小区之社会生活为场域，发动"与之同行"的教育行动。行动以学前读写教学为貌，以对妈妈之社会理解为亲师关系改变之基础。M 师了解到自己是用主流社会文化在理解妈妈之时，就已松动了既有的亲师关系，少了指令要求，取而代之的是以照顾（caring）同行（Gilligan，1982）。M 师行动的意义是：以体贴新住民女性处境的方式，促动妈妈的母职培力，进一步让妈妈在亲子教养上产生自信，最终表现于儿童的学习发展与读写能力的进步上。这个过程中所产生改变的社会能动性，回过头来影响 M 师自身的社会关系与专业重构，让 M 师想做更多不同的教育尝试。

基此叙说探究之经验，M 师重新回观那时"课室里看不清新住民妈妈形貌"的复杂感受，从而发现她之前认为妈妈身为母亲而"忽略"小孩的发展状况，以及妈妈身为女人却"忽略"自我教育的两种样貌，都来自于主流社会下对外配女性"他者"的建构。

M 师在说"文化性学习落后现象"故事时，本来也用"忽略"来说妈妈。一路叙说回观下来，M 师说："……这样讲也不对，她不是忽略，她其实是不知道怎么办，不知道怎么样跟小孩一起学。""一些妈妈她真的会很想要一直去引导孩子去教孩子，可是她不会，她也不知道要问谁，她也不知道该怎么样去教孩子。……那我会觉得其实妈妈真的可以去陪着孩子。"（L02）。

当 M 师看到妈妈在此社会脉络下的文化离根性，行动失据，生命失能时，才能让 M 师和妈妈之社会关系有所移动。

5. 焦外成像：新住民家庭中的"妈妈"

妈妈所处的社会关系，会依地区特性而不同。M 师在来这幼儿园之前，曾在很乡下的国小附属幼儿园待过，里面就有三十几个是新住民孩子，而且彼此大多有些亲戚关系。主管幼儿园的主任就是当地人，村里的人不是她亲戚也是认识二三十年的邻居朋友，其中包括许多新住民家庭。这样的社会关系，对台湾当地人而言，很多时候是一种资源。例如学校有事要通知或动员新住民家庭，只要找其中类似头头的妈妈讲好，就等于其他家长也联络好了，而且动员效果要比园所直接联络好很多。然而对妈妈而言，这样的社会关系却是压力，甚至成为无法在台湾社会着根的背景之一。例如妈妈因参加幼儿园办的女性关怀或亲子关系讲座等，而有了女性自觉与个人权利意识。在一般情况下，阿公阿嬷对其改变，只会叨念学校不该教这些事情，让媳妇变得不乖顺。但有一次有个妈妈被家暴，打电话报案，引起很大的风暴。夫家一路追究到校长那边，因为妈妈说打113家暴电话是在M师承办的讲座中学到的（A01，Q01，S01，R01）。

新住民家庭的社会弱势位置，也是妈妈所处的弱势位置；但妈妈的利益和家庭利益，却不一定是相同的，反而可能正好是互相抵触的。

和以前在课室中看不到妈妈形貌不一样，现在M师看到的妈妈，是无法对焦或是多重叠影的图像。尤其是到了现在这个小区互助的幼儿园后，M师更有机会接触到社会生活中的新住民家庭，也看到更多不同样貌的妈妈。拿掉以前对妈妈"能力要求"的偏镜片，M师反而不清楚新住民家庭教育的问题出在哪儿了。新住民家庭的弱势问题，幼儿园可以帮忙引介社会资源和协助的，都会尽量帮忙，但新住民家庭的问题，好像不只是弱势问题。M师接触越多，越能体谅妈妈。例如，M师看过经济状况很不错，亲职功能也很好的新住民家庭，虽然妈妈和孩子都喜欢M师的教学，但是因为夫家不同的教育价值，妈妈只能把孩子转到传统读写教学的园所。孩子虽然都是妈妈在带在教，但妈妈却无教育选择权。又例如就幼儿园而言，读写教育需要妈妈一起来做，但中文能力其实并不是最重要的要求。然而妈妈遭遇家暴或精神虐待时，就可以看到妈妈在语言文字上的弱势，会让她无法求助和说清楚状况而恶化其受暴处境（Q01，S01，R01，L01，E01，E02）。

在台跨国婚姻之南洋女性，在台湾社会上的弱势处境之一，是在于其身上多重形构的复杂性，让身于其中的女性，无法辨识与被辨识其所真正需要的协助，也无法援引合适的社会资源。"母职"本来具有高度社会文化性意涵，又将其置于跨社会文化之多重形构婚姻家庭，在交错复杂的脉络中，只有高辨识度的"教好小孩"的主流社会期待才能指引来自南洋的年轻女性如何在台当好"母亲"。

6. 转化妈妈的社会角色

无论幼儿园性质，也无论如何做亲师沟通，很多妈妈还是从来没有出现在幼儿园。就 M 师经验，家长若能常常走入幼儿园，不管亲师沟通、亲子关系、或儿童的教育等，都可以变得不一样。之前，邀妈妈当幼儿园志工、在运动会设摊、协助户外教学等，都是 M 师和妈妈发展关系的主要方式。在"文化性学习落后现象"事件之后，不管在新住民家庭中妈妈的角色如何，M 师都有意识选择让妈妈负起儿童主要照顾者的责任：有事要联络家庭，M 师只找妈妈；即使家中妈妈无任何决定权，M 师还是会让妈妈知道所有的事（L02，E02）。

在课室教学中给出教育者的角色让妈妈参与，则让妈妈在参与幼儿园教育中，从被动变主动的角色。M 师有次在介绍房子的课程，邀妈妈提供以前家乡的照片，并且来教室跟大家介绍分享。妈妈来了，但很害羞也很害怕，M 师就说："没关系呀！我们一起站在这里，也请小朋友一起站在你的旁边！"然后，M 师就会看到那个孩子有一点点骄傲的样子，仿佛说："我妈妈教你们东西喔！我妈妈是老师喔！"（L02）

M 师后来将办理课室外的新住民亲子活动纳入自己的专业思考，是了解到幼儿园这类的讲座或工作坊，原来是妈妈家庭生活以外，少数能实际接触台湾社会其他面向、听到不一样声音的机会，或至少是妈妈聚在一起交流经验和情感的机会。对妈妈所产生的"亲职教育"作用，远超出幼儿园亲师沟通所能做到的（L02，E02）。

刚开始 M 师的活动以行政效能为主，后来希望借活动来充实妈妈的母职知识，提升教养能力，希望能跟学校那边的亲职教育相辅相成。后来则思考让妈妈可以发挥自己：就是请家长各自把他们国家的饮食或特色带进去活动。甚至很想看有没有办法可以让妈妈说她们自己一路来的生命经验或亲子故事，甚或到其他地区分享。（L01，L02，E01，E02）

M师办理新住民亲子活动经历了"冲人数"（增加活动参与人数）、"提升职能""促动社会参与"三个阶段，这三阶段也分别代表着由于M师与妈妈在社会生活中关系的转变，因而产生对于妈妈有不同想象和教育立场，同时照映出M师在教育专业上三种自我定位与样貌（其整体社会移动样貌见图2）。

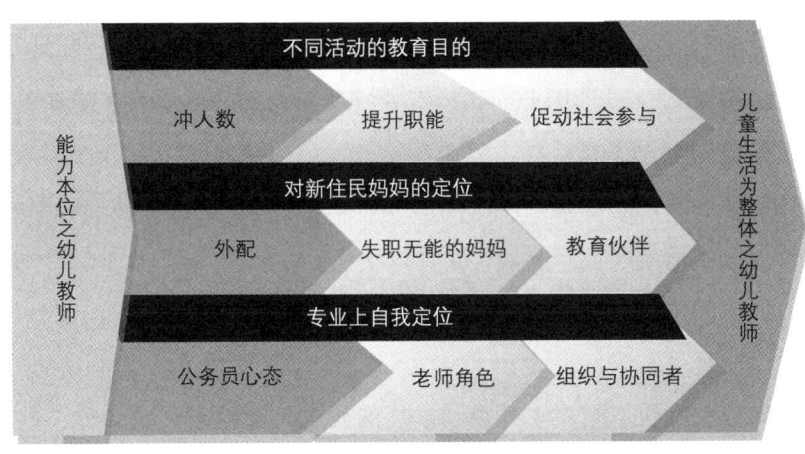

图2　M师的社会位置移动

虽知孩子对妈妈有正向认同是重要的，但囿限在课室教学中，M师常力有未逮，然而办理社会性亲子活动，M师发现，若活动设计得好，例如设计完成认识母亲母国文化积点图卡的，才可参加进阶活动。孩子完成后就会骄傲地说我妈妈是越南的，所以我可以拿到这张卡，来这边参加这活动。这样下来孩子对自己的角色和妈妈母国，会是一个很正向的反应。因为之前M师问孩子妈妈是哪里人，其实他都没有回答，甚至乱讲，也不想说妈妈是哪里人（L02）。

M 师三个阶段的社会位置移动，并不代表 M 师离幼教专业越来越远，反而是 M 师在反思中丰富了自己的幼教专业。M 师从反思中修改行动，让妈妈以不同角色或形象参与社会，作用到儿童身上产生了教育效应。这样的效果促发 M 师想尝试不同的教育行动，发展出不同的幼教专业样貌。

7. 读写萌发实践之难：视"儿童生活为整体"

以前 M 师的幼教专业，是展现在影响家长的教养观念和处理小孩的学习问题上，对于许多社会生活处境复杂的妈妈，M 师并无能力有更多的协助，助人工作也并非自己的教育之爱与生命热情所投注之处。借由学前读写教学而走进妈妈生活的 M 师，并非因此而转换专业，反而对幼教专业有了崭新的看法，更认同自己的专业。（E02）

M 师整体幼教理念就是：以"生活"（教育）为各种教学的统筹中心，让孩子能够健康快乐地成长。例如，M 师以幼儿生活为整体思考，以身体健康在语文学习所占的角色为说明：如果孩子没有好的牙齿，他可能在发音、自信或人际互动上就会受影响。在走出课室之前，M 师即是教学备受肯定的幼儿教师，和走出课室有何不同？M 师说：以前的快乐可能就是跟家长的一些互动，被家长和学校称赞教得很好，这是成就感，不算快乐。好像比较知道什么是"教育本质"，比较知道自己在做什么。（E02）

M 师走出课室，了解或推进新住民"儿童生活"中读写教学的亲子关系，其实是在实践读写萌发中"儿童生活为整体"的教育理念。M 师在实践的困难中，学习到要在社会文化脉络中理解儿童。这样的体认，让 M 师在课室教育中，更有专业自信去落实以儿童生活为整体的教学信念。

四、讨论与建议

本研究所呈现的叙说与反思材料，旨在以故事形式呈现幼儿教师将叙说回放到社会脉络下，透过对话反思，学习自我解构，产生新的理解和专业动能。然而本研究并非以协同叙说者（幼儿教师）达到自我统整性为目标，也并不以自我生命叙说的取向进行，因之在理解读写萌发型幼教师之成长文化及其形构历程上有所限制。

根据研究结果，本研究有以下的讨论建议：

1. 视儿童生活为整体之幼教专业

以生活为整体的幼儿教育理念，亦常出现在不同的教学领域或课程模式中，但因社会现实与教育政策、对教育的理解与认知、习而不察的教学文化、幼儿园教育条件与目标的不同，让幼儿教师无法整合其不同甚至矛盾的信念，更无法将之实践，形成自我内外一致的专业自信与教育认同。

将学前读写教学叙说之集体文本，置于以多元文化为学习背景的叙说框架，所叙写出 M 师的教育故事，浮现出导向以"家庭—学校—小区"为儿童整体概念之"困知勉行"的学习历程。"家庭—学校—小区"中的儿童为一整体的概念，是指"儿童"之为教育对象，并非个体概念，而是系统概念。"生态系统中的儿童"，在幼教专业学习中，是一再重复提及与援用的理论概念，然而却有实践之难。例如以前 M 师的专业，在跟家长讨论小孩的学习问题，或和同事讨论孩子的家庭问题，或谈小区对小孩怎样的影响，都是以"儿童"个体为对象，教育视线只专注和受限在孩子本身。但开展置于"家庭—学校—小区"的幼教实践，实施对象是"生态系统中的儿童"，整体形貌则为：

"身为小区成员的园所幼儿教师,带着自己的生命与教育经验,和身为组成小区家户的某职业家长,带着自己的生命与教育经验,一起谈谈可以为生活在小区的园所儿童做些什么事,或改变些什么事,可以让儿童的生活世界更适合儿童生活。"以 M 师的故事为例,M 师位移到组织与协同者的角色,是由于走入新住民家庭生活时,看到儿童主要照顾者妈妈的需求,以及妈妈的改变对儿童生活的影响。

此观点下的幼教实践即为社会实践,专业形貌的确迥异于幼儿教师熟悉的幼教专业。

2. 多元文化社会下的专业挑战

在多元文化社会下,幼儿教师是孩子的心灵文化工作者,其专业中儿童之文化形貌清晰度,是孩子文化认同与发展中的重要"他者"。幼儿教师探究自身成长之文化形貌,能抵抗主流文化宰制并撑出孩子发展新文化(Mattingly,2008)之学习空间,是专业培育中非常核心却同时也是艰困挑战的工作。尤其幼儿教师专业若仅借由理论论述与社会认证而获取,而无涵括内探的自身文化,则更难产生专业自信与认同。奎因(Quinn,2008)指出,以建构主义论而言,幼教专业和母性的联结,产生了"给予"的道德与专业合一的要求(an ethic of care, one related to "giving"),女性专业越是以外在不同论述形成世界性自我(Cosmopolitan selves),女性专业与自我的不一致性则会越大,越成为一种无法整合的捆绑。以往内探究自我,对幼教专业发展则更为重要。

有如"文化陶成心灵,心灵孕育于文化"(mind in culture and culture in mind)(Bruner,2008;Lutkehaus,2008)之图像,在教育实践上有不知如何启始的困难,因为"理解自己之文化作为教育他人之入口,以他人文化作为教育自己之入口"是如此交缠。"家庭—学校—小区"系统观点之教育实践之难在于：教育者同时又是从中受教者，欲在系统中促动系统变化者，要先理解自己在何种系统中如何被形塑。换句话说，如果幼儿教师能够探究自身的"家庭—学校—小区"儿童生活，了解自己的童年生活与文化，将有助于照映出自己的幼教实践路径，廓清其专业与社会图像（倪鸣香，2004，2009；Hyun，2007）。对"家庭—学校—小区"之内与之外的儿童形貌捕捉，相伴着探究与生成自身的幼教专业形貌，是让幼儿教师回到孩子的世界去思考，让幼儿教师能有以孩子的立场看世界的理解能力，让幼儿教师的专业认同更能整合于自我生命经验与社会文化图像，产生发展动力。以此思考幼儿教师的培育，重点之一将会是如何促发幼儿教师社会批判性自我文本，将课程作为专业转化与社会创化之形构空间（McBride，Gabbard & Miller，1990；Hung & Chen，2008；Goodson & Gill，2011）。

无论是在幼儿教师培育课程中导入自我反思或传记书写（林育玮编，2006；王莉玲，2006；何祥如，谢国斌，欧淑宜，2006），或是附属于多元文化课程一部分的叙说探究（周梅雀，2010），对于幼儿教师整理自身文化形貌的帮助有限。若依贝克斯（Banks，2004）的文化认同类型阶段论（见图3）而言，大概都很难处理到阶段三之文化认同澄清（cultural identity clarification）及阶段四双文化主义（biculturalism），幼儿教师对孩子文化认同所能产生的作用（周佩谕，2005；王蕙文，2008；吴雅玲，2009），更难能够深化进阶。对于协助新住民家庭儿童身上多重文化的认同统整与区辨指认，有赖于幼儿教师文化认同发展之提升，才能为更高阶的社会文化认同奠基。

虽然探究自身成长经验在台湾并非培育幼儿教师的重点课程，但是以自我叙说研究取向协助在职或职前幼师廓清专业与自我之关系的硕士学位论文，近年却蓬勃发展（翁陈绣针，2007；王玉霖，2008；王燕妮，2012），并且显见有其专业需要。因此，建议幼教培育须强化自我叙说与反思的相关课程，以因应社会需求。

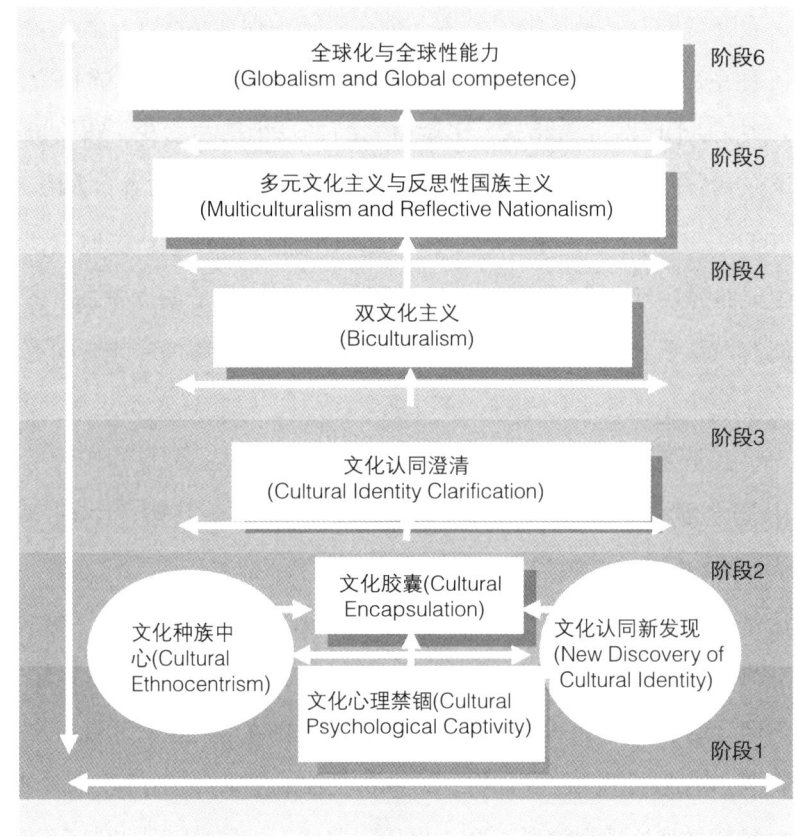

图 3　文化认同类型阶段（Stages of Cultural Identity Typology）

（摘自 Banks，2004：296）

另外，针对读写萌发型幼儿教师进行自我生命叙说研究，聚焦于成长文化与其多元文化教学的关系，以增进对读写萌发教学深层心理动能之了解，应是未来可以进一步研究的方向。

参考文献

Bruner, J.（2001）．教育的文化：文化心理学的观点（宋文里译）．台北：远流出版事业有限公司（英文版1996年）．

蔡纯纯（2006）．职前教师之多元文化素养研究：量表发展与现况分析．硕士学位论文，慈济大学教育研究所，花莲．

陈儒晰（2011）．幼教人员对多元文化教学实践之思考．幼儿教保研究，39，7，31—48．

陈婷芳（1995）．幼儿园教师教育信念与教学行为之研究．硕士学位论文，国立台湾师范大学家政教育研究所，台北．

陈俞君（2008）．学前教师读写信念与实作对幼儿读写能力影响之研究（I）．行政院国家科学委员会专题研究计划（NSC 96-2413-H-366-003-SSS）．

陈俞君，赖诚斌，刘蔚萍（2010）．持续性读写教学支持：幼儿教师教学策略与实务转化（I）．行政院国家科学委员会专题研究计划（NSC 98-2410-H-366-006）．

邓慧茹（2007）．学前教师阅读教学现况及其相关影响因素之研究．硕士学位论文，国立政治大学幼儿教育研究所，台北．

冯朝霖（2004）．骆驼、狮子与孩童．教育研究月刊，121，5—13．

何祥如，谢国斌，欧淑宜（2006）．多元文化教育之实践——"跨文化了解与沟通策略"初探．国际文化研究，2（1），79—98．

何缊琪，许文瑜（2005）．多元文化教学的转化与创新：幼儿师资培育课程之合作行动研究．慈济大学人文社会科学学刊，4，63—103．

黄佩岑（2009）．幼教老师阅读教学信念与阅读教学行为之探讨．硕士学位论文，屏东教育大学幼儿教育研究所，屏东．

赖丽珍（2005）．外籍新娘配偶的父职角色之研究．硕士学位论文，国立台南大学教育经营与管理研究所，台南．

赖怡佩（2007）．学前教师的多元文化素养及其与外籍配偶家长亲师互动之相关研究．硕士学位论文，国立台中教育大学幼儿教育学系，台中．

廖玉婕（2006）. 东南亚外籍配偶子女的说话清晰度. 硕士学位论文，朝阳科技大学幼儿保育系，台中.

林惠娟（2004）. 幼托园所全语言教学实施概况之初探研究. 朝阳人文社会学刊，2（1），149—213.

林淑莉（2007）. 学前教师多元文化教学信念与实践之研究. 屏东：屏东科技大学技术及职业教育研究所，未出版.

林怡萱（2007）. 台湾新移民女性之子女相关议题研究之分析：以90—94学年度硕博士论文为例. 硕士学位论文，国立中山大学教育研究所，高雄.

林育玮（2006）. Case·Adult·School·Events：看幼儿与大人在学校发生了什么事. 台北：启英文化事业有限公司.

马淑人（2009）. 幼儿园教师对新移民子女刻板印象、接纳态度与课程运作之研究——以台中市公立幼儿园为例. 硕士学位论文，静宜大学教育研究所，台中.

倪鸣香（2004）. 童年的蜕变：以生命史观看幼师角色的形成. 教育研究集刊，50（4），17—44.

倪鸣香（2009）. "我就是这工作，在工作中我蜕变"：以生命史观诠释一位幼师职业角色之自我创化. 教育与心理研究，34（4），23—52.

王蕙文（2008）. 建构多元文化氛围的"幼儿教室"之行动研究. 硕士学位论文，国立台东大学幼儿教育学系，台东.

王莉玲（2006）. 幼儿园教学案例——幼教人的挑战. 台北：华腾文化股份有限公司.

王雅玄（2007）. 多元文化素养评量工具及其应用：现况与展望. 教育研究与发展，3（4），149—80.

王雅玄（2008）. 进入情境与历史：台湾原住民教师的多元文化素养及其实践. 东大教育学报，19（1），33—68.

王燕妮（2012）. 找回幼教专业与母职的自在. 硕士学位论文，树德科技大学儿童与家庭服务研究所，高雄.

王玉霖（2008）. 从黑手阿爸背影走出自我：一位幼教师的发现之旅. 硕士学位论文，屏东教育大学幼儿教育研究所，屏东.

翁陈绣针（2007）．"活出自我"——一位资深幼稚园园长的情感复甦历程．硕士学位论文，树德科技大学幼儿保育研究所，高雄．

吴俊宪，吴锦惠（2007）．新台湾之子教育议题研究现况与发展趋势之分析．课程与教学季刊，10（1），21—42．

吴雅玲（2004）．新台湾之子的学前教育契机．师友月刊，441，13—16．

吴雅玲（2007）．多元文化教育理论与多元文化课程模式对我国师资培育课程之启示．国立编译馆馆刊，35（4），51—64．

吴雅玲（2009）．以社会阶级为主题之幼儿多元文化课程方案发展．课程与教学，12（2），47—75．

徐明（2008）．学前教室多元文化教育环境研究：以三所幼儿园为例．康宁学报，10，41—61．

徐明（2009）．学前新住民幼儿学习适应困境研究：从教师多元文化素养及家庭失能因素切入．康宁学报，11，21—45．

曾世杰，简淑真（2006）．全语法争议的文献回顾：兼论其对弱势学生之影响．台东大学教育学报，17（2），1—31．

张凌雯（2007）．桃园县公立幼儿园教师对实施新移民子女优先就读措施之接纳态度．硕士学位论文，中原大学教育研究所，桃园．

郑凤凤（2008）．新移民幼儿与其母亲的国语语音能力之相关．硕士学位论文，国立新竹教育大学幼儿教育学系，新竹．

郑瑞娟（2000）．从读写萌发观点来探讨幼儿园的语文教育．行政院国家科学委员会专题研究计划成果报告（计划编号：NSC 89 - 2413 - H - 126 - 003）．

钟凤娇，王国川，陈永明（2006）．屏东地区外籍与本国籍配偶子女在语文、心智能力发展与学习行为之比较研究——探析家庭背景的影响．教育心理学报，37（4），411—429．

周梅雀（2010）．幼儿师资培育机构之"多元文化教育课程"探究．昆山科技大学学报，7，77—97．

周佩谕（2005）．幼儿园多元文化课程之行动研究——以计算机多媒体辅助教材之设计为例．硕士学位论文，屏东科技大学幼儿保育系，屏东．

Anderson, B. (1991). *Imagined Communities: Reflections on the Origin and Spread of Nationalism*. London; New York: Verso.

Banks, J. A. (2004). Teaching for Social Justice, Diversity and Citizenship in a Global World. *The Educational Forum*, 68, 289–298.

Bruner, J. (1986). *Actual Minds, Possible Worlds*. Cambridge, MA: Harvard University Press.

Bruner, J. (2004). Life as Narrative. *Social Research*, 71 (3), 691–710.

Bruner, J. (2008). Culture and Mind: Their Fruitful Incommensurability. *Ethos*, 36 (1), 29–45.

Chen, Y. & Lai, C. (2012, July). *Emergent Literacy Teaching Pictures in Preschool Teachers' beliefs, Knowledge, and Practices*. Poster presented at PECERA 13th Annual Conference, Singapore.

Clandinin, D. J. & Connelly, F. M. (2000). *Narrative Inquiry: Experience and Story in Qualitative Research*. San Francisco: Jossey-Bass.

Cohen, A. P. (1985). *The Symbolic Construction of Community*. London: Tavistock.

Gilligan, C. (1982). *In a Different Voice*. Cambridge, MA: Harvard University Press.

Goodman, K. (1986). *What's Whole in Whole Language?* New Hampshire: Heinemann.

Goodman, K. S. (1989). Whole-language Research: Foundations and Development. *The Elementary School Journal*, 90 (2), 207–221.

Goodson, I. F. & Gill, S. R. (2011). *Narrative Pedagogy: Life History and Learning*. New York: Peter Lang Pub. Inc.

Gutiérrez, K. (2002, November). *Rethinking Critical Literacy in Hard Times: Critical Literacy as Transformative Social Practice*. Paper presented at the annual meeting of the National Council of Teachers of English, Atlanta, GA.

Gutiérrez, K. (2008). Developing a Sociocritical Literacy in the Third Space. *Reading Research Quarterly*, 43 (2), 148–164.

Hammack, P. L. & Pilecki, A. (2012). Narrative as a Root Metaphor for Political Psychology. *Political Psychology*, 33: 75–103.

Hung, D. W. L. & Chen, D. -T. (2008). Learning Within the Worlds of Reifications, Selves, and Phenomena: Expanding on the Thinking of Vygotsky and Popper. *Learn Inquiry*, 2 (2), 73 – 94.

Hyun, E. (2007). Cultural Complexity in Early Childhood: Images of Contemporary Young Children from a Critical Perspective. *Childhood Education*, 83 (5), 261 – 266.

Lancy, D. F. (1994). *Children's Emergent Literacy: From Research to Practice*. Westport, CT: Praeger.

Lutkehaus, N. C. (2008). Putting "Culture" into Cultural Psychology: Anthropology's Role in the Development of Bruner's Cultural Psychology. *Ethos*, Vol. 36, Issue 1, 46 – 59.

Manyak, P. C. (2002). "Welcome to Salon 110": The Consequences of Hybrid Literacy Practices in a Primary-grade English Immersion Class. *Bilingual Research Journal*, 26 (2), 421 – 442.

Mattingly, C. (2008). Reading Minds and Telling Tales in a Cultural Borderland. *Ethos*, Vol. 36, Issue 1, 136 – 154.

Max, C. & Stammet, B. (2005, September). Constructing Third Spaces to Enhance Literacy Learning in Multicultural Preschool and Primary Classrooms. Paper presented at the first ISCAR Conference, Sevilla.

McBride, R., Gabbard, C., Miller, G (1990). Teaching Critical Thinking Skills in the Psychomotor Domain. *The Clearing House Psychomotor Domain*. 63, 197 – 201.

Patterson, J. R. (2002). *Teacher Beliefs and Practices in Preschool Literacy Instruction*, Unpublished doctoral dissertation, University of Illinois at Chicago, Illinois.

Polkinghorne, D. (1988). *Narrative Knowing and the Human Sciences*. Albany: State University of New York Press.

Quinn, S. M. F. (2008). (Post) Modern Teachers' Constructivist Cosmopolitan Selves-Making Sense of Soul. *Journal of Curriculum Theorizing*, Vol. 24, No. 1, 74 – 82.

Richardson, V., Anders, P., Tidwell, D. & Lloyd, C. (1991). The Relationship between Teachers' Beliefs and Practices in Reading Comprehension Instruction. *American Educational Research Journal*, 28, 559 – 586.

Ricoeur, P. (1992). *Oneself as Another*. K. Blamey (Trans.). Chicago: The University of Chicago Press.

Sarbin, T. R. (1986). The Narrative as a Root Metaphor for Psychology. In T. R. Sarbin (Ed.), *Narrative Psychology: The Storied Nature of Human Conduct* (pp. 3 – 21). New York: Praeger.

Schachter, E. P. & Galili-Schachter, I. (2012). Identity Literacy: Reading and Teaching Texts as Resources for Identity Formation. *Teachers College Record*, 114 (5), 1. Retrieved from http://search.proquest.com/docview/1032942701? accountid = 13850

Teale, W. H. & Sulzby, E. (1986). Emergent Literacy: New Perspectives. In D. Strickland & L. Morrow (Eds.), *Emergent Literacy: Young Children Learning to Read and Write* (pp. 1 – 15). Newark, DE: International Reading Association.

Voss, M. M. (1996). *Hidden Literacies: Children Learning at Home and at School*. Portsmouth, NH: Heinemann.

Returning to Root of Early Childhood: Reflection and Narrative on Preschool Teachers' Literacy Teaching in Multicultural Praxis

Cheng-Pin Lai[1]　Yu-Jun Chen[2]

([1] Adjunct Assistant Professor, Department of Psychology, Fu Jen Catholic University)

([2] Associate Professor, Department of Child Care and Family Studies, Shu-Te University)

／ Abstract ／

This study aimed to portray preschool teachers' emergent literacy teaching in multicultural praxis. Six preschool teachers who teach children from exotic marriage family and are identified as emergent-literacy type were interviewed. Transcribed texts were analyzed, restructed, and narrated as collective stories to understand these teachers' early literacy teaching practices. Furthermore, applying the narrative inquiry method, two teachers were instructed to reflect on their previous interviews. Based on their reflections and criticisms, the result indicated that to put emergent literacy into practice, in which taking children's sociocultural contexts into account is essential, was difficult. Finally, through the process of narrative, early childhood teachers' personal and collective narrations were restructured, and the professional identity of the ideal portrait of multicultural praxis was built.

/ Keywords /

preschool teacher, emergent literacy, multicultural education, narrative, reflection

生命历程观点的媒体迷叙述研究

张煜麟[*]

(南台科技大学信息传播系,台南,71005)

/ 摘 要 /

媒体迷是当代媒体社会学与文化研究的重要议题。诸多流行文化的媒体迷研究,延续阅听人研究的观点,将迷视为"过度阅听人",并认为迷行为涉及复杂的文本消费和身份认同等议题。有别于文化消费取径的媒体迷研究取径,本研究采用生命历程观点,搜集流行音乐迷自身的生命经验,解释导引个体长期扮演乐迷角色的社会心理需求的内涵。借由叙述访谈法的使用,本研究以一位涵盖体育迷与流行音乐迷经验的媒体迷为个案,搜集、转录及分析其音乐迷经验的生命历程资料。经叙述文本的诠释,研究发现,青少年与青年时期,个体于生命历程中对拥有稳定情感关系的社会心理需求,是解释个体长期扮演媒体迷角色的关键社会心理因素。最后,研究建议,未来可持续关注个体的童年经验对生成媒体迷角色的影响。

---

[*] 张煜麟,助理教授/博士,E-mail: a9387484@gmail.com

/ 关键词 /

媒体迷，乐迷，体育迷，过度阅听人，生命历程，叙述访谈

一、绪论

长期以来，媒体迷（media fan）的研究，一直深受传播与文化研究者所关注。诸多流行电影、电视戏剧、音乐与运动竞技的迷研究，说明了迷文化的本质和发展，涉及复杂的文本消费和身份认同议题（Hills，2002；Sandvoss，2005）。诸多关于媒体文本所引发之迷行为的讨论，以及迷群对迷文本所展现的挪用与抗拒的行为，说明媒体迷的研究是当代媒体阅听人研究的重要分支。

除了致力于论述迷行动者的主体能动性之议题外，个体如何从被动接收信息的阅听人，转而成为媒体迷的历程，也受到迷群研究者的关注（Jenkins，1992；Fiske，1992）。著名迷行为研究者丹尼尔·卡维奇（Daniel Cavicchi）在对摇滚乐手布鲁斯·斯普林斯廷（Bruce Springsteen）乐迷的研究中曾提及："乐迷通常很难确切地清楚说明为何他们会变成迷，而且常以非常戏剧的方式，将变成迷的过程描绘成是从此端到彼端的一段旅程。乐迷们也常感受到，这段旅程是从'旧'观念到'新'观念的漫长持续、却也深不可测的转换过程，其中充满了生命的活力与启发"（Cavicchi，1998：59）。

类似的，研究恐怖片的学者马克·克莫德（Mark Kermode）在描述自身如何成为恐怖片影迷的叙述经验时提到："透过屏幕所播放出来的内容有种无法言喻的意义存在，它以一种我不甚了解的语言向我言说……在最初的那瞬间，我也马上意识到隐藏在华丽的词汇影像背后，正有某些事物对着我叙说我的人生，但我就是无法明确地知道那是什么"（Kermode，1997：57）。换言之，个

体如何成为媒体迷的过程，仿若是种顿悟与受到召唤的过程，它成为有待解谜的议题。

因此，基于对于个体如何成为媒体迷之历程的探问，本研究尝试以流行音乐的乐迷为个案，从生命历程的观点，结合叙述访谈法，搜集媒体迷自身的迷经验，企图解释哪些社会心理的需求，导引个体于社会化历程中开展出自我认同的乐迷角色。

(一) 迷即是"过度阅听人"

何谓"迷"呢？大体而言，迷与一般阅听众的差别，主要是以"过度性"（excessive）的概念来界定。多数迷研究者，将媒体迷视为媒体符号与文本的"过度阅听人"，具有过度性使用的行为特征（Fiske，1992）。

亨利·詹金斯（Henry Jenkins）于1992年提出"文本的追猎者"（textual poachers）的概念，除了强调迷为"狂热介入球类、商业或娱乐活动，迷恋、仰慕或崇拜影视歌星或运动明星的人"，更强调迷具有透过自身的主观经验、认知或是社会环境，主动对文本加以选择、诠释与生产的特质。换言之，"过度阅听人"的概念，也指迷群对媒体文本具有高度主动积极的"涉入感"（involvement）。

(二) 媒体迷行为的社会心理需求

延续从"过度性"与"涉入感"等概念，来定义媒体迷行为的做法，对媒体迷行动者其强制性文本消费行为之社会心理需求的解释，成为媒体迷研究者尝试处理的议题。其中有以强调媒体迷行为的投入历程，乃是阅听人与文本之间多义性解读的历程，这种历程，能够促发行动者愉悦感与移情作用，成为解释媒体迷行为之所以逐渐成为"过度阅听人"的社会心理需求（Jenkins，2007；Gray，Sandvoss & Harrington，2007）。

除了从愉悦感与多义性解读等概念，说明媒体迷行为社会心理需求的内涵之外，从社会角色的可辨识、区辩与分类模式的概念，说明个体之所以尝试扮演媒体迷之角色的论述，成为另一种说明媒体迷之社会心理需求的论述。换言之，透过如扮演文本的爱好者、热衷者、投入者、博学者与鉴赏家等不同类型的媒体迷行为，个体在扮演常规社会角色之外的迷角色上，获得社会心理需求的满足（Pearson，2007：102 – 103）。

此外，近年媒体迷研究的论述，开始尝试从更为偏向社会情境与日常生活脉络的角度，来解释媒体迷行动的社会心理需求。学者尝试将迷行为的解释，重新放到生活脉络来理解，主张媒体迷的行为，实为一种复杂的文化现象，并非可以完全透过个体式的动机与满足观点来说明，需回到媒体迷行为者所处的日常生活经验，考量特定的社会与文化脉络，对个体迷行为的影响（Couldry，2007：148）。

（三）从生命历程观点探究迷行为的社会心理需求

回顾过往迷研究的论述，多数采用心理与动机满足的观点，来解释迷行为之社会心理需求。部分迷群研究者则认为后续的迷群行为研究，或应跳脱过去从主观意向或愉悦经验，来解释迷行为的做法，尝试从日常生活经验整理的观点，采取"反身性"的立场，从更具反思性与纵观的观点，重新提出"迷之所以为迷"的解释（Jenkins，2007）。

进一步，当代迷行为社会心理的研究，正逐渐融入日常生活世界的研究观点。多位迷研究者，将心理学与老人学研究的"生命历程"（life course）概念，应用到媒体迷行为的研究。他们指出，过去迷群研究多半未考虑到"年龄"或"年长化"等因素对迷群角色的影响，多数有关迷行为的解释，仅止于青少年或青年阶段的心理需求面向，忽略迷行为的历程，它不仅是生命历程一段短期与阶段性的过程，同时也可能是一种随着生命历程的发展，逐渐内化与承载的生命历程（Harrington，Bielby & Bardo，2011）。

透过生命历程观点与自我叙述法的结合，哈林顿（Harrington）等学者搜集流行音乐迷的迷行为历程经验，并进行经验数据的分析后发现，青年阶段曾经拥有音乐迷经验的个体，他们到中、老年时期，仍可清楚地回溯与评价过往媒体迷行为的经验与意义（Harrington & Bielby，2010）。处于中老年阶段的个体，他们或许无法如青年时期，对媒体文本产生过度涉入的状况，然而，他们同样能够经由媒体迷行为，获得某种"情绪性成熟"的感受。因此，诸多生命历程观点的媒体迷研究说明，媒体迷行为的历程，是一种随社会化历程，逐渐获取社会之共享的集体符号与身份认同的历程（Harrington & Bielby，2010）。

总之，从生命历程的观点，探讨个体在社会化历程中，如何持续保有媒体迷之角色的社会心理需求的内涵，是一项值得论述的议题。特别是，针对个体如何在社会化历程的不同阶段，持续投入不同类型的媒体迷文本，其支持个体长期承担媒体迷之角色的深层社会心理需求为何，是本研究所尝试探究的问题。

二、研究方法应用与个案选择

基于研究论述的讨论，本研究尝试引用生命历程观点，应用叙述访谈法，搜集不同类型的媒体迷经验，企图解释何种社会心理的需求，导引个体在社会化历程持续展现不同类型的媒体迷行为，成为长期的媒体迷角色的行动者。

(一) 叙述访谈法的应用

广义而言,叙述访谈法(narrative interview)最早由德国社会学者弗里茨·舒尔茨(Fritz Schütze)所创,并由教育学者倪鸣香于 2000 年后,引入华人教育学界,并于教育专业成长与创业历程等议题上,获得研究的应用(倪鸣香,2004a;倪鸣香,2004b;张煜麟,2013)。弗里茨·舒尔茨认为"叙述访谈是一种社会科学采集数据的方法,它是一种让报导人在研究命题范畴内,将个人的事件发展及相关的经历浓缩、细节化的即兴叙说"(Schütze,1987:49)。此方法作为一种质性研究法,主要透过访谈者与个案的对话历程,收集个案所承载的生命经验(Apitzsch & Inowlocki,2000:61)。同时,经由回溯性的叙述方法,取得个案的传记文本或生活经验,进而,协助研究者,对生命主体过往的行动历程,进行厚描、诠释与分析的工作(Kohli,1981:65)。因此,对于本研究尝试重构媒体迷生命历程而言,具有适用性。

方法的实作上,叙述访谈法强调,报导人不应受到事前的访问提纲或受重复叙述之样本故事的影响;访谈的开始,经由研究者所给出之特定命题的导引,引发叙述者对自身经验的"叙述驱动性"(narrative constraints)力量,促使叙述者展开叙述流。进一步,叙述过程中叙述者亦会受到细节化(detailing)、完整性(closing gestalt)、浓缩性(condensing)等心理动力的影响,从而整体地叙述出过往的事件发展及相关的经历(倪鸣香,2004)。

方法的具体操作程序可分:(1)起始阶段(initiation):强调以起始问句启动报导人叙说潜能,此阶段访谈者扮演听者的角色,不中途打断访谈,让叙说者即兴地进行叙说;(2)回问阶段(questioning phase):透过研究者的回问,协助报导者对于叙说中断掉,或为叙说者所跳跃、概括之处,进行补充;(3)平衡整理阶段(balancing phase):此阶段重视叙说者的自我解释与评价的能力，研究者透过回问，促发叙说者对自身的生命历程，做出总结与评论（Schütze，1983：284）。

叙述访谈法的分析方面，此方法常用的分析工具有：文本叙述框分析、文本结构分析（叙述、背景描述与评论）及语言指示点等分析工具（倪鸣香，2004a；Schütze，1983：285-288）。文本分析的历程可分为下列步骤：（1）文本叙述基本视框分析：对叙述文本形式进行分析，区分文本段落，排除文本中非叙述的段落。（2）结构描述分析：以逐段、系列性方式，描述文本中的行动结构，重建主体的行动经验。（3）整体形塑分析：将分析层次提高到论述层次，揭露驱动生命运转的社会文化意义。最终，经由重建个案的整体行动经验，进行概念化的工作（Schütze，1983：285-288）。

基于上述说明，叙述访谈法是一种通过叙述文本的取得与分析，以理解个体生命历程之意义结构的方法。此种方法应用于媒体迷研究上，提供本研究得以通过对个案所叙述的迷经验文本的分析与推论，探查媒体迷行为的社会与心理性需求。

（二）个案选择、确认与访谈历程说明

考虑到本研究为尝试从生命历程的观点，进行媒体迷的社会心理需求的分析，因此在媒体迷的个案选择上，当以具有跨越不同类型与不同社会化历程的媒体迷，作为研究的个案选择。

个案确认的历程中，考虑到韩国流行乐迷为当前台湾最具代表性的迷群对象，决定以资深韩国流行乐迷，作为寻找个案的起点，并尝试通过迷成员的协助，寻找具有多重媒体迷经验的研究个案。

个案确认历程区分为三个程序。1. 选择台湾韩国流行乐团最具代表性的乐团——超级少年（Super Junior）乐迷群为对象，寻找该乐迷群的发动者与

积极参与者，作为访谈本研究第一个代表个案 A。2. 透过代表性个案 A 的协助，介绍三位具有资深媒体迷经验的个案 B、C、D，分别进行叙述访谈，以确认个案主是否具有多重的媒体迷经验。3. 透过四位个案媒体迷经验的访谈与转录，最终确认一位具有不同类型之媒体迷经验的个案，作为本研究迷经验分析的对象。

个案 A，25 岁女性，2012 年 7 月 19 日完成访谈，访谈时间 90 分钟。个案 B，24 岁女性，2012 年 8 月 10 日，完成访谈，时间约 45 分钟。个案 C，25 岁女性，2012 年 8 月 14 日，完成访谈，访谈时间约 1 小时。个案 D，27 岁女性，2012 年 9 月 6 日，完成访谈，访谈时间约 50 分钟。4 位个案的访谈过程，依照叙述访谈的起始句、回问与评价的访谈程序，以起始句："麻烦你跟我们说说你从小到现在，有关于你自己亲身经历过的流行文化的经验，特别是跟您迷的这个部分"，作为引发媒体迷个案叙说媒体迷经验的起点。访谈后，转录出四份迷经验的叙述文本，提供个案选择参考。

叙述访谈完成后，本研究对每位个案的生平资料进行搜集与确认，生平资料包含个案主的求学历程、家庭组成等资料，作为分析叙述文本的补充背景信息。

以四位个案叙述访谈转录资料为依据，本研究选定个案 A，作为分析对象。选定原因在于个案 A 的媒体迷经验，最早起于国小五、六年级，初期为以篮球为主的媒体迷经验。并从国小开始即维持体育迷的身份到大学毕业为止，大学毕业后，个案 A 则转换为韩国流行音乐乐团的媒体迷，其媒体迷的时间脉络，从国中起到读研究所为止，超过 12 年的时间，且横跨不同媒体文本类型。因此，本研究以个案 A，为理解媒体迷经验作为研究的代表性个案。

三、媒体迷经验的整体形塑描述

根据叙述文本分析法的操作程序，本研究对所搜集媒体迷经验，进行初步的叙述视框的分析。分析程序包含叙述视框的界定，叙述视框内意义结构的推论，以及对个案的媒体叙述进行整体形塑的重构。以下以叙述文本为依据，重构个案A媒体迷叙述的整体内涵。

(一) 终于有一个人跟我一样

在个案A的生命历程中，初中一年级，是她展开媒体迷行为的关键起点。虽然个案A在国小五、六年级时，开始着迷于电视媒体有职业篮球的节目，但，初中一年级，经由当时流行于青少年族群的笔友会平台的中介，认识到一位年纪稍长，同为篮球球迷的笔友。透过笔友的协助，第一次在现场观看篮球比赛。这次的亲身经验，导引个案A后来走向球迷的角色。

对处于初一青少年阶段的个案A而言，启动这个后续迷行为的起点，其关键的事件是，当时的日常生活中出现了"终于有一个人"与她自身一样，拥有相同的兴趣与喜好，且她能够与这位既是"笔友"亦是"球迷"的同好，分享彼此的兴趣与喜爱。

> 然后说我要征笔友，然后我喜欢看篮球什么什么的……然后我就交到一个朋友，记得她的名字，好像是一个女生，叫作小鸡，就是鸡蛋的鸡，然后她的年纪比我大——可能两三岁，然后那时候我跟她持续通信，我那时候很高兴，觉得我**生活里面终于有一个人跟我一样**。……我超级高兴，因为那时候我生活周遭的同学国小国一根本就没有人在看台湾的篮球。

值得追问的是，初中一年级阶段的个案A，日常生活的多数时间，理应生活在同年龄、同侪关系所组成的学校环境。而来自邻里或同学区的初中、国小的同学关系，也应是她寻找具有相同兴趣与偏好之好友的主要关系网络。然而，显然的，在个案 A 的生命历程中，初中课堂或学校中的同侪网络，并没有成为她寻获志同道合之朋友关系的来源。取而代之的是，这位球迷同好的出现，带领个案 A 一同经历职业篮球比赛的事件，并成为她当时可以无所忌惮地聊天与对话的对象。

（二）我好像是一个大姐头可以带领同学

1999 年，个案 A 为初中二年级，当年台湾职业篮球运动联盟停止营运，使个案 A 短暂失去着迷的运动文本。2003 年，个案正处高中二年级；同年 5 月，台湾篮球出现介于职业与业余的超级篮球联赛（Super Basketball League，简称 SBL），此时，个案 A，基于从国小开始所累积的职业篮球竞赛的相关信息，以及自身在初中阶段曾短暂经历身为篮球球迷的愉悦感，在期望与高中同学一同分享愉悦感的动机驱使下，扮演起球迷行动发起者的角色，积极鼓动高中阶段的同学好友，与她一同参与追逐篮球球星的行动，分享成为篮球球迷的愉悦。

> 后来我高中的时候慢慢出来一个新的比赛叫作 SBL，然后就开始慢慢有一些也是不错的年轻的球员就开始出现……我又开始重新对篮球的热情，然后那时候……我会觉得说，我是国小就已经接触篮球的人，所以我早就是一个篮球迷，然后我身边的那边高中和朋友，他们以前不是，所以我就有点是带领他们的感觉，我就说这个就是我小时候很迷的地方，然后我很懂篮球规则，我懂，我可以告诉你们，然后我告诉你们这个很帅，那样那个以前是在哪一队……然后我就觉得**我好像是一个大姐头可以带她们**，然后也很兴奋，因为觉得我终于又重新回到球场当一个球迷。

在个案 A 积极带领高中好友，一起追逐篮球球星的过程中，个案 A 主动搜集球星各种日常生活的讯息，并分享篮球相关知识。此时，个案 A 成为媒体迷行为的带领者，她带领了一群高中的同侪，一同跟随她参与篮球比赛的迷群活动。在这种"带领与跟随"同侪活动中，她以俗称"大姐头"的方式，扮演同侪间的指导者，进而，受到此种身为带领者之兴奋感的驱动，个案 A 跨越初中与高中的阶段，延续身为篮球球迷的角色。

(三) 他们是在讨论我吗

高中三年级起，个案 A 开始以资深篮球球迷的身份自居，同时，她也开始更为积极地展现出篮球迷的身份。譬如，通过制作支持广告牌的手段，以吸引现场球星与球迷的行为，个案 A 积极展现出迷的身份。特别是，当其所制作的广告牌，受到篮球比赛现场其他球迷的赞许与肯定，且在比赛过程中，成为转播篮球比赛的摄影师不经意拍摄的对象时，这种通过媒体转播所流传的迷行为的画面，不仅吸引篮球迷群的关注与赞美，更强化了个案 A 积极投入球迷社群的行为。

> 那时候我就隔一天晚上做一个海报，写什么"就算失望不要绝望"，其实那个是五月天一首歌的歌词，然后我就这样举着，然后那时候镜头就take（抓）到我，因为后来回家我就看那个转播，刚好拍摄到我……然后有一个区块是专门讨论台湾篮球 SBL，然后还有分裕隆板什么什么板的，然后我都会去看这个裕隆的板，然后里面就有一群球迷，每天都会在一起聊事情……可是从来没有见过面，都只是因为大家有无名小站，然后会去看这样子，然后我为什么会，我后来跟那群人变得很熟悉，一直到现在都是朋友……是因为我那张海报，就是那张被拍摄到的海报，被拍摄到以

后……有人在讨论这张海报，然后我就说**他们是在讨论我吗**，然后当时就很感动什么什么的。

个案 A 于篮球比赛现场，生动且热情的加油行为，经由电视转播而传递，不仅展现出她的迷群角色，同时，透过电视转播的影响，更促使她逐渐在全台职业篮球迷的社群中，累积出身为球迷行动意见领域与带领者的知名度。

在累积高中阶段追逐篮球球迷的经验后，个案 A 进入到大学就读。此时她已经逐渐于篮球球迷的在线讨论社群中，扮演起球迷社群的信息管理者角色。例如，她与一群同为篮球球迷的爱好者，一同于台湾职业篮球的网络讨论群中，扮演起版主或社群管理者的角色。这些行为说明，她个案 A 已逐渐成为台湾篮球球迷社群的带领者。

（四）达到迷身份的巅峰

在充分掌握篮球球迷社群的动态，并成为球迷社群的意见领袖后，个案 A 在大学即将毕业的阶段，顺利结识篮球球队的成员。其与篮球球星的关系，逐渐地从球迷与球星的关系，转变为朋友关系。这种从陌生到熟悉的转变，促发个案 A 在大学毕业后，期望能够善用自身球迷的身份，从过往球赛旁观者的立场，转化为对协助篮球球赛或球星竞赛的角色。

2008 年，个案 A 大学毕业后的暑假时期，基于对台湾篮球比赛信息的熟悉，掌握到台湾每年 7 月所举办的大型国际篮球赛事，需要带领球队的随队行政与翻译人员。个案 A 考虑到大学阶段主修英语科系的经验，加上期望更进一步接触篮球球星与赛事的期望。她主动报名参与国际比赛的招待工作，此项工作的尝试，将她多年所扮演的迷角色，进一步地从旁观者转换到协助者与参与者的位置，这种角色位置的转换，将个案 A 的迷身份，推升到了顶点。

> 那时候真的是，我觉得是我当迷生涯里面算是一个顶点吧！我觉得当迷的人一定都把这个当作是一个最高的可以行动的点吧！就是迷最多一般做什么，就是合照、握手、让球员记得你。可是如果我做到的是我跟他是同样的位置，我虽然不是名人，我不是球员，可是我跟他是同样的位置，你是他旁边的工作人员，那我觉得就是**达到了一个迷的巅峰**，就是这个身份可以做的最高的事情了，这样所以那个时候这件事情我很兴奋！

不过，实际投入到篮球赛事的规划、招待等工作后，个案 A 却遭遇到赛事安排的行政人员，因个案 A 隐藏球迷的身份，而对个案 A 行政能力有所质疑的困境。此事件后，个案 A 理解到，篮球球迷的身份与专业球赛推动者的角色，并无法如她所预期的，是一个可以同时兼备的角色。

受此经验的影响，个案 A 尝试结合迷身份与工作角色的企图遭遇到挫折。个案 A 的球迷的社会角色，经此事件的影响，面临到难以提升的困境。此后，个案 A 选择于日常生活中降低篮球球迷的身份，退回仅关心篮球的赛事信息，不再积极投入球迷行动的角色中。

（五）跟喜欢的朋友一起看那个演唱会才有意义

褪下超过 10 年的篮球球迷的身份，个案 A 在大学毕业短暂的工作后，重新转变成为研究所学生。重回学生身份的个案 A，仍维系了与高中阶段好友的关系。此时，个案 A 注意到，好友群体中出现集体关注韩国偶像明星的现象，受到此现象的吸引，个案 A 于偶尔的机会，收看到韩国流行艺人 Super Junior 团体的影像。受到此影像的吸引，个案 A，她一方面惊讶于韩国流行团体所带来的迷群团体的行动力，与她自身曾经经历过的球迷经验，具有诸多的相近性；另一方面，更因个案 A 的父亲为韩国华侨，其从小到大受到韩国生活方式以及对韩国语言与文字的熟悉性等因素的影响，促发个案 A 决定投入到追逐 Super Junior 偶像团体的迷群行动。

2009 年起，个案 A 妥善运用其过往在篮球球迷生涯所累积的成为迷群之带领者与意见领袖的大量经验，在极短几个月间，透过网络影音与社群媒体的平台，迅速搜集 Super Junior 乐团的大量媒体文本，同时，在着迷于 Super Junior 乐团的过程中，也如她之前对特定篮球球星，投注大量情感涉入的行为，她从 Super Junior 乐团中，选定其中的团员李东海，作为她在与同属 Super Junior 乐团迷群互动时，特有的情感投射的对象。

> 而且我那时候买票的时候，我想过因为有一些人是可以自己一个人看演唱会的。可是我不行！我一定要跟我喜欢的朋友一起看，因为我觉得**跟喜欢的朋友一起看那个演唱会才有意义**，我觉得如果是我自己看，那我会觉得没有那个现场的意义。因为我觉得那个愉悦感看 DVD 也可以，我要的愉悦感是跟我很熟的朋友一起尖叫，然后一起在那个演唱会中很沉迷，然后彼此都知道那个是很白痴的、很好玩的，我才会想要去看。

进一步，在迅速掌握韩国偶像团体 Super Junior 迷群的信息管道与运作方式后，个案 A 亦如同过往运动迷的经验，她再次通过参与 Super Junior 等韩国流行乐团现场演唱会的过程，经由投身演唱会过程的迷群活动，取得韩国乐迷的身份。

不过，此时个案 A 进入演唱会，成为积极的韩国乐迷的背后因素，不仅仅是对于流行音乐本身的吸引，对于个案 A 而言，Super Junior 这类韩国流行乐团的出现，带来一种过去前所未见的迷群行为模式，这种特有的集体动员模式，提供个案 A 得以借此邀约，存在于日常生活世界中的亲密关系的好友，一同前往演唱会分享。

于是，受到"跟喜欢的朋友一起看那个演唱会才有意义"的行动意义的驱动，个案 A 参与演唱会的行为，表面上是在展现迷身份所必须有的行为，实质上，支持她投入演唱会的深层原因，来自于当代韩国流行乐团特有的迷群集体运作模式，提供了处于 25 岁左右的个案 A，得以在面对社会职业竞争的初期，通过邀约好友参与迷群的过程，于日常生活的好友联系圈，创造出集体性的愉悦感。

（六）一起完成迷的仪式

从 2009 年个案 A 积极成为韩国 Super Junior 乐团的迷之后的三年，这三年间，个案 A 由于父亲原为韩国华侨的成长背景，使得她具有足以理解韩国流行信息的语言能力，加上她自身曾为运动迷，累积了大量参与媒体迷行为的经验等因素，她在极短时间中迅速地掌握乐团的信息，成为在线乐迷讨论群的意见领袖与信息传递者。然而，相异于高中到大学投入篮球球迷时期，个案 A 对于参与乐团集体迷群行为的关注，显然已不全然放在所沉迷的媒体文本与偶像符号上。

今天如果是要去参加一个演唱会，然后我知道是我要跟我高中同学坐在一起，他坐在我旁边，然后我们一起拿着荧光棒一起在现场尖叫呐喊，我会觉得非常的有安全感。而且非常的，就是非常的开心，**好像一起完成某种仪式**，当然这个仪式不是我喜欢偶像，然后朝圣这种仪式，而是在尊敬我们友情的一种仪式，所以我觉得跟高中同学一起喜欢 Super Junior 的意义很大。如果今天他们不喜欢 Super Junior 了，我可能也不至于也不喜欢，可是我去看他们演唱会的动力就没有这么大了。

代之而起的，通过个案 A 与好友彼此间，一种仿若"仪式性"的定期地、集体地投入韩国乐团现场演唱会行为，个案 A 与过往的好友间，彼此再次对相互之间的友谊关系，共同表现出一种如同宗教般的定期"朝圣"的行为。这种定期仿若"朝圣"的集体参与现场演唱会的行为，成为个案 A 与好友之间一种沟通性的"仪式"。最终，这种"仪式"的存在，成为他们彼此间为了确认友谊关系，所需共同展演的集体行为。

（七）在别人指认我的时候很方便

到 2012 年我访谈时间为止，个案 A 通过国小、初中、高中、大学到研究所的阶段，从 10 岁左右开始着迷媒体上的运动明星到 2009 年以后转变成韩国乐团迷的历程为止，其间她已持续地维持了约 15 年的媒体迷的身份，跨越了运动与流行音乐两种不同类型的媒体迷群身份，从积极参与迷群行动，成为迷社群的意见领袖，到转变成现今能够游走在旁观者、参与者与反思者等三者身份间，能对自身的迷群身份提出不同的解释。

> 迷这个身份，迷还有什么意义，虽然说我刚刚说迷这个身份在求职工作的时候吃了一点亏，就是别人不喜欢你，可是我觉得有时候**在别人指认我的时候很方便**，就是如果人家说他是 Super Junior 的迷，那人家很快的就能认识，甚至可以很快吸引到一样的人，那我们就可以很快地进入话题。

面对当前社会普遍仍然抱持负面印象来理解媒体迷之角色的现象，作为已具有丰富且完整迷群经验的个案 A 而言，她绝非无视于此种社会负面刻板印象，对她自身迷身份，所带来的质疑与不解。然而，对于访谈之时已然 25 岁的个案 A，当她在面对势将完全脱离学生身份，走入职场工作的同时，此时继续支撑她保有媒体迷角色的原因，除了参与演唱会的行为，具有延续好友关系的功能之外，"Super Junior 的迷"这种带有独特象征符号的指称，成为个案 A 得以在陌生的社会团体中，迅速被他者所认识与记忆的界定符号。换言之，在个案 A 日常生活的媒体迷经验中，"Super Junior 的迷"这项媒体迷的符号，在当代社会的沟通系统中，成为凸显个案 A 个人独特性的符号指称，且由于此种媒体迷经验的特殊性，带来陌生者关系的对话沟通得以因此开启的触发点。

（八）我很怕没有话题会失去一些关系

最终，在个案 A 自我理解这段跨越运动迷到乐团迷之媒体迷经验的意义上，个案 A 再次从维系亲密的友谊关系的层面，肯定参与媒体迷行为对其生活的必要性。这其中，除了个案 A 补充初中时期，她因母亲基于升学的考虑，而迁移就学区域，多少影响到她在初中阶段难以延续国小阶段所发展的同侪关系，从而造成她需要透过参与运动迷的行为，来获得友谊的支持之外，对于目前的个案 A 而言，未来如何能够持续保有她从高中以来，所建构的一群具有若干亲密性的好友关系，以降低她自身对于人际关系失落，可能引发之不安感受的需求，仍是个案 A 在未来的日常生活与生命历程中所需面对的问题。

因为我觉得一个人生存应该要有朋友和家人一直在背后支持你！因为可能我很怕失去！因为我很怕没有话题，**我很怕没有话题会失去一些关系**，所以我想要找话题，然后想要加强我跟他之间的连接，所以我会一直找我们之间共同的话题。……我可能还是对自己没有自信吧！我觉得如果没有一个可以抓住我身边人的东西的话，我很怕他们会不喜欢我，或者是觉得没有话题，然后就渐渐地消失或离开。可是我心里又知道一定不会，家人还有好朋友一定不会这样，所以我觉得我是来自于对我自己很没有自信，所以要跟他们一直联络感情是很重要的，而且这样子联络感情我的心情会变得很好。

可以预期地，个案 A 未来将持续维持好友之间，对于媒体迷行为的集体关注。因为这种"透过媒体迷的行为，而彼此'有话题'可沟通，从而保有友谊关系"的社会心理需求，提供个案 A 面对生活挑战与维系人际关系的可能。进而，对于这种社会心理需求的期待，导引个案 A 在未来的生命历程中，仍将展现出媒体迷行为的倾向。

四、讨论、研究限制与后续建议：媒体迷经验的社会心理需求

参考个案 A 媒体迷的整体形塑分析，个案 A 的媒体迷的经历构成，可以依照国小、国中、高中、大学与研究所等不同求学历程，配合其迷行动的意义结构的变迁，以及媒体迷经验与生命历程之关键事件等面向，将个案 A 媒体迷经验的整体形构，区分出萌芽阶段、发展阶段、成熟阶段与平衡阶段四个阶段，并描绘如图 1 所示。

如文献回顾所指出，长期以来迷行为的研究，多数主张驱动个体成为迷的社会心理需求，主要是来自个体沉浸于文本消费时，会获得内在的愉悦感（Fiske, 1992）。参照个案 A 的媒体迷经验则可见，影响个案 A 长期维持媒体迷行为的社会心理需求，显然不仅仅是文本消费时的愉悦感，更受到参与迷行为，能够提供其维系人际关系之运作的驱动因素的解释。换言之，贯穿个案 A 的媒体迷经验历程的行动意义的主轴是"如何在不断变迁的日常生活世界与社会化历程中，维系一群具有情感性支持的功能，持续稳定存在的友谊社群的问题"，此社会心理的需求，是个案 A 投入媒体迷行为的关键需求。

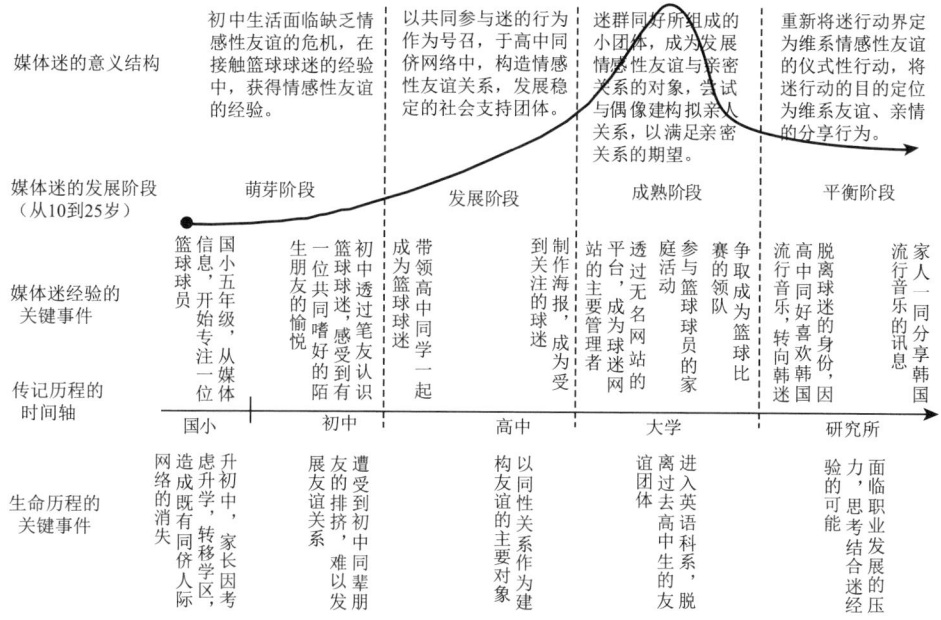

图 1 个案 A 媒体迷经验之整体形构

因此，当个案 A 以愉悦感的原因，作为自身投入文本消费的解释时，此种解释或可以视为属于个体认知层面的解释原因，但是，当本研究尝试从生命历程的角度来重新理解个案媒体迷行为的整体图像时，则透过叙述文本的分析可见，一股潜藏在个案 A 生命历程中，对于人与人之间的情感支持团体的需求，提供我们从主体传记性的面向来重新解释个案 A 的媒体迷行为。

进一步，过往的媒体迷行为的研究，多以音乐迷、运动迷或其他类型迷来进行迷行为的研究。然而，个案 A 的媒体迷经验发现，个案 A 在青少年阶段的运动迷经验，成功地成为个体后续投入流行音乐迷角色的参照经验，这种不同类型的媒体迷经验，在同一个体生命历程中产生交互重要参考的作用，说明了个体在青少年或青年阶段，所承载媒体迷的经验与角色，或可能因为社会化历程的改变，而有所改变。但是，媒体迷所承载的迷经验，仍可能以一种潜藏的方式，存在于个体的生活习惯与行动模式中，这点是本研究极为重要的发现。

呼应过往迷研究的论述，媒体迷往往会企望与媒体文本之间维持某种持续性"紧密的情感关联"的可能（Hills，2005）。本研究也发现到，这种"紧密的情感关联"的关系，绝非仅是个体与文本的关系，更涉及复杂的支持性团体的维系问题。因此，从个案 A 的媒体迷的经验构成来看，在解释媒体迷的社会心理需求的问题上，媒体迷的个体，她们一方面会企图透过文本的消费，而展现自身与文本之间所具有的"情感关联"；另一方面，她们也透过不断地参与迷群的过程，构连出情感支持团体的可能。而各种同时存在于"迷自身、文本与迷支持团体"三者间的"紧密情感关联"，是解释媒体迷行为极为重要的社会心理需求。

整体而言，透过本研究个案的补充，无疑丰富了过往对于迷行为的理解，肯定当前若干迷研究者所强调的，从生命历程的角度来进行媒体迷研究的必要性（Harrington & Bielby，2010）。此外，本研究也发现，个体对于媒体迷角色的自我认同，具有延续性的可能，而这种角色延续的现象，反映出媒体迷的角色，不仅是个体自我主观认知的产物，更是个体所处的当下偶像文本性质、人际群体，以及友谊团体的社会支持力等多重因素所构成的角色认同。因此，未来对于媒体迷的角色认同研究，当更应从生命历程或社会建构的角度，来理解媒体迷的角色认同的样貌。这点应为后续媒体迷研究可资参考的方向。

受限于研究个案，本研究此次仅以单一个案，作为深入考察的对象。从个案 A 的经验推论出成果而言，充其量仅能够深化我们从生命历程来理解媒体迷行为的解释，仍不具有理论概推的可能。后续研究建议上，未来可通过更多的个案探讨，对媒体迷的角色构成，寻找更多的社会心理需求的理解。再者，后续研究或可扩大生命历程的观点，尝试涵盖童年时期的媒体使用经验，对于个体构成媒体迷角色的影响。此方向是后续可持续探讨的课题。

参考文献

倪鸣香 (2004a). 叙述访谈与传记研究. 教育研究集刊, 118, 26—31.

倪鸣香 (2004b). 童年的蜕变：以生命史观看幼师角色的形成. 教育研究集刊, 50 (4) 27.

张煜麟 (2013). 媒介创业的行动逻辑之研究：台湾有线电视系统早期先驱者口述传记研究.

郑剑虹，李文玫，丁兴祥（主编），生命叙事与心理传记学（第一辑）. 北京：中央编译出版社，367—408.

Apitzsch, U. & Inowlocki, L. (2000). Biographical Analysis: a German school?. In P. Chamberlaine Prue, J. Bornat, T. Wendegraf (Ed.), *The Turn to Biographical Methods in Social Sciene, Comparative Issues and Examples* (pp. 53 – 71). London, New York: Routledge.

Cavicchi, D. (1998). *Tramps Like Us: Music and Meaning Among Springsteen Fans*. Oxford: Oxford University Press.

Couldry, N. (2007). On the Set of The Sopranos— "Inside" a Fan's Construction of Nearness. In J. Gray, C. Sandvoss & C. L. Harrington (Eds.), *Fandom – Identities and Communities in a Mediated World* (pp. 139 – 148). New York and London: New York University Press.

Fiske, J. (1992). The Cultural Economy of Fandom. In L. A. Lewis (Ed.), *The Adoring Audience Fan Culture and Popular Media* (pp. x, 245). London; New York: Routledge.

Gray, J., Sandvoss, C. & Harrington, C. L. (2007). *Fandom: Identities and Communities in a Mediated World*. New York: New York University Press.

Harrington, C. L. & Beilby, D. (2010). A Life Course Perspective on Fandom. *International Journal of Cultural Studies*, 13 (5), 429 – 450.

Harrington, C. L., Bielby, D. D. & Bardo, A. R. (2011). Life Course Transitions and the Future of Fandom. *International Journal of Cultural Studies*, 14 (6), 567 – 590.

Hills, M. (2002). *Fan Cultures*. London, UK: Routledge.

Hills, M. (2005). Patterns of Surprise: The "Aleatory Object" in Psychoanalytic Ethnography and Cyclical Fandom. *American Behavioral Scientist*, 48, 801 – 821.

Jenkins, H. (1992). *Textual Poachers: Television Fans and Participatory Culture*. New York; London: Routledge.

Jenkins, H. (2007). Afterword: The Future of Fandom. In J. Gray, C. Sandvoss & C. L. Harrington (Eds.), *Fandom—Identities and Communities in a Mediated World* (pp. 357 – 364). New York and London: New York University Press.

Kermode, M. (1997). "I Was a Teenage Horror Fan: or, 'How I Learned to Stop Worrying and Love Linda Blair'", In Barker, M. & Petley, J. (Eds.), *Ill Effects: The Media/Violence Debate*, London: Routledge.

Kohli, M. (1981). Biography: Account, Text, Method. In D. Bertaux (Eds.), *Biography and Society* (pp. 61 – 76). CA: SAGE.

Pearson, R. (2007). Bachies, Bardies, Trekkies, and Sherlockians. In J. Gray, C. Sandvoss & C. L. Harrington (Eds.), *Fandom—Identities and Communities in a Mediated World* (pp. 98 – 109). New York and London: New York University Press.

Sandvoss, C. (2005). *Fans: the Mirror of Consumption*. Oxford: Polity.

Schütze, F. (1983). Biographieforschung and Narratives Interview. *Neue Praxis*, 3, 283 – 293.

Schütze, F. (1987). *Das Narrative Interview in Interaktionsfeldstudien: Erzähltheoretische Grundlagen*. Hagen: Studienbrief der Fernuniversität.

The Study of Media Fan Narrative from the Viewpoint of Life Course

Yu-Lin Chang

(Department of Information and Communication, Southern Taiwan University of Science and Technology. Tainan, 71005)

/ Abstract /

Media fan is an important issue in the research field of media sociology and culture study. Some studies of fandom in popular culture indicate that the action in media fandom is very complex on the consuming of media text and role identity. By using the viewpoint of life course, this study collects the life experience from media fans, and tries to interpret the social and psychological needs which lead the audience to engage in media fan, and become the actor in media fan. Based on the narrative interview method, the study selects one typical case from four cases about Korean Pop music fans, and translates the media fan experience from oral autobiographical narration. By way of the interpretation of narration, the study shows that the key social and psychological need in becoming the role of media fan, which is the meaning structure for maintaining long-term emotional relationship in intimate friend membership. Finally, the paper suggests that the further research can focus on the problem about the relationship between media experience in childhood and the role formation of media fan.

/ Keywords /

media fan, music fan, sports fan, excessive audience, life course, narrative interview

《生命叙事与心理传记学》约稿启事

本刊分繁体字版和简体字版，由台湾生命叙事与心理传记学会与岭南师范学院心理传记学与生命叙事研究所主办。繁体字版为期刊（ISSN：2409-7233），在台湾出版发行；简体字版为集刊，中央编译出版社出版，在大陆发行。本刊实行匿名审稿制，每篇文章由两位专家审稿。设有如下栏目：心理传记学；生命叙事（含叙事心理、教育叙事、生命史等）；口述传记；质性研究。

投稿格式要求：

一、稿件提交：来稿需提交 Word 文档电子版（发送至电子邮箱：smxsxlzj@sina.com）或采用台湾华艺数位出版公司线上投稿系统直接提交（http://aspers.airiti.com/aspers/webHome.aspx？jnliid=J0079）。

二、文章字数要求：考虑到本刊的特点及创新性问题，对稿件字数不做严格要求，但每篇文章最多不超过 3 万字。

三、文题、作者及单位：中文文题一般以 20 个汉字以内为宜。作者姓名列在文题下，单位列在作者姓名之下。单位项依次列出单位名称、单位所在城市和邮政编码，三者之间用逗号分隔。如有基金资助的文章，在文题后面打上"*"，在页下注中列出"*"及所对应的基金名称、项目批准号；同时，也一并在首页页下注中列出第一作者或通信作者的职称、学位和电子邮箱。

四、摘要和关键词：须附中、英文摘要。中文摘要不超过 300 字，为了便于国际交流，英文摘要可长些，但不超过 500 字或一页。中英文关键词 3—5 个，每个词之间用逗号分隔。摘要二字之间隔一个汉字。

五、正文：各级标题序号依次用一、（一）、1 和（1），作为一级标题、二级标题、三级标题和四级标题的。文中表格采用三线表。根据出现的顺序列出表（图）1、表（图）2 及其相应的名称等。表（图）序及表名列于整个表（图）上方正中间，如有表（图）注，列在表（图）的下方。

正文中引用的研究文献可以作为句子的一个成分，放在引用内容的前面，例如，"张三和李四（2011）认为……"；也可放在引用内容的后面，例如，"……心理传记学与人格学的关系（张三，李四，2011）"。最多列出三个作者，中间用逗号分隔；如是英文作者，两个作者的，其间用"&"号分隔，三个作者的，在第二作者与第三作者之间用"&"。超过三个作者的，后加"等"字或"et al."。如直接引用他人的一段话，可另起一段，缩进两字，不加引号，小 5 号楷体。正文中注释采用页下注（脚注），用符号①、②……在文中标出，每页依序重新编号。引用内容如果为图书文献，要在相应的文中列出引用的内容所在页码，例如，（张三，1998，p. 68）。正文中引用内容为译著，需采用原作者—原著/译著出版年制，例如，（Langer, 1972/2011）

六、参考文献：执行 APA 格式的"作者—出版年制"。中文文献在前，英文文献在后，按照作者姓氏字母顺序排列。几种主要文献的书写格式举例如下：

1. 中文文献

（1）引用期刊

作者（出版年）．文章题目．刊名．刊卷（期），页码．

张建人，周晋彪，凌辉（2010）．鲁迅人格的心理传记学研究．中国临床心理学杂志，18（3），339—342．

(2) 引用专著

作者（出版年）. 书名. 出版社所在城市：出版社.

胡波（1997）. 岭南文化与孙中山. 广州：中山大学出版社.

(3) 引用析出文献

作者（出版年）. 析出文章名. 编者. 书名. 出版社所在城市：出版社，引用页码.

何翠萍（1992）. 比较象征学大师——特纳. 见黄英贵主编. 见证与诠释：当代人类学家. 台北：中正书局，35—46.

(4) 引用译著

作者译名或原名（采用译名或原名以译著封面作者署名为准）（译著出版年）. 书名（某某译）. 出版社所在城市：出版社.（原著版本语言及出版年）.

沃尔特·C. 兰格（2011）. 希特勒的心态——战时秘密报告（程洪雁译）. 北京：中央编译出版社（英文版1972年）.

(5) 引用会议论文

作者（出版年月）. 论文题目. 会议名称，会议地点

郑剑虹（2011，9月）. 心理传记学研究的质量结合模式与资料筛选. 第七届华人心理学家学术研讨会论文，台北.

(6) 引用学位论文

作者（出版年月）. 论文题目. 学位，授予学位单位，城市.

朱晨海（2003）. 近现代中国文化名人人格研究. 博士学位论文，华东师范大学心理系，上海.

2. 英文文献

(1) 引用期刊（刊名斜体字）

Authur, A. A. (year). Title of Article. *Title of Periodical*. issue, page number.

McAdams, D. P. (2001). The Psychology of Life Stories. *Review of General*

Psychology, 5(1), 100 – 122.

(2) 引用专著（书名斜体字）

Authur, A. A. (year). *Title of Work*. Location: Publisher.

McAdams, D. P. & Ochberg, R. L. (1988). *Psychobiography and Life Narratives*. Durham and London: Duke University Press.

(3) 引用析出文献（书名斜体字）

Authur, A. A. (year). Title of Chapter. In Editor A. & Editor B. (Eds.), *Title of Book* (page number). Location: Publisher.

Crosby, F. & Crosby, T. L. (1981). Psychobiography and Psychohistory. In S. L. Long(Ed.), *The Handbook of Political Behavior* (pp. 195 – 254). New York: Plenum.

(4) 引用会议论文（论文题目斜体字）

Authur, A. A. (year). *Title of Paper*. Paper sourse, Location.

Karpiak, I. E. (2008, October). *At Midlife: Crossing a Threshold of Change, Challenge, and Creativity*. Paper presented at National Chengchi University on 2008 International Conference on Creativity Education, Taipei.

(5) 引用学位论文（论文题目斜体字）

Authur, A. A. (year). *Title of Paper*. Degree, University, City, Country.

Almeida, D. M. (1990). *Fathers' participation in Family Work: Consequences for Fathers' Stress and Father – Child Relations*. Master dissertation, University of Victoria, Victoria, British Columbia, Canada.

未提及的文献类型，请查阅《美国心理协会写作手册》（英文第 5 版，中译本，重庆大学出版社 2008 年版）。

其中中文部分的逗号、括号等标点符号用全角，连接号"——"为一字线。英文部分标点符号为半角，连接号" - "为半字线。不可混用。

已有中文译本的英文文献，如果作者参考的是原著，则按英文文献处理；

如果参考的是译著，则按照中文文献中的译著处理。

七、访谈稿：访谈录音稿转录为逐字稿后，要断句，加标点符号。

八、数字：公历世纪、年代、年、月、日、时刻和计量均用阿拉伯数字。

九、字体要求：文题（小二宋体加粗）；作者（小四宋体加粗）；作者单位（小五宋体）；摘要与关键词（小五宋体，1.5 倍行距。"摘要"二字之间分隔一个汉字，关键词之间用逗号分隔，"摘要"和"关键词"这几个字字体加粗）；正文（五号宋体，1.5 倍行距编辑；英文和数字均采用 Times New Roman 字体；图表为小五号宋体。一级标题四号宋体加粗，二级标题五号宋体加粗，三级标题五号黑体，四级标题五号宋体）；参考文献四字顶格，五号宋体加粗；引用的各类参考文献字体为小五号宋体。脚注字体为六号宋体。英文刊名、书名、会议论文、学位论文和网络论文题目用斜体。文中的统计学符号采用斜体。

"叙事心理学"译丛和《心理学质性方法导论》将于2016—2018年陆续出版

为了推进质性心理学和人文取向心理学在我国的发展，并为开设相关课程提供参考教材，由郑剑虹教授担任主编，与北京师范大学出版社签订出版合同，组织国内相关人员翻译一套欧美国家的叙事心理学和质性心理学著作，该译丛将于2016年至2018年陆续出版，包括四本书：

1. Sabin（1986）. *Narrative Psychology：the Storied Nature of Human Conduct*. Praeger.

2. János László（2008）. *The Science of Stories：An Introduction to Narrative Psychology*. Routledge.

3. Lynne E. Angus（2004）. *The Handbook of Narrative and Psychotherapy：Practice，Theory，and Research*. Sage Publications Inc.

4. Dennis Howitt（2016）. *Introduction to Qualitative Methods in Psychology*（third edition）. Pearson Education Limited.